山縣記念財団ライブラリー 3

ソーシャル・ロジスティクス

Social Logistics
社会を、創り・育み・支える物流

苦瀬 博仁 [著]

東京 白桃書房 神田

はじめに

　物流という言葉に初めて接したのは大学院生のときだったが，本格的に勉強するようになったのは大学に転職してからだった。さまざまな書籍や文献を読んで物流やロジスティクスへの理解を少しずつ深めていったが，一方では混乱もしていた。それは，業界や研究者の見方や立場により，物流の定義や解釈が異なるように思えたからである。

　35年後の現在は，どんなものだろうか。以前と違い連日マスコミで話題になるほど物流やサプライチェーンは身近になってはいるが，一方で新たなカタカナやアルファベットの用語が登場しては消えていく。到達すべき目標と典型的な事例を示すことはあっても，その目標が実現できなかった過去を問い返すことや具体的な道筋を示すことは少なく，混乱が深まった感さえある。

　こうしたなかで，特定の見方や立場に偏らずに多様な視点からロジスティクスを俯瞰することや，ビジネスにおける個々の経済的価値の追求を超えて社会的価値の追求が必要なのではないか，と思うようになった。

　このことは取りも直さず，ロジスティクスの起源とされる軍事（ミリタリー）のロジスティクスと，これを企業活動に応用したビジネス・ロジスティクスに続き，社会に有益なソーシャル・ロジスティクスの確立を期待していることでもある。そして，分不相応にも「可能ならば，ソーシャル・ロジスティクスの確立の一助になりたい」という思いを持つようになった。

　過去におけるソーシャル・ロジスティクスの概念を調べてみると，我が国では2つに集約できるように思う。1つは，高橋輝男先生（早稲田大学名誉教授）に代表される考え方で，インフラ整備など政府や自治体などの「公共部門のロジスティクス」を強調するものである。もう1つは，高田富夫先生（流通経済大学名誉教授）に代表される考え方で，公共と民間にかかわらず自らの利益よりも「社会的価値追求型のロジスティクス」を強調するものである。

　著者は，公共部門でも採算性は重要であり，民間部門でも社会的責任（CSR）があると考えている。そこで2つの概念を融合させて，ソーシャル・ロジスティクスを，「民間部門と公共部門の協調のもとで，採算性を確保しながら，社会的価値を追求するロジスティクス」と考えることにしている。そして本

書では，紙幅の都合もあって，社会的価値を高めるロジスティクスの対象を，生活（第6章）と安全安心（第7章）に限定している。

このため，広義のソーシャル・ロジスティクスに含まれるはずの，公共部門による港湾や流通業務団地などの物流拠点や，重要物流道路などの道路ネットワーク，鉄道貨物とモーダルシフトなどについては触れていない。また，民間企業のロジスティクスにおける社会的役割にも触れていない。これらについては，すでに上梓した拙著（『物流と都市地域計画』，『物流からみた道路交通計画』，『ロジスティクス概論』，『サプライチェーン・マネジメント概論』など）を参考にしていただくことで，ご容赦いただきたい。

本書は，三部構成になっている。

第一部は，「ロジスティクスの変遷」である。第1章ではミリタリーとビジネスのロジスティクスの歴史的変遷を振り返り，第2章では現代のビジネス・ロジスティクスの考え方を整理している。これは，ロジスティクスの将来を考えるならば，過去を振り返り，現状を把握することこそが，出発点になると考えたからである。加えて，現在のビジネス・ロジスティクスの延長として，ソーシャル・ロジスティクスを考えたいからでもある。

第二部は，「ロジスティクスの再考」である。現在のビジネス・ロジスティクスを対象に，第3章ではロジスティクスの本質について，第4章ではロジスティクスの改善方法について再考している。これは，新しいロジスティクスの概念を提案する以上，それに先立って専門用語の使い方やロジスティクスの役割について見解を示すことは，著者の義務と思うからである。

第三部は，「新しいロジスティクスの誕生」である。第5章では，ソーシャル・ロジスティクスの概念を提示している。その上で，第6章では，大都市の高層ビルから中山間地域や離島に至るまでの，「日常」における「生活を支えるロジスティクス」を述べている。第7章では，医療や災害など「非日常」における「安全安心を支えるロジスティクス」を述べている。

本書を書き終えて思うことは，「特定の見方や立場に偏らずロジスティクスを解釈すべき」と思いながらも，実は「著者こそが特定の見方や立場に囚われて，誤解と錯覚を繰り返してはいないか」という心配である。また，本書で示した「生活と安全安心を支えるソーシャル・ロジスティクス」が，実は「当然のことを，格式張って主張しているに過ぎない」という不安もある。

だからこそ，本書に対する評価は，賢明なる読者諸氏に委ねるしかない。そして，少しでも本書に有益な部分があれば望外の幸せである。

本書の出版については，最初の大学（東京海洋大学）を定年退職して，しばらくしてから山縣記念財団からお話をいただいた。この財団は，山縣勝見という海運や海上保険の大立者を記念している。小生のような分野の者がお世話になるべきかと迷いもしたが，財団の皆様のお勧めもあって出版助成をいただけることになった。出版の機会をつくっていただいた郷古達也理事長をはじめ山縣記念財団の皆様にあらためて感謝申し上げたい。理事長からのお誘いがなければ，本書が陽の目をみることは無かったことだろう。

また，著作や原稿などを通じて，多くの方々にお世話になったことも記しておきたい。恩師をはじめとして多くの先生方もさることながら，同僚の研究者や大学時代の教え子，いままで何冊かの書籍の共著者の皆様，現在籍を置いている研究所の皆様や，各種の委員会などでご一緒した方々には，多くの示唆をいただき大変にお世話になった。

出版にあたっては，㈱白桃書房の大矢栄一郎社長に，いままで以上に格別のご配慮をいただいたことを記して感謝の意を表したい。

そして私事にわたるが，長い間，気ままな研究生活を許してくれてきた家族にも感謝しておきたい。

令和3年（2021）12月21日

苦瀬 博仁

はじめに …… i

第1部 ▶ ロジスティクスの変遷

第1章 ロジスティクスの歴史的変遷 ································· 3

1.1 ミリタリー・ロジスティクスの歴史的変遷 ····················· 3

1.1.1 ミリタリー・ロジスティクスの内容 ······························· 3
(1) ミリタリー・ロジスティクスの定義 … 3
(2) 兵站と戦務の違い … 3

1.1.2 戦国・江戸時代のミリタリー・ロジスティクス ·············· 4
(1) 戦国時代の兵糧攻めと兵站重視 … 4
(2) 家康による江戸の建設と物資輸送路の整備 … 5
(3) 軍事と経済のための輸送路と河川改修 … 5

1.1.3 明治時代の富国強兵とロジスティクス ······················· 7
(1) 軍事拠点を結ぶ鉄道 … 7
(2) ロジスティクスの転換点だった日露戦争 … 8
(3) 兵站重視から兵站軽視へ … 9
(4) 日露戦争から太平洋戦争に至る「鬼胎」の40年 … 10

1.1.4 昭和時代の兵站軽視と負の遺産 ··························· 12
(1) 精神論の高揚と兵站軽視の実態 … 12
(2) 陸軍の兵站軽視, インパール作戦 … 13
(3) 海軍の兵站軽視, 輸送船の壊滅 … 14
(4) 戦後から現在までも尾を引く兵站軽視 … 15
(5) 兵站研究の忌避と学問分野の偏り … 16

1.1.5　平成・令和時代のミリタリー・ロジスティクスの特徴 … 16

  (1)　太平洋戦争以降のミリタリー・ロジスティクス … 16

  (2)　兵站を支える要員と物資 … 17

  (3)　災害派遣と自衛隊の兵站 … 17

  (4)　陸上自衛隊の兵站演習 … 18

1.2　ビジネス・ロジスティクスの歴史的変遷 …………………………… 19

1.2.1　ビジネス・ロジスティクスの内容 ……………………………… 19

1.2.2　戦国・江戸時代のビジネス・ロジスティクス …………… 19

  (1)　戦国時代の領国経営と流通 … 19

  (2)　江戸の経済を支えた水運 … 20

  (3)　内陸輸送を担った河川舟運 … 20

  (4)　仙台藩の経済を支えた運河開削と河川改修 … 21

1.2.3　明治時代の産業振興と鉄道輸送 ……………………… 24

  (1)　エネルギー革命と石炭輸送 … 24

  (2)　生糸輸出のための港湾への鉄道輸送 … 24

1.2.4　昭和時代の貨物自動車（トラック）輸送 …………………… 25

  (1)　貨物自動車（トラック）輸送の始まり … 25

  (2)　路線トラックネットワークの発展 … 26

  (3)　多頻度小口配送の普及 … 27

  (4)　都市内物流の進展 … 27

1.2.5　平成・令和時代のビジネス・ロジスティクスの特徴 …… 29

  (1)　ビジネス・ロジスティクスにおける発着地の変化 … 29

  (2)　コンビニ・宅配便・ネット通販の進化 … 30

  (3)　デリバリーサービスの普及 … 30

第2章 現代のビジネス・ロジスティクス ················· 35

2.1 サプライチェーンとネットワーク ···················· 35

2.1.1 サプライチェーンとロジスティクス ················· 35
(1) サプライチェーンとサプライチェーン・マネジメント（SCM）··· 35
(2) サプライチェーンと企業間のロジスティクス・サイクル ··· 35
(3) サプライチェーンと企業内のロジスティクス・サイクル ··· 36

2.1.2 サプライチェーンと商流・物流のネットワーク ············ 36
(1) 商流ネットワークの特徴 ··· 36
(2) 物流ネットワークの特徴 ··· 38
(3) ネットワークにおける商物一致と商物分離 ··· 38

2.1.3 商流ネットワークの内容 ···················· 40
(1) 商流ネットワークにおける中間業者数 ··· 40
(2) 商流ネットワークのタイプ ··· 41

2.1.4 物流ネットワークの内容 ···················· 42
(1) 企業間の物流ネットワーク ··· 42
(2) 施設間の物流ネットワーク ··· 42
(3) 地域間の物流ネットワーク ··· 43

2.2 ロジスティクスの定義と内容 ······················· 43

2.2.1 ロジスティクスの定義と特徴 ···················· 43
(1) ロジスティクスの定義 ··· 43
(2) 商流（商取引流通）の特徴 ··· 44
(3) 物流（物的流通）の特徴 ··· 44

2.2.2 物流活動の内容 ·························· 45
(1) ロジスティクスのサイクルからみた物流活動 ··· 45
(2) 調達・生産・販売のロジスティクスからみた物流活動 ··· 45

2.3　物流機能と輸送ネットワーク ·· 48

2.3.1　物流の6つの機能 ·· 48

（1）輸送機能 … 48

（2）荷役機能 … 48

（3）保管機能 … 48

（4）流通加工機能 … 50

（5）包装機能 … 50

（6）情報機能 … 51

2.3.2　輸送ネットワークの3つの構成要素 ································· 51

（1）交通結節点施設（ノード）… 51

（2）交通路（リンク）… 53

（3）輸送手段（モード）…55

2.3.3　都市の物流ネットワークの内容 ································· 56

第2部 ▶ ロジスティクスの再考

第3章　ロジスティクスの本質の再考

　—特徴を探り，誤解を解く— ··· 61

3.1　「物流，人と物，サービス」の再考の必要性 ················· 61

3.1.1　曖昧な「専門用語」がもたらす混乱 ························· 61

3.1.2　「物流」「人と物の違い」「サービス」について ·········· 61

3.2　「物流」の再考　—正確に使い分けたい「物流用語」— ········· 62

3.2.1　「物の流れ」という誤解 ······································ 62

（1）「物流イコール輸送」という誤解（物的流通と物資流動）… 62

(2)「物流イコール貨物車交通」という誤解 … 64

3.2.2 さまざまな輸送用語の意味と使い分け ……………………… 64

(1) 輸送・配送・搬送 … 64

(2) ヨコ持ちとタテ持ち … 65

(3) 貨物と荷物 … 65

(4) 発荷主と着荷主 … 65

(5) 発注者と着荷主 … 66

3.3 「人と物の違い」の再考 ―行動原理が異なる「人と物」― … 67

3.3.1 「人と物」の相違点 …………………………………………… 67

(1) 人と違って,「自らは動かない物流」… 67

(2) 人にはない「保管と在庫,包装と流通加工」… 67

(3) 人の交通と異なり「停まったときが重労働(引越し)」… 68

3.3.2 物(商品,物資)の特殊性と柔軟性 ………………………… 68

(1) 物(商品,物資)の特殊性 … 68

(2) 物(商品,物資)の柔軟性 … 69

3.3.3 「人と物」の相関性と転換性 ………………………………… 70

(1)「人と物」の相関性 … 70

(2)「人と物」の転換性 … 70

3.4 「サービス」の再考 ―正当な対価が必要な「サービス」― … 71

3.4.1 「サービス」に関する誤解 …………………………………… 71

(1) 正当な取引を妨げる「配送料無料」… 71

(2) 多頻度配送を招く「翌日配送,即日配送」… 72

3.4.2 無形財としてのサービスの価値 ……………………………… 73

(1) 商取引における有形財と無形財 … 73

(2) 4つのサービス(無形財)… 73

(3) 無形財(サービス)の特徴 … 74

3.4.3 物流の価値(輸送,保管,流通加工・包装・荷役) ……… 75

　　　（1）輸送（空間の移動）による価値の向上 … 75

　　　（2）保管（時間の移動）による価値の向上 … 75

　　　（3）流通加工・包装・荷役による価値の向上 … 76

　　3.4.4　ロジスティクスにおける高付加価値化 ……………………… 76

　　　（1）商品の高付加価値化 … 76

　　　（2）物流の高付加価値化 … 77

■■ 第4章 ロジスティクスの改善方法の再考
　　　―見方や立場で変わるロジスティクスの価値― ……………… 79

4.1 「情報化，効率化，標準化，共同化，最適化」再考の必要性 … 79

　　4.1.1　曖昧な「〇〇化」がもたらす混乱 ………………………… 79

　　4.1.2　目標像とともに必要な実践論 ……………………………… 79

　　4.1.3　見方や立場で変わるロジスティクス改善の価値 ………… 81

4.2 「情報化」の限界と活用―偏見を避けたいデジタル化― ……… 81

　　4.2.1　「情報化の再考」の目的 …………………………………… 81

　　　（1）「情報化」の実態 … 81

　　　（2）「情報化の再考」の意義 … 82

　　4.2.2　情報化がロジスティクスに与える効果 ………………… 83

　　　（1）情報化によるリードタイムの短縮効果 … 83

　　　（2）情報システムの相乗効果と代替効果 … 84

　　　（3）情報化による物流量増加の可能性 … 85

　　4.2.3　情報共有と3つの情報（経営，管理，作業情報）………… 85

　　　（1）情報のシームレス化と情報共有 … 85

　　　（2）3つの情報（経営，管理，作業情報）の違い … 85

　　　（3）共有すべき作業情報の内容 … 86

　　4.2.4　輸送における情報のシームレス化‥‥‥‥‥‥‥‥‥‥‥‥‥‥‥‥ 87

　　　　(1) 輸送の発着地間での情報のシームレス化（ヨコのシームレス化）‥‥ 87

　　　　(2) 輸送中の情報のシームレス化（タテのシームレス化）‥‥ 87

4.3　「効率化」の軋轢と克服─立場で異なる効率化─‥‥‥‥‥‥‥‥ 89

　4.3.1　「効率化の再考」の目的‥‥‥‥‥‥‥‥‥‥‥‥‥‥‥‥‥‥‥ 89

　　　　(1)「効率化」の実態‥‥ 89

　　　　(2)「効率化の再考」の意義‥‥ 89

　4.3.2　JIT（Just In Time）の利点と欠点‥‥‥‥‥‥‥‥‥‥‥‥‥ 90

　　　　(1) JIT（Just In Time）の2つの評価‥‥ 90

　　　　(2) 発注者と受注者により異なる効率化‥‥ 91

　　　　(3) JITと積載率のトレードオフ‥‥ 91

　　　　(4) JITと待機時間の関係‥‥ 92

　　　　(5) チャネルキャプテンとチャネルメンバーの立場の違い‥‥ 93

　4.3.3　積載率の特徴と変動要因‥‥‥‥‥‥‥‥‥‥‥‥‥‥‥‥‥‥ 94

　　　　(1) 積載率の低下現象と原因解明の必要性‥‥ 94

　　　　(2) 重量積載率と容積積載率‥‥ 94

　　　　(3) 車両の大きさと積載率‥‥ 95

　　　　(4) 配送ルートと積載率のトレードオフ‥‥ 95

　　　　(5) 顧客サービスと積載率のトレードオフ‥‥ 97

　　　　(6) 積載率向上のための自営転換と手荷役問題‥‥ 97

　4.3.4　KPI（重要業績評価指標）における指標間の整合性‥‥‥‥ 98

　　　　(1) KPI（重要業績評価指標）の選定手順の考え方‥‥ 98

　　　　(2) KPI（重要業績評価指標）の指標間のトレードオフ‥‥ 98

4.4　「標準化」の制約と適用 ─目的と範囲で決まる標準化─‥‥ 100

　4.4.1　「標準化の再考」の目的‥‥‥‥‥‥‥‥‥‥‥‥‥‥‥‥‥‥ 100

　　　　(1)「標準化」の実態‥‥ 100

　　　　(2)「標準化の再考」の意義‥‥ 101

4.4.2　標準化戦略と差別化戦略 ··101

　　(1)「容器」の標準化戦略と差別化戦略 … 101

　　(2)「輸送用具」の標準化戦略と差別化戦略 … 102

　　(3)「取引先」に左右される標準化 … 103

　　(4) 標準化戦略と差別化戦略の利点欠点 … 103

4.4.3　業界内の標準化と業界間の標準化 ·····························104

　　(1) 業界内と業界間での標準化の違い … 104

　　(2) 標準化のための4つの検討項目 … 104

4.5 「共同化」の矛盾と期待 ―デメリットも考えたい共同化――106

4.5.1　「共同化の再考」の目的 ···106

　　(1)「共同化」の実態 … 106

　　(2)「共同化の再考」の意義 … 107

4.5.2　中抜き論（直送）と中継論（共同配送）の違い ···············108

　　(1) 流通論（流通経路）と物流論（物流経路）の違い … 108

　　(2) 流通論（流通経路）における中抜き論と中継論 … 109

　　(3) 物流論（物流経路）における中抜き論と中継論 … 110

4.5.3　積載率・貨物車台数・到着台数・総走行距離などと共同配送 …110

　　(1) 積載率と共同配送 … 110

　　(2) 貨物車台数と共同配送 … 110

　　(3) 到着台数と共同配送 … 111

　　(4) 総走行距離と共同配送 … 111

　　(5) その他の指標

　　　　（積み替え作業，運転時間，輸送用具，費用対効果）… 112

4.5.4　配送ルートの束ね状態と共同配送 ······························112

　　(1) 配送ルートが束ねられている状態の共同配送 … 112

　　(2) 配送ルートが束ねられていない状態の共同配送 … 114

4.5.5　貨物特性・輸送条件・関係者などと共同配送 ··················114

　　(1) 貨物特性（3T：温度，時間，物性）… 114

(2) 輸送条件（出荷日時，輸送量，納品日時，商品価格）… 115

(3) 関係者（ステークホルダー）の利害得失 … 115

(4) 複数の指標による評価 … 115

4.6 「最適化」の相反と挑戦 ─評価関数で変わる最適化─ ……… 116

4.6.1 「最適化の再考」の目的 ………………………………… 116

(1) 「最適化」の実態 … 116

(2) 「最適化の再考」の意義 … 116

4.6.2 発注者と受注者の間の最適化 ……………………………… 117

(1) 受発注関係における最適化の解釈 … 117

(2) 最適化を考えるときの2つの視点（部門間の調整，最小養分律）… 118

4.6.3 輸送費と保管費による配送頻度の最適化 …………………… 119

(1) 輸送費と保管費のバランスと配送頻度 … 119

(2) 輸送費の負担ゼロと配送頻度 … 119

4.6.4 物流施設の数と位置の最適化 ……………………………… 121

(1) 物流施設の数の最適化 … 121

(2) 物流施設の立地場所の最適化 … 121

第3部 ▶ 新しいロジスティクスの誕生

第5章 パラダイムシフトとソーシャル・ロジスティクス ……127

5.1 社会状況の変化とロジスティクス …………………………… 127

5.1.1 「情報技術の進化」とロジスティクス ……………………… 127

(1) 商流の情報化・デジタル化 … 127

(2) 物流の情報化・デジタル化 … 127

  5.1.2 「生活環境の変化」とロジスティクス･････････････････129

    (1) 少子高齢化 ⋯ 129

    (2) 女性の社会進出 ⋯ 129

    (3) 環境保全 ⋯ 130

  5.1.3 「リスクの顕在化」とロジスティクス･･････････････････130

    (1) 災害時の緊急支援物資の供給 ⋯ 130

    (2) 感染症による需給関係の変化 ⋯ 131

    (3) グローバル・サプライチェーンの途絶問題 ⋯ 131

    (4) 資源確保と備蓄問題 ⋯ 132

5.2 ロジスティクスにおけるパラダイムシフト････････････････････133

  5.2.1 パラダイムシフトとは何か･････････････････････････････133

    (1) パラダイムシフトの定義 ⋯ 133

    (2) 社会状況の変化によるロジスティクスのパラダイムシフト ⋯ 133

  5.2.2 第1のパラダイムシフト：販売重視から，物流重視へ･･･133

    (1) 「販売重視から，物流重視へ」のパラダイムシフト ⋯ 133

    (2) 「物流重視」のロジスティクスの将来 ⋯ 134

  5.2.3 第2のパラダイムシフト：産業指向から，生活指向へ･･･135

    (1) 「産業指向から，生活指向へ」のパラダイムシフト ⋯ 135

    (2) 「生活指向」のロジスティクスの将来 ⋯ 135

  5.2.4 第3のパラダイムシフト：経済的価値から，社会的価値へ･･･136

    (1) 「経済的価値から，社会的価値へ」のパラダイムシフト ⋯ 136

    (2) 「社会的価値重視のロジスティクス」の将来 ⋯ 137

5.3 ソーシャル・ロジスティクスの定義と内容･･････････････････････137

  5.3.1 ソーシャル・ロジスティクスとは何か･････････････････137

    (1) 第三世代のロジスティクス ⋯ 137

    (2) ソーシャル・ロジスティクスの定義と目的 ⋯ 138

    (3) ソーシャル・ロジスティクスの構成 ⋯ 139

　　　(4) ロジスティクスにおけるシステムとインフラ … 139

　5.3.2　我が国におけるソーシャル・ロジスティクスの系譜 … 142

　　　(1) 軍事にもビジネスにもあった社会的価値の意図 … 142

　　　(2) 公共部門に着目したソーシャル・ロジスティクスの先行研究 … 142

　　　(3) 社会的価値に着目したソーシャル・ロジスティクスの先行研究 … 143

　　　(4) 本書におけるソーシャル・ロジスティクスの特徴 … 144

　5.3.3　海外における新しいロジスティクスの動向 … 144

　　　(1) ソーシャル（Social）の使用事例 … 144

　　　(2) 社会的価値の重視する世界の潮流 … 145

　　　(3) サステナブル・ロジスティクスの考え方 … 145

　　　(4) ヒューマニタリアン・ロジスティクスの考え方 … 146

　　　(5) 海外におけるロジスティクスの動向と本書の特徴 … 147

　5.3.4　ソーシャル・ロジスティクスのシステム … 147

　　　(1) 受発注システム（発注→受注）… 147

　　　(2) 倉庫管理システム（受注→出荷）… 148

　　　(3) 貨物管理システム（出荷→入荷）… 148

　　　(4) 輸送管理システム（出荷→入荷）… 148

　5.3.5　ソーシャル・ロジスティクスのインフラ … 149

　　　(1) 施設インフラ … 149

　　　(2) 技術インフラ … 150

　　　(3) 制度インフラ … 150

5.4　ロジスティクス・システム管理（LSM）… 151

　5.4.1　ロジスティクス・システム管理（LSM）の考え方 … 151

　　　(1) ロジスティクス・システム管理（LSM）の定義と役割 … 151

　　　(2) ロジスティクス・システム管理（LSM）の対象 … 151

　5.4.2　受発注段階でのロジスティクス・システム管理（LSM）… 153

　　　(1) 発注調整（X1）… 153

　　　(2) 受注調整（X2）… 154

5.4.3　生産・在庫段階でのロジスティクス・システム管理（LSM）‥155

    （1）在庫調整（Y1）… 155

    （2）生産調整（Y2）… 156

    （3）作業調整（Y3）… 156

5.4.4　輸配送段階でのロジスティクス・システム管理（LSM）‥‥157

    （1）出荷調整（Z1）… 157

    （2）輸配送の調整（Z2）… 157

    （3）入荷調整（Z3）… 158

5.5　ロジスティクス・インフラ管理（LIM）‥‥‥‥‥‥‥‥‥‥‥‥ 159

5.5.1　ロジスティクス・インフラ管理（LIM）の考え方‥‥‥‥‥159

    （1）ロジスティクス・インフラ管理（LIM）の定義と役割… 159

    （2）ロジスティクス・インフラ管理（LIM）の対象… 159

5.5.2　配送を事例としたロジスティクス・インフラ管理（LIM）‥161

    （1）施設・技術・制度ごとのインフラ管理の連携（ヨコ）… 161

    （2）流通センター・道路交通・配送先ごとのインフラ管理の連携（タテ）… 161

5.6　ソーシャル・ロジスティクスとしての東京2020大会‥‥‥ 162

5.6.1　東京2020大会の交通輸送対策の特徴と目標‥‥‥‥‥‥‥162

    （1）東京2020大会の2つの特徴… 162

    （2）東京2020大会における交通量削減の目標… 162

5.6.2　東京2020大会における交通輸送対策‥‥‥‥‥‥‥‥‥‥‥163

    （1）交通需要管理（TDM）… 163

    （2）首都高速道路の料金施策… 164

    （3）交通システム管理（TSM）… 164

5.6.3　東京2020大会における2つの物流（大会物流と一般物流）‥166

    （1）大会運営に不可欠な「大会物流」… 166

    （2）TDMの対象となる「一般物流」… 167

    （3）物流TDMとロジスティクスのシステム管理（LSM）… 168

5.6.4 東京都による物流TDMの道のり ·················168
 (1) 東京都のスムーズビズと，2020TDM推進プロジェクト ··· 168
 (2) 2020物流TDM実行協議会 ··· 169
 (3) 未来につながる物流 ··· 170

5.6.5 さまざまな人たちによる物流TDMへの協力 ·················171
 (1) 各種の団体や協会による物流TDMへの協力 ··· 171
 (2) 民間企業や自治体による物流TDMへの協力 ··· 171

5.6.6 東京2020大会における物流対策の意義と将来 ·············173
 (1) ロジスティクス・システム管理（LSM）の新たな可能性 ··· 173
 (2) 物流に対する理解の可能性 ··· 173
 (3) 情報システムの新たな可能性 ··· 174

第6章 地域の生活を支えるソーシャル・ロジスティクス ···177

6.1 大都市の高層ビルにおけるロジスティクス ·························177

6.1.1 高層ビルにおけるロジスティクスの実態と将来 ············177
 (1) 高層ビルにおけるロジスティクスの実態 ··· 177
 (2) 高層ビルにおけるロジスティクスの将来（3つの課題）··· 177

6.1.2 大規模建築物の貨物車用駐車施設の代表的な制度 ·········178
 (1) 駐車場法にもとづく標準駐車場条例 ··· 178
 (2) 大規模建築物に関する地域ルール（東京, 大丸有地区）··· 179
 (3) 物流を考慮した大規模建築物の設計のガイドライン ··· 183

6.1.3 課題1：高層ビルにおける駐車荷さばき施設の確保 ·······183
 (1) 駐車荷さばき施設確保の必要性 ··· 183
 (2) 建物内の駐車施設の整備（対策1）··· 183
 (3) 荷さばき施設と館内動線の整備（対策2）··· 185

6.1.4 課題2：高層ビルにおける人と物の動線の分離 ·············185
 (1) 人と物の動線分離の必要性 ··· 185

（2）建物への貨物車の進入路の分離と設計（対策1）… 185

（3）建物内での人と物の動線の空間的な分離（対策2）… 186

（4）建物内での人と物の動線の時間的な分離（対策3）… 186

6.1.5　課題3：高層ビルにおける配送システム …………………187

（1）高層ビルにおける配送システムの必要性 … 187

（2）荷さばき施設の整備（対策1）… 187

（3）館内配送の共同化（対策2）… 187

6.2　都市のコンパクト化・スマート化とロジスティクス …………189

6.2.1　都市におけるロジスティクスの実態と将来 ………………189

（1）都市のコンパクト化の実態 … 189

（2）都市のコンパクト化とロジスティクスの将来（3つの課題）… 189

6.2.2　都市のコンパクト化とスマート化の代表的な政策 ………190

（1）国土交通省によるコンパクトシティ … 190

（2）国土交通省によるスマートシティ … 190

（3）内閣府によるスーパーシティ構想 … 193

6.2.3　課題1：都市のコンパクト化とスマート化の相互関係の解明…195

（1）コンパクト化とスマート化の相互関係解明の必要性 … 195

（2）コンパクト化がロジスティクスに与える効果の解明（対策1）… 195

（3）スマート化がロジスティクスに与える効果の解明（対策2）… 196

（4）スマート化とコンパクト化の相互関係の解明（対策3）… 197

6.2.4　課題2：スマート化にともなう輸配送システムの改善 ……199

（1）スマート化と輸配送システム改善の必要性 … 199

（2）配送先での駐停車場所の確保（対策1）… 199

（3）商品や物資の受け取り方法の多様化（対策2）… 200

（4）配送手段の多様化（対策3）… 200

（5）市街地の街路計画の多様化（対策4）… 201

6.2.5　課題3：サービス・料金の是正による都市のコンパクト化…201

（1）都市のコンパクト化とサービス・料金の是正の必要性 … 201

（2）サービスの差別化（高需要ほど安く速く）（対策1）… 202

　　（3）適正な料金負担（低需要ほど高く遅く）（対策2）… 202

6.3　中山間地域の生活弱者とロジスティクス ……………………… 203

6.3.1　中山間地域におけるロジスティクスの実態と将来 ………203
　　（1）中山間地域におけるロジスティクスの実態 … 203
　　（2）中山間地域におけるロジスティクスの将来（3つの課題）… 203

6.3.2　中山間地域に対する代表的な政策 ……………………………204
　　（1）内閣府による小さな拠点づくり … 204
　　（2）国土交通省による小さな拠点 … 204

6.3.3　課題1：中山間地域における生活弱者の移動支援 ………204
　　（1）生活弱者の移動支援の必要性 … 204
　　（2）公共交通機関の利用補助（対策1）… 205
　　（3）小売業者による交通手段の提供（対策2）… 207

6.3.4　課題2：中山間地域における買い物弱者への配送支援 …208
　　（1）買い物弱者への配送支援の必要性 … 208
　　（2）宅配事業の多様化（対策1）… 208
　　（3）配送方法の多様化（対策2）… 209
　　（4）受け取り方法の多様化（対策3）… 209

6.3.5　課題3：中山間地域における買い物弱者の利便性向上 …210
　　（1）買い物利便性向上の必要性 … 210
　　（2）近隣型店舗の設置（対策1）… 210
　　（3）移動販売（対策2）… 210
　　（4）買い物・出前代行（対策3）… 211

6.4　離島の生活支援とロジスティクス ……………………………… 211

6.4.1　離島におけるロジスティクスの実態と将来 ……………………211
　　（1）離島におけるロジスティクスの実態 … 211
　　（2）離島におけるロジスティクスの将来（4つの課題）… 212

6.4.2　離島のロジスティクスの代表的な支援事業 ……………………212

     （1）離島ガソリン流通コスト支援事業 … 212

     （2）輸送費の低減や離島流通効率化のための各種支援事業 … 214

     （3）奄美群島及び沖縄県を対象とした各種支援事業 … 214

6.4.3　課題1：離島における生活物資の輸送費と交通費の補助 215

     （1）生活物資輸送と費用削減の必要性 … 215

     （2）ガソリン販売価格の低減のための補助（対策1）… 215

     （3）生活物資の輸送費の補助（対策2）… 217

     （4）本土への渡航のための交通費・宿泊費の補助（対策3）… 217

     （5）島外からの訪問診療・介護のための交通費の補助（対策4）… 218

6.4.4　課題2：島内産業の輸送費に対する補助 …………………… 219

     （1）島内産業の輸送費補助の必要性 … 219

     （2）島外からの資機材調達にかかる輸送費の補助（対策1）… 220

     （3）島内産品の島外輸送にかかる費用の補助（対策2）… 220

6.4.5　課題3：離島の流通構造の改善 ………………………………… 221

     （1）離島の流通構造改善の必要性 … 221

     （2）出荷形態の見直しによるコスト削減（対策1）… 221

     （3）輸送手段の変更によるコスト削減（対策2）… 222

     （4）物流施設や輸送の共同化（対策3）… 223

6.4.6　課題4：島内産業の生産販売体制の改善 ………………………… 223

     （1）島内産業の生産販売体制の改善の必要性 … 223

     （2）新商品の開発と商品の高付加価値化（対策1）… 223

     （3）マーケティング戦略（島外への販売力強化と販路拡大）（対策2）… 224

■ 第7章 人々の安全安心を支えるソーシャル・ロジスティクス ·· 227

7.1 環境負荷削減とロジスティクス ·················· 227

7.1.1 環境負荷削減のための排出物資削減対策の実態と将来 ··· 227

(1) ロジスティクスにおける環境負荷削減の実態 ··· 227

(2) ロジスティクスにおける環境負荷削減の将来（3つの課題）··· 227

7.1.2 排出物資の削減に関する代表的な法制度 ·················· 227

(1) 発生量の削減のための「規制対策」··· 227

(2) 発生源の転換のための「支援制度」··· 229

7.1.3 課題1：物流事業者による発生源対策 ·················· 229

(1) 発生源対策の必要性 ··· 229

(2) 物流事業者による「輸配送システム」の改善（対策1）··· 230

7.1.4 課題2：発荷主を含めた物流システム対策 ·················· 230

(1) 物流システム対策の必要性 ··· 230

(2) 物流事業者による「輸配送システム」の改善（対策1）··· 231

(3) 発荷主による「生産・在庫システム」の改善（対策2）··· 232

7.1.5 課題3：受発注を含めたロジスティクス対策 ·················· 232

(1) ロジスティクス対策の必要性 ··· 232

(2) 物流事業者による「輸配送システム」の改善（対策1）··· 233

(3) 発荷主による「生産・在庫システム」の改善（対策2）··· 233

(4) 発注者による「受発注システム」の改善（対策3）··· 234

7.2 地域と医療をつなぐロジスティクス ·················· 234

7.2.1 病院のロジスティクスの実態と将来 ·················· 234

(1) 病院におけるロジスティクスの実態 ··· 234

(2) 病院におけるロジスティクスの将来（3つの課題）··· 235

7.2.2 地域医療に関する代表的な法制度 ·················· 236

(1) 地域包括ケアシステム ··· 236

(2) 介護保険法（介護保険制度の運営）··· 238

（3）オンライン診療の指針 … 238

（4）ドローンによる医薬品配送に関するガイドライン … 239

7.2.3　課題1：病院におけるロジスティクスの改善 …………………239

（1）病院におけるロジスティクス改善の必要性 … 239

（2）物品の発注・調達の改善（対策1）… 241

（3）院内物流の改善（対策2）… 241

（4）病院・診療所間の地域連携（対策3）… 243

7.2.4　課題2：通院患者・救急患者の移動支援 ………………………243

（1）通院弱者・救急患者の移動支援の必要性 … 243

（2）公共交通機関による通院患者の移動支援（対策1）… 244

（3）救急患者の救急搬送（対策2）… 245

（4）往診・オンライン診療と服薬指導（対策3）… 246

7.2.5　課題3：患者サービス向上のためのロジスティクス ……247

（1）患者サービス向上のためのロジスティクスの必要性 … 247

（2）入院時の患者サービス（対策1）… 247

（3）入院中の患者サービス（対策2）… 248

（4）退院後の患者サービス（対策3）… 248

7.3　災害に備えるロジスティクス ……………………………………… 249

7.3.1　災害における緊急支援物資供給の実態と将来 …………………249

（1）災害時の緊急支援物資供給の実態 … 249

（2）災害時の緊急支援物資の供給の将来（4つの課題）… 250

7.3.2　政府や自治体の推奨する代表的な物流対策 ………………………251

（1）首相官邸と消防庁による被災時の持ち出し品 … 251

（2）農林水産省による家庭用食料品備蓄ガイド … 253

（3）東京都による帰宅困難者対策条例 … 253

（4）国土交通省による備蓄倉庫の容積率算定除外 … 253

（5）都市再生特別措置法 … 255

7.3.3　課題1：緊急支援物資の補給と備蓄のバランス …………255

（1）緊急支援物資の補給と備蓄のバランスの必要性 … 255

    (2) 緊急支援物資の補給と備蓄のバランスの調整（対策1）… 255

    (3) サプライチェーンと物資供給システム（対策2）… 258

  7.3.4 課題2：緊急支援物資の補給対策（発生後の応急対策）…259

    (1) 緊急支援物資の補給対策の必要性 … 259

    (2) 緊急支援物資の供給システムの高度化（対策1）… 259

    (3) 補給のための統制システムの整備（対策2）… 261

    (4) 補給のための官民協力体制の整備（対策3）… 261

  7.3.5 課題3：緊急支援物資の備蓄対策（発生前の予防対策）…262

    (1) 緊急支援物資の備蓄対策の必要性 … 262

    (2) 家庭における「防災グッズの備蓄」（対策1）… 263

    (3) 家庭における「食料品と生活物資の備蓄」（対策2）… 263

    (4) 職場における「食料品と生活物資の備蓄」（対策3）… 264

  7.3.6 課題4：災害時のロジスティクスと都市防災計画………265

    (1) ロジスティクスからみた都市防災計画の必要性 … 265

    (2) 都市施設の整備（対策1）… 265

    (3) 災害リスクの調査分析制度の導入（対策2）… 266

    (4) 総合的な都市防災計画の導入（対策3）… 267

    (5) 災害初動期の指揮（国土交通省東北地方整備局）（対策4）… 268

おわりに …… 271

索　引 …… 274

●図表目次

第1章

表 1-1-1　ミリタリー・ロジスティクス（兵站）の内容 … 4
図 1-1-1　元禄年間の小名木川と江戸下町 … 6
図 1-1-2　利根川東遷の概要図 … 7
図 1-1-3　日露戦争直前の鉄道 … 8
図 1-1-4　司馬遼太郎の,「鬼胎」の40年 … 11
表 1-2-1　ビジネス・ロジスティクスの内容 … 20
図 1-2-1　東廻りと西廻りの廻船航路 … 21
図 1-2-2　日本橋と八丁堀の舟入堀 … 22
図 1-2-3　貞山運河と北上運河 … 23
図 1-2-4　鉄のシルクロードーすべての鉄道は, 横浜に通ずー … 25
図 1-2-5　高速道路ネットワークの整備状況 … 28
表 1-2-2　ロジスティクスの発着地点の変化 … 31
図 1-2-6　人の交通から物の輸送への転換 … 31

第2章

図 2-1-1　ハンバーガーのサプライチェーン … 36
図 2-1-2　サプライチェーンとロジスティクスと物流 … 37
図 2-1-3　サプライチェーンにおける商流と物流のネットワーク … 38
図 2-1-4　商物一致と商物分離 … 39
表 2-1-1　中間業者の数による商流ネットワークの種類 … 40
表 2-1-2　商流ネットワークのタイプ（シングル, マルチ, クロス）… 41
図 2-1-5　商流・物流ネットワークと輸送ネットワーク … 43
表 2-2-1　商流（商取引流通）と物流（物的流通）の違い … 44
図 2-2-1　ロジスティクスのサイクルからみた物流活動 … 46
図 2-2-2　調達・生産・販売のロジスティクスからみた物流活動 … 46
表 2-2-2　物流活動の内容 … 47
表 2-3-1　物流（物的流通）の機能 … 49
図 2-3-1　輸送機能における集荷・輸送・配送 … 49
図 2-3-2　物流ネットワークにおける施設（ノード）・交通路（リンク）・輸送手段（モード）… 52
表 2-3-2　ノード・リンク・モードの内容… 52
図 2-3-3　物流施設の種類と特徴 … 54
図 2-3-4　都市の物流ネットワーク … 55
図 2-3-5　端末物流における荷さばき活動 … 56

第3章

表 3-2-1　ロジスティクスと物的流通と物資流動 … 62

図 3-2-1　ロジスティクスと物流（物的流通，物資流動，貨物車交通）… 63
図 3-2-2　ロジスティクスと都市計画における物流の位置づけの違い … 63
表 3-2-2　輸送用語の使い分け … 66
表 3-3-1　人と比較した「物の特殊性」… 70
表 3-3-2　人と比較した「物の柔軟性」… 70
図 3-3-1　人の交通と物の輸送の間の，相関性と転換性 … 71
表 3-4-1　4 つのサービス（無形財）… 74
表 3-4-2　サービス（無形財）の特徴 … 74
表 3-4-3　サービス（無形財）としての物流の価値 … 75
図 3-4-1　商品の高付加価値化 … 77
図 3-4-2　輸送の高付加価値化 … 77

第 4 章

表 4-1-1　ロジスティクスの改善方法の再考 … 80
表 4-2-1　「情報化」の限界と活用―偏見を避けたいデジタル化― … 82
図 4-2-1　情報化によるリードタイムの短縮効果 … 83
図 4-2-2　情報化による相乗効果と代替効果 … 84
図 4-2-3　作業情報のシームレス化 … 86
図 4-2-4　サプライチェーンにおける情報のシームレス化（ヨコのシームレス化）… 87
図 4-2-5　輸送中における情報のシームレス化（タテのシームレス化）… 88
表 4-3-1　「効率化」の軋轢と克服―立場で異なる効率化― … 90
図 4-3-1　配送における発注者と受注者の期待の違い … 92
図 4-3-2　時刻指定と待機時間の関係 … 93
表 4-3-2　車両の変更と積載率向上 … 95
図 4-3-3　貨物の積み付けと積載率 … 96
図 4-3-4　配送ルートと平均積載率 … 96
表 4-3-3　企業経営の 4 つの目標と内容 … 99
表 4-3-4　企業経営の 4 つの目標と KPI（重要業績評価指標）の例 … 99
表 4-4-1　「標準化」の制約と適用―目的と範囲で決まる標準化― … 101
図 4-4-1　取引先別の標準化と納入業者の煩雑さ … 103
図 4-4-2　標準化戦略・差別化戦略のメリットとデメリット … 104
図 4-4-3　業界内（タテ）の標準化と，業界間（タテ）の標準化 … 105
表 4-4-2　標準化のための 4 つの検討項目 … 105
表 4-5-1　物流共同化の種類と分類 … 107
表 4-5-2　「共同化」の矛盾と期待―デメリットも考えたい共同化― … 108
図 4-5-1　中抜き論（直送）と中継論（共同配送）の比較 … 109
図 4-5-2　中抜き論（直送）と中継論（共同配送）の選択 … 111
図 4-5-3　配送ルートが束ねられている場合の共同配送 … 113
図 4-5-4　配送ルートが束ねられていない場合の共同配送 … 113
表 4-6-1　「最適化」の相反と挑戦―評価関数で変わる最適化― … 117

図 4-6-1　企業間・系列内・企業内での最適化の違い … 118
図 4-6-2　リービッヒの最小養分律にもとづくドベネックの桶 … 119
図 4-6-3　輸送費と保管費の合計を最小とする最適な配送頻度 … 120
図 4-6-4　保管費のみを最小とするときの最適な配送頻度 … 120
図 4-6-5　物流施設の最適な施設数 … 122
図 4-6-6　物流施設の最適な立地場所 … 122

第 5 章

図 5-1-1　社会状況の変化にともなうロジスティクスのパラダイムシフト … 128
表 5-2-1　パラダイムシフトの内容 … 134
図 5-2-1　物流の需給バランスの逆転 … 134
表 5-3-1　3 つのロジスティクスの比較 … 138
表 5-3-2　ソーシャル・ロジスティクスの構成 … 140
図 5-3-1　3 つのロジスティクス（ミリタリー，ビジネス，ソーシャル）… 141
図 5-3-2　サステナブル・ロジスティクスの範囲 … 146
図 5-4-1　ロジスティクス・システム管理（LSM）… 152
表 5-4-1　ロジスティクス・システム管理（LSM）の対策 … 152
表 5-4-2　受発注段階でのロジスティクス・システム管理（LSM）… 153
表 5-4-3　生産・在庫段階でのロジスティクス・システム管理（LSM）… 155
表 5-4-4　輸配送段階でのロジスティクス・システム管理（LSM）… 158
図 5-5-1　配送におけるロジスティクス・インフラ管理（LIM）… 160
表 5-6-1　東京 2020 大会における交通輸送対策 … 164
図 5-6-1　東京 2020 大会における首都高速道路の料金施策 … 165
図 5-6-2　東京 2020 大会における首都高速道路の料金施策の対象車種 … 165
図 5-6-3　東京 2020 大会における交通システム管理（TSM）による交通規制の例
　　　　　（オリンピックスタジアム周辺の，進入禁止・通行規制・迂回エリア）　… 166
表 5-6-2　東京 2020 大会における大会物流と一般物流 … 167
表 5-6-3　東京 2020 大会での一般物流に対する物流 TDM の 4 つの方法 … 169
表 5-6-4　2020 物流 TDM 実行協議会が推奨した事例 … 170
図 5-6-4　全日本トラック協会による「東京 2020 大会期間の物流に関するご理解・ご協
　　　　　力のお願い」のリーフレットの一部 … 172

第 6 章

表 6-1-1　都心の大規模建築物の駐車実態 … 178
表 6-1-2　大規模建築物の設計と館内配送の考え方 … 179
図 6-1-1　物流を考慮した建築物の設計基準の例　　　… 180
図 6-1-2　大規模建築物における物流の検討フロー … 181
表 6-1-3　大規模建築物の物流の検討チェックリスト … 182
表 6-1-4　大規模建築物のロジスティクスにおける課題と対策 … 184
図 6-1-3　大規模建築物における館内共同配送システム … 188

図 6-2-1 コンパクトシティの概念 … 191
図 6-2-2 コンパクトシティ＋ネットワークの概念 … 192
図 6-2-3 スマートシティの概念 … 193
図 6-2-4 スーパーシティの概念 … 194
表 6-2-1 都市のコンパクト化・スマート化とロジスティクスの課題と対策 … 196
図 6-2-5 スマート化を考慮した都市のコンパクト化の考え方 … 198
図 6-3-1 小さな拠点の概念 … 205
図 6-3-2 買い物弱者の対策 … 206
表 6-3-1 中山間地域におけるロジスティクスの課題と対策 … 207
表 6-4-1 離島の年間収入額と消費支出額の全国比較（全国平均＝1.00）… 213
表 6-4-2 離島の主要生活物資の価格の全国比較（全国平均＝1.00）… 213
図 6-4-1 本土内と離島における輸送の違い … 213
表 6-4-3 離島におけるロジスティクスの課題と対策 … 216
表 6-4-4 生活物資の輸送費と交通費の補助の例（課題1に対応）… 218
表 6-4-5 島内産業の輸送費に対する公的補助の例（課題2に対応）… 220
表 6-4-6 離島の流通構造の改善の例（課題3に対応）… 222
表 6-4-7 島内産業の生産販売体制の改善の例（課題4に対応）… 224

第7章

図 7-1-1 ロジスティクスにおける排出物資削減対策 … 228
表 7-1-1 公共部門による排出物資の削減対策 … 228
図 7-1-2 3つのシステムと排出物資削減対策（輸配送・生産在庫・受発注）… 230
表 7-1-2 環境負荷削減の課題と対策 … 231
表 7-2-1 病院のロジスティクスの対象 … 235
表 7-2-2 医薬品・医療材料の管理項目 … 235
図 7-2-1 病院を中心としたサプライチェーンとロジスティクス … 236
図 7-2-2 病院における物品別のロジスティクス … 237
表 7-2-3 病院と地域をつなぐロジスティクスの課題と対策 … 240
図 7-3-1 災害のカタストロフィーと3つの災害対策 … 250
図 7-3-2 時間軸で示す3つの災害対策（予防，応急，復旧対策）… 250
図 7-3-3 災害対策の3つの目的（A. 災害の減少，B. 応急措置の早期完了，C. 復旧期間の短縮）… 251
表 7-3-1 災害対策と補給・備蓄に関する代表的な法制度 … 252
図 7-3-4 都市再生特別措置法における防災対策 … 254
表 7-3-2 災害に備えるロジスティクスの課題 … 256
図 7-3-5 災害時の供給・補給・備蓄の相互関係 … 257
図 7-3-6 災害時のサプライチェーンにおける物資の供給・補給の条件 … 258
図 7-3-7 緊急支援物資輸送の3段階 … 260
図 7-3-8 被災による供給量の減少と需要量の増加 … 263

第 1 部

▼

ロジスティクスの変遷

第**1**章

ロジスティクスの歴史的変遷

1.1 ミリタリー・ロジスティクスの歴史的変遷

1.1.1 ミリタリー・ロジスティクスの内容

(1) ミリタリー・ロジスティクスの定義

　ロジスティクス（兵站，Logistics）は，もともと戦略（Strategy），戦術（Tactics）とならぶ三大軍事用語の1つである。このうち，戦略とは戦争を実行するための計画であり，戦術とは戦闘のための技術である。そして，ロジスティクス（ミリタリー・ロジスティクス，Military Logistics）とは，戦場の後方にあって最前線で戦う兵士を支援するために，「食糧・兵器・弾薬などを調達し，前線の兵士に届けるために，補充・輸送を行うこと」である。このため兵站には，食糧・兵器・弾薬の調達と輸送に始まり，これらに必要な設備備品の生産と補充や，戦場での設営なども含まれている。

　軍事のロジスティクスの業務を細かく分けると，補給，輸送，整備，回収，建設，衛生，役務，労務などがある。これらの業務の一部を民間に委託することもあるものの，軍事のロジスティクスでは，基本的には業務全体を統括して実施している。一方で，民間企業（ビジネス）のロジスティクスにおいては，輸送や保管の業務を物流事業者に委託することが多い（**表1-1-1**）。[1]

(2) 兵站と戦務の違い

　英語のロジスティクス（logistics）は，ラテン語で「古代ローマ軍あるいは管理者」を意味するlogisticusから発しており，それがフランス語のlogistiqueや英語のlogisticsになったとされている。[2]

　ロジスティクスには，明治時代に「兵站」という訳語があてられた。もっとも，「戦務」と訳した人もいたようである。この顛末について，林讓治は，「太平洋戦争のロジスティクス」のなかで，以下のように記している。

　「（ナポレオンの幕僚だったジョミニ将軍の『兵術概論』を訳した）八代海

表1-1-1　ミリタリー・ロジスティクス（兵站）の内容

1)	補給：物資の管理と配給（補給隊）
2)	輸送：物資の輸送（輸送隊）
3)	整備：機材の整備（修理隊）
4)	回収：機材の回収（各部隊）
5)	建設：施設の建設と整備（施設隊）
6)	衛生：医療サービスの提供（衛生隊）
7)	役務：兵站業務の諸作業（各師団）
8)	労務：兵站業務の外部委託（契約業者）

出所：著者作成。

軍大佐はロジスティクスを『戦務』と訳した。それは戦術や命令作成などの軍に関する広範囲の業務を包括する概念であったという。日本軍ではロジスティクスは「兵站」と訳されてきたが，これはアルフレッド・マハンの『海軍戦略』を訳した尾崎海軍中佐によるものらしい。ここでの兵站とは，原書では line of communication と記され，今日では「交通線」と訳される」。[3]

　なお，兵站という漢字のうち，「兵」は文字通り兵士や兵隊の意味であり，「站」は中継点や宿場や駅などを指す。中国の北京の鉄道駅は，「北京站」である。「兵隊の中継点」から発して「中継点の設営やそこで必要な物資の補給」を意味するようになった。[4] [5]

1.1.2　戦国・江戸時代のミリタリー・ロジスティクス

(1) 戦国時代の兵糧攻めと兵站重視

　日本の戦国時代には，戦わずして勝つための高度な戦法の1つとして，兵糧攻めがあった。兵糧攻めとは，「食糧や飲料水の供給を断って，敵の衰弱を待つ戦法」である。

　兵糧攻めで有名な戦いが，備中高松城の水攻めである。天正10年（1582）に織田信長の命を受けた羽柴秀吉が，毛利氏配下の清水宗治の守備する備中高松城を攻略するとき，城の周囲に堤防を建設し河川の水をせき止め，城を水浸しにして物資の補給路を断ったのである。最終的には，城主の清水宗治などの自害を条件に和睦する。

　秀吉は，この他にも，天正6年（1578）に中国地方攻略において別所長治が籠城した三木城への物資補給路を断つために，補給路の途中の陣地を攻略し，補給部隊を殲滅した。また，天正9年（1581）の鳥取城攻略に際しては，

周囲の米を高く買い占め米の供給量を減らし，一方で周囲の村民を城内に逃げ込ませて需要量を増やし，兵糧が尽きるのを待って降伏させたという。

(2) 家康による江戸の建設と物資輸送路の整備

　江戸（現東京）は，徳川家康が居を構えることで大都市への発展が始まった。

　家康が関東の任地として江戸に赴いた理由には，いくつかの説があるが，家康は物資輸送上の利点に注目していたとの説がある。歴史学者の岡野友彦は，伊勢と品川を結ぶ太平洋海運や，銚子・関宿から浅草に通じていた利根川・常陸川水系に着目し，「中世を通じて東国水上交通の要衝であった江戸を家康が選ぶのは，あまりにも当然の選択であった」としている。[6]

　そして，家康は，江戸という寒村を，大都市に発展させるために，江戸に移り住むやいなや，物資輸送のための水路整備を始める。天正18年（1590）には日比谷入江を埋立て，江戸城直下まで舟を入れるために，平川の流入を止めて道三堀を開削した。同じ年に，中川と隅田川を結ぶために水路（現小名木川）を開削した（**図1-1-1**）。

　小名木川開削の目的は，関東最大の塩の生産地の行徳から江戸城までの，塩の輸送路の確保とする説もあるが，塩を含め物資全般の輸送という説が有力である。さらに，速やかに兵士を輸送するという役割があったという説もある。[7][8]

　竹村公太郎によれば，「関東の弱点に対する家康の防衛作戦は徹底していた。まず，江戸城から船橋への運河を建設した。小名木川と新川の建設であった。この工事は1500年代に最優先で実施された。この小名木川と新川運河により，悪天候でも江戸湾の波に影響されずに船橋に到達できた。この2つの運河は高速の軍事用運河だった」としている。[9]

　せっかく開削した運河であるから，当初の目的が軍事目的だったかもしれないが，物資輸送にも使われたことだろうし，平和になったときに物資輸送専用に利用されることもあったことだろう。いずれにせよ，江戸の成り立ちにおいて，水路や運河の整備は，大都市江戸誕生の必須条件だったことに間違いはない。[10]

(3) 軍事と経済のための輸送路と河川改修

　江戸の城下町よりも広い地域に目を移しても，同じように軍事と経済の両

図 1-1-1　元禄年間の小名木川と江戸下町

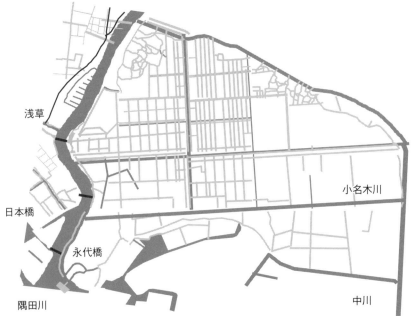

浅草

日本橋

永代橋

隅田川

小名木川

中川

出所:「改撰江戸大絵図」元禄 15 年 (1702) をもとに，著者作成。

方を意識していたようである。

　文禄3年（1594）に家康の命令で始まり，承応3年（1654）に完了する「利根川東遷」は，江戸湾に注いでいた利根川を銚子から太平洋に注ぐように計画したものである（**図1-1-2**）。

　経済の視点に立てば，河川改修をしながら利根川の流路を替えて，水路整備と新田開発を行うことにより，関東の湿地帯を肥沃な農耕地へと変えると同時に，利根川を通じて江戸と関東や東北を結ぶ物資輸送路を形成したということになる。

　一方で利根川東遷は，東北の雄の仙台藩が江戸に攻め入ることに備えるための軍事目的だったという説もある。竹村公太郎は，利根川東遷についても，「北関東と房総半島が陸続きになっている関宿で，巨大な堀を造る。その堀へ利根川と渡良瀬川を流れ込ませる。その流れが北への防衛線となる。」として，伊達政宗への防衛線との指摘をしている。[11]

　時代背景や地域の事情にもより比重は変わるだろうが，軍事と経済の両面を考えながら河川や運河の改修整備を進めていたということになる。

図1-1-2　利根川東遷の概要図

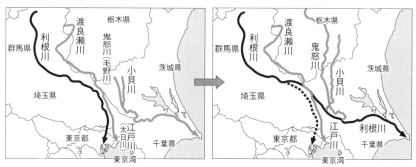

出所：国土交通省『利根川水系流域及び河川の概要』p.38，利根川水系河川整備方針。http://www.mlit.go.jp/river/basic_info/jigyo_keikaku/gaiyou/seibi/pdf/tone-5.pdf（参照2018.11.06）。

1.1.3　明治時代の富国強兵とロジスティクス

(1) 軍事拠点を結ぶ鉄道

　兵士が戦場に向かうとき，陸軍は食糧・弾薬を携行し，海軍は食糧・弾薬を艦船に積み込む。このとき戦いが長期戦になると，陸上であろうと海上であろうと，補給基地から前線の兵士に，食糧・弾薬を届けなければならない。

　そこで明治政府は，富国強兵の一環として兵站の準備を進めることになる。

　まずは，武器弾薬をはじめとする兵器生産の充実である。しかし明治時代の民間企業は技術力が低かったので，政府が自ら工場を設けていった。陸軍の最初の兵器工場（当時の名称は，造兵司）は，明治3年（1870）に設けられた。江戸幕府の長崎製鉄所の機械を，大阪城の三の丸（現在の大阪城ホール付近）に移設した。明治12年（1879）には，砲兵工廠と呼び名を変えて東京と大阪に置いた。

　次は，食糧や衣服の手配である。毎日必要な兵士の食糧と軍馬の飼料の管理は，糧秣廠が担うことになる。陸軍は，明治24年（1891）に，糧秣廠を東京の越中島（現江東区越中島）に設けた。ちなみに越中島の土地には，糧秣廠とともに陸軍練兵場が置かれていたが，そこに明治35年（1902），東京商船学校が移転してくる。これが東京商船大学を経て，東京海洋大学となった。

　兵站体制の整備とともに進められたのが，鉄道網の整備である。

　陸軍が，明治18年（1885）にドイツ陸軍から陸軍大学校教官として迎えたクレメンス・メッケルは，明治20年（1887）に『日本国防論』をまとめている。そして，竹内正浩は『鉄道と日本軍』のなかで，メッケルの指摘を以下

図1-1-3　日露戦争直前の鉄道

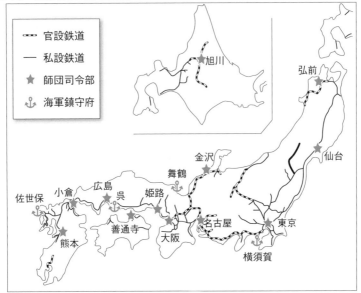

凡例：
- ▥▥▥ 官設鉄道
- ── 私設鉄道
- ★ 師団司令部
- ⚓ 海軍鎮守府

旭川　弘前　金沢　仙台　舞鶴　広島　姫路　佐世保　小倉　呉　名古屋　東京　熊本　善通寺　大阪　横須賀

出所：竹内正浩『鉄道と日本軍』筑摩書房，2010年，pp.144-145。

のように記している。[12]

　「敵は港湾周辺に上陸し，その後港湾を占拠し，物資を補給しながら，占領地域を拡大する」ので，これに対抗するには，「日本軍は迅速に兵を集合させ，敵に勝る兵力を整えることとし，海軍の準備，全国の諸部隊の容易な移動，鉄道道路の3つが必要」（著者要約）としている。

　これをロジスティクスの視点から解釈すれば，攻めてくる敵は，港湾を最初に占拠してから内陸の最前線に必要な物資を補給するために，鉄道が必要となる。一方で占領に備える日本軍も，兵士の迅速な移動のために，鉄道が重要となる。攻防のどちら側にとっても，鉄道は重要だったのである。

　一般に物資輸送は，「点と点」を「線」で結ぶことになる。「点」が，軍隊の部隊の駐屯地（師団司令部）や食糧・弾薬の補給基地（砲兵工廠や糧秣廠など）だったが，「線」は鉄道や航路であった（図1-1-3）。

(2) ロジスティクスの転換点だった日露戦争

　戦国時代や江戸時代にはロジスティクスが重視されていたと考えられるが，明治時代の後半になって少しずつ様相が変わっていく。その象徴的な転換点

が，日露戦争だと考えている。

　日露戦争におけるロシアの作戦は，朝鮮半島から満州まで戦線を拡大させている日本の物資補給ルートを絶つことにより，戦況を有利に進めることだった。逆に日本は，朝鮮半島への物資補給ルートを維持するためにも，日本海と黄海の制海権を確保しなければならなかった。

　日露戦争の帰趨を決めたとされる日本海海戦は，日露戦争開戦後1年3か月ほどたった明治38年（1905）5月27日に，対馬沖で起きた。日本海海戦については，戦術論としての敵前大回頭や丁字戦法が話題になりがちである。しかしロジスティクスの視点に立てば，3つのことが勝利を引き寄せたと考えている。

　第1の勝因は，日本海海戦が「短期戦」だったことである。当時の年間歳入は日本が約2.5億円でロシアは約20億円だった。当時の日本の国力からすれば，食糧や武器弾薬などを長期にわたって戦場に補給することには限界があったはずだ。しかし短期戦となれば，継続的な補給の必要がないため，国力が乏しい日本にとっては望ましい。日本海海戦は，戦闘開始後の最初の30分で大勢が決まった短期戦だった。[13]

　第2の勝因は，「現場主義」だったことである。東郷平八郎司令長官を始め，加藤友三郎参謀長，秋山真之参謀中佐などが旗艦に乗り込み，司令官と兵士がともに現場で戦ったからこそ，臨機応変の対応が取れた。

　第3の勝因は，「ホームの戦い」だったことである。サッカーのように，戦いをホームとアウェーに分けてみれば，日露戦争は日本海という至近な場所でのホームの戦いであり，地の利に恵まれていた。一方ロシアのバルチック艦隊は，遠くヨーロッパからの遠征であり，途中で補給しつつ半年以上の時間をかけて戦地に駆けつけたのだから，アウェーの戦いだった。

(3) 兵站重視から兵站軽視へ

　日露戦争は兵站線を巡る戦争（War）だったが，日本海海戦に限れば兵站を重視せずに済む短期の戦闘（Battle）だった。

　戦闘は，銃や刀などの武器で一戦を交えることなので，兵站を軽視できることもある。しかし戦争は，戦闘の積み重ねで長期にわたるから，国と国の間の武力だけでなく経済力も含めた総合力の戦いになる。そのため，食糧や武器・弾薬の調達生産から補給までの兵站能力が重要であり，兵站で躓けば確実に敗北する。だからこそ戦争では兵站を重視し，「食糧や武器弾薬が不

足すれば勝利はないから，作戦を変えること」が正しい。そして「武器や弾薬の生産・補給能力からすれば，長くは戦えない」「物資輸送能力からすれば，戦線の拡大限度はこの地点まで」と考えて，戦略を変更すべきものなのだ。

　明治政府は「戦争」に備えて，工廠の設置や鉄道整備とともに，兵站体制を地道に整えてきた。しかし日本海海戦という華々しい成功体験によって，「戦闘」ばかりが注目を浴びるようになり，戦争には不可欠な兵站が，人々の目には映らなくなってしまったのである。

　こうして日本海海戦を境にして「戦争の備え，兵站重視」の時代が終わり，「戦闘優先，兵站軽視」の時代へと移っていく。

(4) 日露戦争から太平洋戦争に至る「鬼胎」の40年

　日露戦争を境に兵站軽視の思想が定着し，大正昭和とつながって，太平洋戦争においても，戦闘重視の大艦巨砲主義と，兵站軽視の現地調達主義が引き継がれていった。この結果，ガダルカナルやインパールのように，食糧不足や弾薬不足により戦わずに敗れていった。

　日本の近代史のなかで，日露戦争が転換点だったとする考え方は多い。

　船曳建夫は，『日本人論，再考』（p.38，文庫版p.148）のなかで，司馬遼太郎の『この国のかたち。第3回，"雑貨屋"の帝国主義』（月刊文藝春秋の巻頭エッセイ）を例に引きながら，明治を語っている。[14]

　「……司馬の筆調は日本を描いて，いつものように澄んではいますが，暗い。その連載第3回は，夢幻能のように始まります。浅茅が原で「巨大な青みどろの不定形名モノ」に出会うと，そのモノは，「鬼（異）胎」は，自分を「日本の近代」だと名乗ります。そして，正確には，一九〇五年（明治三八），日露戦争の勝利から一九四五年（昭和二〇），敗戦までの四〇年間のことだというのです。幕末から明治三八年までの，成功した明治国家のあとに，その，鬼のような得体の知れぬものが生まれ，一九四五年の敗戦で潰えます。……明治と戦後の間の四〇年間，それだけが，まるで日本でないようで訳がわからない，として，司馬は考察にはいるのです」としている。これが，司馬遼太郎がいうところの「「鬼胎」の四〇年」である（図1-1-4）。

　司馬遼太郎は，『この国のかたち，第3回，"雑貨屋"の帝国主義』のなかで，以下のようにまとめている（pp.44-45）。

　「調子狂いは，ここからはじまった。……私は（日比谷公園で開かれた全国）大会と暴動は，むこう四十年の魔の季節への出発点ではなかったかと考えて

図 1-1-4　司馬遼太郎の,「鬼胎」の 40 年

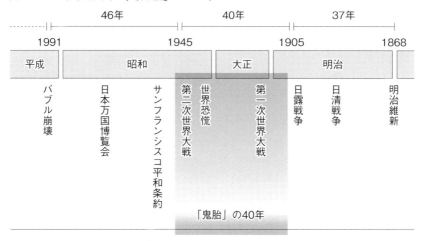

出所：船曳建夫，NHK 人間講座『日本人論，再考』p.39，日本放送出版会，2002。

いる。この大群衆の熱気が多量に─たとえば参謀本部に─蓄電されて，以後の国家的妄動のエネルギーになったように思えてならない。むろん，戦争の実相を明かさなかった政府の秘密主義にも原因はある。また煽るのみで，真実を知ろうとしなかった新聞にも責任はあった。当時の新聞がもし知っていて煽ったとすれば，以後の歴史に対する大きな犯罪だったといっていい。」[15]

　そして船曳建夫は，次のように記している。

「日露戦争の勝利の段階で，日本は対外的に強国となっただけでなく，その後の「調子狂いの四〇年」の前半には，「大正デモクラシー」や，都市的生活の勃興もあったのです。しかし，そのデモクラシーや都市生活を支えるために不可欠な，個人的自由と権利が保証される「市民社会」というのは，日本の国家的な制約のなかでは育つことは困難でした。……成功の後の方向感の喪失が始まっていました。司馬の言う「坂の上の雲」，日露戦争までの，「当面」を目指す目標が，その勝利によって失われたのです。しかし，それに代わる長期的な社会のビジョンはない。」(p.49，文庫版 p.161) と記している。

　日露戦争を通じて「坂の上の雲」をみた日本と日本人が目標を失い迷いだしたように，ロジスティクスも同様だった。兵站線確保のための日露戦争で，日本海海戦という短期の戦闘に勝利することで，長期の戦争に備えるべき兵站体制の整備という目標を見失ったのである。

1.1.4　昭和時代の兵站軽視と負の遺産

(1)　精神論の高揚と兵站軽視の実態

　第一次世界大戦以降は，戦争が食糧・弾薬の補給力などを含め，国家の経済力の差も含めた総力戦となったにもかかわらず，日本では，日本海海戦の成功体験があだとなってしまい，戦闘のための戦術ばかりが重視された。結果として兵站を思考の外側に置き，精神論を寄りどころにし，戦争を回避できないまま太平洋戦争開戦に至ったのである。目標の喪失と自己分析の排除でもあったと考えて良い。

　その兵站軽視の実態を，昭和13年（1938）に陸軍の軍令として公布された『作戦要務令』の綱領でみてみよう。

　第十一まである綱領のうち第一には，「軍の主とする所は戦闘なり。故に百事皆戦闘を以て基準とすべし。而して戦闘一般の目的は敵を圧倒殲滅して迅速に戦捷を獲得するに在り」とある。この「敵を滅ぼし（殲滅），素早く勝ち戦にする（戦捷）」という表現は，あくまでも短期戦の「戦闘」を意識したもので，長期戦の「戦争」に対する意識ではない。

　綱領の第六には，「軍隊は常に攻撃精神充溢し士気旺盛ならざるべからず。攻撃精神は忠君愛国の至誠より発する軍人精神の精華にして……」とある。綱領の第八には，「……資材の充実・補給の円滑は必ずしも常に之を望むべからず。故に軍隊は堅忍不抜克く困苦欠乏に堪え難局を打開し戦捷の一途に邁進するを要す」とある。

　戦いには精神力が必要だが，「資材や補給の円滑を望まずに，困苦欠乏に堪えて……」とまでになると，兵站の軽視どころか無視でさえある。[16)]

　その後，作戦要務令は，昭和14年（1939）に第三部が追加され，その第四編に兵站が加えられた。作戦要務令の第二三六から第二五九までが，「第四編，兵站」となった。その第二三六には「兵站の主眼とする所は，軍をして常に其の戦闘力を維持増進し，後顧の憂い無く其の全能力を発揮せしむるに在り。而して，作戦上の必要なる軍需品及び馬の前送，補給，傷病人馬の収療及び後送，要整理物件の処理，戦地資源の調査，取得，及び増殖，通行人馬の宿泊，給養及び診療，背後連絡線の確保，占領地の行政等は兵站業務の重要なる事項とす」としてある。つまり，戦闘力を維持増進するために兵站があるとして，その重要性を示している。

　しかし，「後顧の憂い無く全能力を発揮するため……」と兵站の重要性を示されても，それに見合うだけの物資を用意できなければ，結局のところ綱領

の第八の「資材の充実・補給の円滑は必ずしも常に之を望むべからず」が優先されてしまう。[17)]

(2) 陸軍の兵站軽視，インパール作戦

そもそも「戦争のプロは戦略を語り，素人は戦術を語る。本当のプロは兵站を語る」ものである。しかし残念なことに，華々しい戦術論が「主役」となり，主役だったはずの兵站は，「脇役」どころか，姿の見えない「黒子」になってしまったのである。

太平洋戦争のさなか「輜重輸卒が兵隊ならば，蝶々蜻蛉も鳥のうち」という戯れ歌があった。輜重とは，糧食・被服・武器・弾薬などの兵站担当であり，輸卒とは輸送を担当する兵士である。「兵站を担う者が兵士ならば，昆虫も鳥だ。だから兵士とは認めない」という意味である。これほどに兵站を軽んじていたからこそ，兵站を確保せずに，食糧は現地調達のまま戦線を拡大していくことになる。[18) 19)]

この典型的な例が，約8万6,000人の日本軍が参加したインパール作戦だった。

昭和19年（1944）3月に始まり6月に終わるインパール作戦とは，当時イギリスの植民地であったインドから中国（国民軍）への物資補給ルート上にあるインパールを攻略し，中国を孤立させるための戦いだった。しかし皮肉なことに，日本陸軍自らが前線まで物資補給ができず，食糧・弾薬がつきて歴史的な敗北となった。[20) 21) 22) 23)]

ロジスティクスからみたとき，インパール作戦には3つの敗因があった。

第1の敗因は，インパール作戦が3か月にわたる「長期戦」だったことである。3か月の間，兵士に食糧・弾薬を補給し続けないと，戦争どころか戦闘にすらならない。事前の計画では十分な補給ができないことが予想されていたが，敵の補給基地を攻撃奪取することによる食糧の現地調達もできず，とても敵と戦うまでに至らなかった。

第2の敗因は，「非現場主義」だったことである。インパール作戦では，大本営の指示にもとづき後方に位置していた司令官が作戦を指揮していた。現場の食糧・弾薬の補給や山越えの厳しさから，作戦変更の進言もあったが，聞き届けられず無謀な作戦が継続されていった。

第3の敗因は，「アウェー」での「戦争」だったことである。日本から遠く離れたビルマの土地で，食糧や武器弾薬の補給もなく敵地に進軍することに

なった。空腹や病気に悩まされ，戦闘する前に，「戦わずして負けていった」のである。

　一方の連合軍は，約15万人を配置し，自らは空輸作戦による補給体制を確立し，軍隊をあえてインパールまで後退させ，日本軍をジャングルに誘い込むことで日本軍を疲弊させるとともに，物資補給ルートを破壊する作戦だった。つまり連合軍は，物資補給ルートを断つことで，「戦わずして勝つ方法」を選んだのである。

　日本海海戦とインパール作戦を比較してみれば，「朝鮮半島への兵站線の確保」と「中国への兵站線の破断」の違いはあるものの，「兵站線をめぐる戦い」は共通していた。ただし，「ホームの短期戦」の日本海海戦は勝利し，「約3か月にわたるアウェーの長期戦」のインパール作戦では敗北したのである。[24]

(3) 海軍の兵站軽視，輸送船の壊滅

　宮本三夫の『太平洋戦争，喪われた日本船舶の記録』と日本殉職船員顕彰会のホームページには，太平洋戦争における商船隊のさまざまな記録が示されている。

　太平洋戦争での軍人の戦死者は約230万人であり，一般人の死者数は約80万人だった。そのなかで，商船の船員の死者数は60,609人なので，全体からは少ないように見える。しかし，商船の船員約14万人のうち約43％の約6万人が死亡したのである。食糧や弾薬を輸送する商船の船員の死亡率を，陸軍の20％，海軍の16％に比較すると，それだけ危険な仕事だったことを示している。輸送船とその船員は，武器も持たずに敵の標的となっていたのである。

　命を落とした船員の年齢では，31％（19,048人）が20歳未満であり，27％（16,601人）が20歳から29歳で，最年少は14歳（1.6％，987人）だった。年齢の若さの理由は，商船が攻撃されて船員不足になると，商船学校などでの卒業年限を短縮して，若者を乗船させたからである。

　では，なぜ商船がこれだけの損害を受けたのだろうか。そこには3つの理由があると考えている。

　第1は，日本海軍の短期戦による艦隊決戦思想である。先に述べたように日本海海戦における艦隊決戦の勝利が成功体験となって，「戦闘こそが兵の務め」という感覚になったのだろう。長期戦に耐えるための物資補給ルートの確保や商船の保護よりも，短期戦の艦隊決戦こそが勇猛果敢と賞賛されたの

である。[25)]

　第2は，希薄な商船保護の意識である。そもそも海軍には，物資輸送を担う輸送船や商船を守る役目がある。海に囲まれた日本であれば，なおさらのことである。しかし作戦は大本営の机の上で考えられていて，現場の切実な実態を感じることはなかった。

　第3は，物資補給ルートの実力以上の延伸である。昭和15年（1940）までの海上交通保護の方針は，台湾以北のアジア海域に限っていたにもかかわらず，物資補給ルートを維持できない地域（東のキリバス，南のニューギニア，西のビルマ，北のアリューシャン列島）にまで，戦線を拡大してしまった。

　情報と兵站を軽んじていた島国日本の陸海軍が，完全なアウェーの戦争をすることになったのだから，敗戦は必然だった。[26)]

(4) 戦後から現在までも尾を引く兵站軽視

　太平洋戦争の兵站軽視の思想が，戦後に民間企業にも引き継がれたように思っている。その理由は，次の3つである。

　第1は，軍人の民間企業への就職である。戦死者を逆算すれば，陸軍軍人の約80%，海軍軍人の約84%の軍人が生き残り，そのうちの多くの人が民間企業で働くことになる。兵站に苦労したはずの旧軍人ではあるが，戦後も兵站軽視から抜け出せなかった可能性は高い。少なくともつい最近までの日本企業の多くは，物流軽視だったと考えてよい。

　たとえば，欧米の企業に存在するCLO（Chief Logistics Officer）を置いている日本企業は少ない。物流部門での配属を希望する新入社員に，「物流部門は日陰の部署だから止めなさい」と諭す大企業の人事部もあるくらいである。

　第2は，旧軍人関係者たちも，兵站軽視を自覚できなかった可能性がある。極めて悲しい経験だったが，国内のある博物館を訪れたとき，以下のような会話が聞こえてきた。

　「戦争中に最も大変だった海軍の船は何ですか」「潜水艦です。狭くて暑くて，とても大変でした」「では，最も楽だった船は何ですか」「輸送船です。なにしろ戦わなくて済みますから」というやり取りだった。

　「太平洋戦争で，武器も持たせられずに，敵の標的になって死んでいった輸送船の若い船員たちのことは考えられないのか」と憤慨したが，黙ってその場をあとにした。この出来事は，なんと戦後60年以上たった平成23年（2011）のことだったのである。

(5) 兵站研究の忌避と学問分野の偏り

　戦後の日本の大学において，軍事に関連する研究は原則として禁止されている。このため，軍事研究に近いということで，戦後に忌避されていった学問分野がある。政治地理学（地政学）は戦争に大きな影響を与えたとされ，歴史地理学や経済地理学に置き換えられたような面もあった。都市計画では，空爆に備えた防空都市計画もあったが，一部は耐震耐火や避難などに限定されて都市防災計画へとなっている。同じように，兵站（ロジスティクス）も，「兵」が付くこともあってか，避けられた分野だったのだろう。

　一方で，交通計画や輸送計画の対象には人と物があるが，そもそも交通の主要部分は物資輸送だった。しかし，戦後に起きた通勤通学交通による混雑問題を契機に，人の交通の研究が盛んになった。そして，現在の交通計画の分野では，物流や物資輸送を教育研究している大学は極めて少ない。

　さらに，経済的価値を追求するビジネス・ロジスティクスは，民間企業におけるコスト削減という場面に閉じ込められてしまった。平和な平時のコストダウンが中心のビジネス・ロジスティクスの結果，国際化が進展してもリスク対策を十分に考慮できずに，半導体の生産不足や新型コロナによる輸送や供給網の混乱などを想定できず，自動車生産の減産も起きている。

　また，最近地震や洪水などの自然災害が続いているが，兵站の仕組みを知るほど，災害時の被災者救援や緊急支援物資の輸送などの方法論とほとんど同じことに気づく。兵站が忌避されて，その知恵を災害時の物資供給や備蓄などに活かせないことは，何とももどかしい話である。

　ロジスティクスの社会的な価値を考えていくとき，ロジスティクスの原点であるミリタリー・ロジスティクスから，その本質を学び，軍事的価値を社会的価値に組み直していく工夫もあっても良いはずである。

1.1.5　平成・令和時代のミリタリー・ロジスティクスの特徴

(1) 太平洋戦争以降のミリタリー・ロジスティクス

　陸上自衛隊幹部学校の河野玄治兵站教官室長による講演（平成23年（2011）11月19日，日本物流学会関東部会主催）の資料『陸上自衛隊ロジスティクスの概要』をもとに，陸上自衛隊の兵站を紹介してみたい。[27]

　陸上自衛隊では，兵站を「補給，整備，回収，輸送，建設，労務」とし，武力集団だからこそ民間と違って「余分に蓄える。重複システムを準備する」を旨としている。このとき，「補給」は大別して，「追送（物資を前線に送り

届けること）」と「現地調達（物資を前線で自ら調達すること）」がある。さらに追送には「請求追送（前線からの要求に合わせて輸送すること）」と「推進追送（必要な物資を想定して輸送すること）」がある。この「推進追走」が，災害時のプッシュ型支援物資輸送に相当する。

　陸上自衛隊の兵站組織は，補給統制本部を中心に「中央兵站基地」があり，各方面隊に「方面兵站基地」があって，さらに前線に近い場所で「前方支援地域」がある。そして最終的には最前線で戦闘に参加する「段列」があり，弾薬などの補給品を供給する。

　この三段階は，東日本大震災や熊本地震での，緊急支援物資の一次集積所，二次集積所，避難所に相当する。

(2) 兵站を支える要員と物資

　現在の自衛隊の兵站は，さすがに昔と違って兵站重視である。しかし，予算配分や社会の理解は追いついていない。米軍は，1人の前線兵士を支える後方要員が10人とのこと。日清日露戦争時の日本は，兵士1人に後方1人だったが，現在は，さらに少ない人数比だ。敵国への進撃と異なって，専守防衛のためなら兵站は少なくて良いという考え方もあるが，それにしても差が大きい。

　防衛大学校・防衛学研究会編の『軍事学入門』によれば，補給の重要性が示されている。現代の軍隊では兵士1人当たり毎日2.7キロの食糧と9キロの水を含め，90-100キロの補給が必要であり，1万5,000人の師団では，1日に1,500トンの補給の輸送が必要だ。この補給品の60％が燃料とのこと。つまり，毎日150台の10トントラックが，物資を運び入れることになる。また現在のアメリカ軍の一個師団は，兵士1人当たり1日の補給量は，平均90キロで，補給量全体に占める割合が，弾薬20％，燃料60％。このほかに30-90日分の補給品が予備として戦場に備蓄されている。作戦地域にいる兵士1人当たり，10トン以上の物資が予備として備蓄されているとのこと。大型トラック1台分が，兵士1人分なのだから，補給は膨大な量になる。[28]

(3) 災害派遣と自衛隊の兵站

　自衛隊には災害派遣という任務もある。平成18年（2006）に三陸沖の地震を想定して2万人規模の震災対処訓練を行った。平成23年（2011）2月には，東海地震を想定して2,500人規模の震災対処訓練を行った。これらの訓練が，

その直後に起きた東日本大震災（平成23年（2011）3月11日）の災害派遣に役立ったという。

　そして発生が危惧されている首都直下型地震では，10万人の派遣規模と想定されている。

　ただし，災害は戦争と違って，兵器と弾薬が不要で敵が攻めてこない。また，災害発生から3日間は救命や捜索を中心となる。その後，生存者を対象に，次第に救援物資輸送に力を入れることになる。とはいえ，寒い冬であれば毛布や暖房器具，暑い夏では冷房機器や防虫剤など季節によっても必要な資機材が変わる。また，災害の種類（洪水，倒壊，火災や爆発など）によっても必要な資機材は変わる。このため，どのような災害であっても支援できるように，多様な資機材と物資を「余分に蓄えること。重複システムを準備すること」に変わりはない。

(4) 陸上自衛隊の兵站演習

　令和3年（2021）9月から約2か月をかけて，全陸上自衛隊員の7割にあたる10万人が参加して，出動前の準備や物資の輸送の焦点を当てた訓練が行われた。[29]

　新聞報道によれば，「部隊の派遣は大変な作業だ。1,500キロ離れた日出生台演習場に5,200人が移動した第2師団（北海道旭川市）の場合，使用した車両は約1,800台に上る。長期間の活動に耐えるには，弾薬や食料に加え，洗濯機や浴槽なども必要だ。今回の演習では，全国約160か所の駐屯地などで持参する装備品を点検し，九州までの移動経路を調べた。」とのこと。

　陸上幕僚長によれば，「いかに早く現場に部隊を送り込み，補給を続けるか。それは自衛隊の活動の根幹にかかわる重要なテーマだ。」，「補給などを担当する兵站や衛生部門について，しっかり光を当てて，運用ができる態勢にしなければならない」とのことである。

　この種の訓練は，戦闘場面に比較して地味であるが，兵站に失敗すれば，戦闘にもならないことは過去の歴史が語っている。その意味で，兵站を重視し訓練を重ねることは，極めて重要なことである。なお，偶然か否か不明だが，この10万人という数字は，想定されている首都直下地震の派遣規模と同じである。

1.2 ビジネス・ロジスティクスの歴史的変遷

1.2.1 ビジネス・ロジスティクスの内容

　軍事のロジスティクスが企業活動にも応用されて，現在では民間企業の間においてもロジスティクスという概念が広く普及している。

　ビジネス・ロジスティクス（Business Logistics）とは，「商品や物資を顧客の要求に合わせて届けるとき，商取引流通（商流：発注から受注まで）と物的流通（物流：受注から出荷を経て入荷まで）を，効率的かつ効果的に，計画，実施，管理すること」である（**表2-1-1**）。

　ビジネス・ロジスティクスという以上，これを実践するのは，荷主（メーカー，卸小売業者，消費者など）と物流事業者（輸送業者，保管業者など）の民間部門ということになる。

1.2.2 戦国・江戸時代のビジネス・ロジスティクス

(1) 戦国時代の領国経営と流通

　戦国時代を勝ち抜いてきた武将や江戸時代の藩主は，領民の生活物資の確保や領内の経済発展のために，軍事とともにビジネスの面でもロジスティクスを考えていた。

　たとえば，火坂雅志は，「積載量の大きい船は，馬や荷車の千倍もの物資輸送能力を有している。そのため，流通経済による領国経営の強化を図る戦国大名たちは，こぞって舟運の掌握につとめた。」と記している。そして，上杉謙信の関東や北陸への遠征が日本海舟運の利益に支えられていたこと，織田信長の台頭の背景に伊勢湾舟運による経済力があったこと，武田信玄が川中島の合戦に挑んだのも日本海側の流通ルートを求めたことを記した上で，「戦国の世は，現代がグローバル化しているのと同じく，ヒト・モノ・カネが広域で動き出した時代である」としている。

　戦国時代の武将の仕事には，戦さとともに経済振興があった。なぜなら，農業生産と流通により富を生めば，経済的な支配を強めることができるからである。それゆえ物資輸送の重要性は，軍事目的でも経済目的でも変わらなかった。戦国時代に培った軍事のロジスティクスの知識を，経済振興に活かしていったのである。[30]

表1-2-1　ビジネス・ロジスティクスの内容

```
1）商取引流通（商流）
     受発注機能
2）物的流通（物流）
     輸送機能，荷役機能
     保管機能，流通加工機能，包装機能
     情報機能
```

出所：著者作成。

(2) 江戸の経済を支えた水運

　江戸幕府は，全国各地と江戸を結ぶ海運を利用した物資輸送システムを構築するため，河村瑞賢（元和3年-元禄12年，1617-1699）に命じ，寛文11年（1671）に東廻り航路（荒浜・那珂湊・平潟・銚子・小湊・三崎・下田・江戸）を開発し，のちに仙台と津軽経由で酒田までを延伸する。翌年の寛文12年（1672）には，西廻り航路（酒田・小木・福浦・柴山・温泉津・下関・尾道・鞆・兵庫・大坂・大島・方座・安乗・下田・三崎・江戸）を開発した（図1-2-1）。[31]

　廻船航路の開発が必須だった理由は，大きく3つあった。

　第1の理由は，徴税制度や参勤交代制度などの政治的な理由である。江戸幕府が成立し年貢米による徴税制度が確立すると，全国各地から江戸や大坂に米を輸送する必要があった。

　第2の理由は，江戸での物資需要の増加などの経済的な理由である。そもそも関東地方だけでは，増加する江戸の人口に見合う食料や生活物資を生産できなかった。このため，関西を始めとする各地から，物資を江戸に供給しなければならなくなった。

　第3の理由は，鎖国体制の確立である。鎖国体制が確立すると，大船禁止令により帆が1つの小さな船しか建造が許されなかったために，沿岸の航海であっても海難事故が頻発した。このため小さい船であっても，安全に航海できるシステムが必要になったのである。

(3) 内陸輸送を担った河川舟運

　日本は島国で国土が狭いため，河川の延長距離は短く流れも急で，川幅も狭く水量の変化が大きいために水深も一定しない。このため大陸国に比べれば，我が国の河川舟運は最初からハンディキャップがある。しかし，これを

図1-2-1　東廻りと西廻りの廻船航路

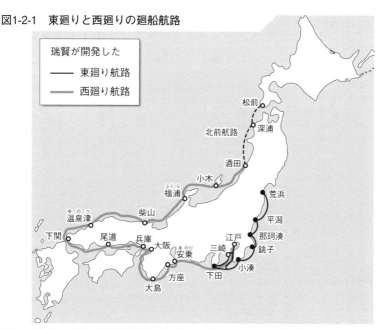

凡例：
瑞賢が開発した
―――　東廻り航路
―――　西廻り航路

北前航路

松前
深浦
酒田
小木
福浦
柴山
温泉津
下関
尾道
兵庫
大阪
安乗
方座
大島
下田
三崎
江戸
小湊
銚子
那珂湊
平潟
荒浜

出所：大阪市立中学校教育研究会社会部　『海と大阪　なにわの海の時空館』p.16，なにわの海の時空館，2000を参考に著者作成。

克服して，河川舟運による物資輸送システムを確立しなければならない理由があった。

　第1の理由は，全国各地と江戸や大坂を結ぶ長距離輸送に廻船航路が必要だったように，各地の海の港（湊）と内陸部を結ぶ必要があったからである。

　第2の理由は，内陸部との輸送を，舟による河川舟運と馬や荷車などの陸上輸送を比較したとき，河川舟運が有利だったからである。つまり馬や荷車では振動による荷傷みがあり，輸送量も限られ（馬で米2俵，荷車で米3俵，舟で米45俵から350俵），作業人数も多く必要だった。

　こうして山間部や平野部で収穫された物資は，舟運により川を下りながら海の港まで運ばれていった。加えて明暦3年（1657）の大火を契機に，全国各地の山間部から江戸に材木を大量に供給するようになり，さらに河川舟運が多く利用されるようになった（**図1-2-2**）。[32) 33)]

（4）仙台藩の経済を支えた運河開削と河川改修

　東北の雄である仙台藩主の伊達政宗も，江戸に入った徳川家康と同じよ

図 1-2-2　日本橋と八丁堀の舟入堀

出所：鈴木理生『江戸はこうして造られた』p.147，筑摩書房，2000。

に，洪水の氾濫原である湿地帯を豊かな農地に変えるために，運河の開削と
北上川の改修を考えた。
　木曳堀（現貞山運河の一部）は，伊達政宗の命により，慶長2-6年（1597-
1601）にかけて，名取川河口から阿武隈川河口の荒浜まで，海岸線と平行に
開削された総延長は約15キロの堀である。小さな舟で海岸沿いに航行すると
きは横波を受けるので危険だが，運河であれば波も立たず安全に航行できる。
仙台藩の南部の物資を，阿武隈川や白石川の河口まで運び，次に木曳堀を経
て名取川の河口まで行き，そこから川を上ることで仙台まで運べるようにな
った。その後運河は延伸され，仙台湾沿いに約60kmに及ぶ，日本最長の運
河となる。
　北上川の改修は，慶長9年（1604）に登米（現在の宮城県登米市）に移さ
れた白石宗直が，慶長10年（1605）に着手し，約5年後に北上川の流路は東
に変わる。その後伊達政宗は，元和9年（1623）から約4年かけて北上川改

図1-2-3　貞山運河と北上運河

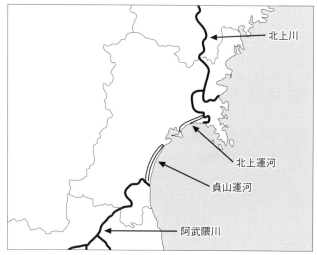

出所：苦瀬博仁『ロジスティクスの歴史物語』p.52，白桃書房，2016。

修工事を行った。これにより，北上川，迫川，江合川の三大河川を一本化し，物資輸送路としての北上川の機能が飛躍的に高まるとともに，石巻が物資集散の中心的な港となっていった（図1-2-3）。

　江戸時代の各藩の物流の動脈は，河川舟運である。仙台藩の場合は，北上川と阿武隈川の二大河川が物資輸送の動脈そのものだった。そして貞山運河と北上川の改修の役割は，岩手県の北上川水系，宮城県の名取川や広瀬川の水系，福島県の阿武隈川水系の3つをつなげることにあった。こうして北上川の上流の盛岡から阿武隈川の上流の白河付近までを河川舟運で結ぶことで，仙台藩は一大流通圏を手中に収めることができたのである。[34]

　河川改修と新田開発により生産量が増えた仙台藩の米は，河川と運河を利用して石巻や荒浜まで舟で集められ，そこで廻船に積み替えられて江戸の深川に運ばれた。江戸の河川や運河沿いには各藩の米蔵が並んだが，なかでも仙台藩の米蔵は大きく，米相場を左右するほどの影響力があった。仙台藩は，経済的にも大きな存在感を維持し，米は幕末まで仙台藩の財政に貢献した。[35]

　司馬遼太郎は，『この国のかたち，二，"市場"』，のなかで，以下のように記している。「家康の死後，二十年ほど経て幕府は鎖国をした。これによって，貿易による国内経済の過熱はからくもふせぐことができたが，しかし綿糸・綿布その他農村での商品生産がさかんになって，秀吉の世よりもはるかに市

場が活発になった。たとえば，江戸後期以後，仙台藩のコメは大阪の大名貸し商人の手を経て大きく商品化し，仙台の外港である石巻から海路送られて江戸の人口を養いつづけた。」[36]

東京の江東区には，昔の仙台堀川が，いまは仙台堀川親水公園となって市民に親しまれている。この名前は，河川の北岸にあった仙台藩の蔵屋敷に米などの特産物を運び入れたことに由来している。

1.2.3　明治時代の産業振興と鉄道輸送

(1) エネルギー革命と石炭輸送

明治時代の鉄道敷設の目的には，軍事の兵員輸送とともに物資輸送があった。明治初期（明治11-15年，1878-1882）は，第一次産業（農林水産業）の就業者比率が約82%であり，通勤や通学する人は極めて少なく，自動車もなかった時代だったからである。

日本で2番目に開通した鉄道は，明治7年（1874）の大阪・神戸間である。そして3番目は，幌内鉄道である。明治13年（1880）に手宮・札幌間が開通し，明治15年（1882）に幌内まで延伸し，小樽と幌内を結んだ。新橋・横浜間が開通してから，わずか10年後のことである。

この北海道の鉄道が3番目だったのは，それなりの理由がある。江戸時代の主なエネルギー源は木材だったが，明治時代になると主要なエネルギー源が石炭に代わり，富国強兵・殖産興業のために石炭は不可欠のものだった。石炭を輸送するためには，山奥の鉱山から港湾までの輸送手段を整えなければならないが，大量迅速の点で鉄道が優れていたからこそ，石炭輸送のために幌内鉄道が建設されたのである。[37]

(2) 生糸輸出のための港湾への鉄道輸送

明治時代に開国して以降昭和に至るまで，我が国の代表的な輸出品は，生糸に代表される繊維製品だったが，これらは横浜港などから輸出された。

明治時代の日本は，殖産興業をスローガンに輸出に力を注いでいた。輸出するためには，主要産地である内陸の群馬県や長野県から，海に面した港まで生糸を運ばなければならない。その港の1つが，安政6年（1859）に開港した横浜港だった。

群馬県の官営富岡製糸場は，我が国最初の器械式製糸工場として，明治5年（1872）に操業を開始した。当初横浜までの輸送は，利根川の支流烏川の

図1-2-4　鉄のシルクロード　－すべての鉄道は，横浜に通ず－

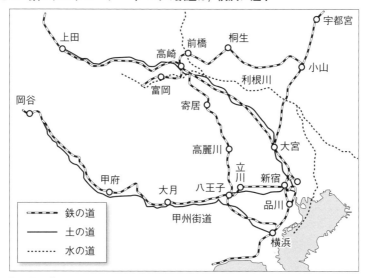

出所：苦瀬博仁『ロジスティクスの歴史物語』p.882，白桃書房，2016。

倉賀野河岸からの利根川舟運に頼っていた。「水のシルクロード」である。

　その後，河川舟運に比べて大量輸送できる鉄道が必要になり，高崎線が計画
された。高崎線は，明治16年（1883）7月28日に上野・熊谷間が開通し，翌
年（明治17年（1884））7月25日には上野・高崎間が全通する。そして，富
岡製糸場と横浜港という，2か所の点を結ぶ鉄道が，高崎線，山手線，東海
道線を経由してつながった。「鉄のシルクロード」である（**図1-2-4**）。[38) 39)]

　高崎線以外にも，横浜港につながる鉄道路線（横浜線，八高線など）が生
糸の輸出振興のために敷設された。つまり生糸輸出という殖産興業において，
「すべての鉄道は，横浜に通ず」だった。

1.2.4　昭和時代の貨物自動車（トラック）輸送

（1）貨物自動車（トラック）輸送の始まり

　江戸時代の物資輸送手段は，廻船や河川舟運による船舶輸送が主だったが，
明治時代になると鉄道貨物輸送が加わった。そして戦後になると，貨物自動
車（トラック）輸送が主役となっていく。

　我が国で最初の自動車による貨物輸送会社は，明治41年（1908）に設立さ
れた帝国運輸自動車である。フランス製の1.5t積み貨物自動車11台と商用車

2台により貨物輸送事業を開始したが，同社は明治45年（1912）に解散した。[40]

　我が国のトラックの台数は，大正4年度（1915）には全国で24台だったが，10年後の大正14年度（1925）には約7,900台と約330倍になった。この間，大正12年（1923）に関東大震災が発生すると，線路や貨車に大きな被害を受けた鉄道に代わり，復旧の早い道路を利用するトラックが，機動性の高さもあって，被災者の救済や復興のための資材の輸送を担った。

　戦争中の昭和15年度（1940）から昭和20年度（1945）は，約10万台から12万台だった。この間，台数が増えなかったのは，昭和13年（1938）のトラックの輸入禁止，戦時中のトラック国内生産台数の低下，空襲によるトラックの破損などの理由があったからである。

(2) 路線トラックネットワークの発展

　戦後になると物資輸送量が増えていき，鉄道の貨車が不足していった。このため，昭和24年（1949）には，東京圏・近畿圏を中心に50km圏以内の鉄道貨物輸送の貨物自動車輸送への転換を進めるために，運輸省が「鉄道近距離貨物のトラック転換実施要領」を定めた。現在のモーダルシフトは，貨物自動車から船舶や鉄道への転換であるが，戦後はまったく逆の対策が必要だったのである。

　高度経済成長期に入ると，貨物自動車は，昭和30年度（1955）の約69万台から，昭和40年度の約287万台へと約4倍に増加した。輸送量も，この10年間で約5.1倍に増加した。一方で，同じ期間の鉄道の輸送量は約1.3倍，内航海運は約2.8倍の増加量だった。

　昭和30年代に貨物自動車の輸送量が増加した理由は，3つあった。

　第1の理由は，高度成長期に工場から流通センターへの輸送や，流通センターから店舗への都市内配送が多くなって，道路を通行する貨物自動車のニーズが急増したことである。第2の理由は，貧弱だった道路が舗装され，昭和38年（1963）7月の名神高速道路の栗東IC－尼崎IC間を皮切りに，高速道路が整備されていったことである。第3の理由は，タンクローリーや，冷凍車・冷蔵車など車両の専用化が進んだことである。

　昭和40年代になると，国道や高速道路が整備されていく。国道の舗装率は，昭和40年度（1965）の約60％から，昭和50年度（1975）には約90％になった。そして，名神高速道路（昭和40年（1965）），首都高速環状線（昭和42年（1967）），東名高速道路（昭和44年（1969））が開通した（**図1-2-5**）。

このような道路ネットワークの整備により，輸送の高速化と車両の大型化が可能となり，西濃運輸や福山通運などの地方の事業者が全国的な路線トラック輸送網を形成していった。当時，東京から地方に発送される貨物は多く，地方から東京に発送される貨物は少なかった。このため，地方の事業者は貨物が少ない地元でも地の利を活かして集貨でき，一方で東京でも容易に集貨できたので，往復で貨物に恵まれて事業も順調に発展していった。

昭和44年度（1969）には乗用車台数が貨物車台数を上回り，昭和50年度（1975）には貨物車の2倍以上まで増加した。マイカーブームが起きて，急激にモータリゼーションが進んだ結果でもある。[41]

(3) 多頻度小口配送の普及

昭和48年（1973）の第一次石油危機が起きると，国内の貨物輸送量は一時的に減少したが，昭和50年代に入ると再び増加し，産業の主役には，鉄鋼や造船などの重厚長大産業とともに，電化製品やコンピューターといった軽薄短小産業が加わった。このため多品種少量生産が多くなり，輸送も多頻度小口配送のニーズが増えていった。

昭和60年代には，消費生活の多様化に合わせて普及したコンビニとともに，店舗配送が普及していった。たとえばコンビニでは，限られた店舗スペースに約3000品目の商品を用意するために，在庫を極力少なくした上で品切れを防がなければならない。しかも，何台もの貨物車が到着することを避けるために，共同配送センターでさまざまな商品を店舗別にまとめてから，各店舗に1日9回程度配送している。

さらにインターネットが普及する20世紀後半には，ネット通販が普及し宅配便の需要が増加している。

(4) 都市内物流の進展

平成時代に入り，さまざまな商品や物資が，店舗やオフィスや住宅にまで届けられるようになると，都心にも多くの貨物車が集中するようになった。そこで都心で走行する貨物車の台数を削減し環境負荷を削減するために，輸送の効率化が試みられるようになった。この代表例が，共同配送である。

共同配送とは，複数の輸送会社が，同じ店舗やオフィスに別々に届けるよりも，共同して貨物車に積み合わせて運ぶ方法である。店舗に到着する貨物車の台数が少なくて済むメリットがあるが，共同配送センターの位置によっ

図1-2-5　高速道路ネットワークの整備状況

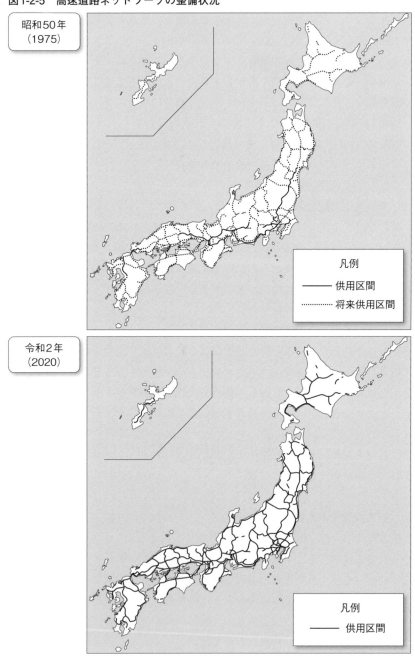

昭和50年
（1975）

凡例
―――― 供用区間
・・・・・・・・・ 将来供用区間

令和2年
（2020）

凡例
―――― 供用区間

出所：国土交通省のデータ元をもとに，著者作成。

て納入車両の走行距離が長くなるデメリットもある。

都心での共同配送の代表例が，昭和53年（1978）に始まった福岡市の天神地区である。その後，吉祥寺（平成13年（2001））や横浜元町（平成16年（2004））などでも実施されている。

平面的な共同配送の次に，高層ビルなどでの上下方向の配送共同化が普及していく。著者が最初にビル内の共同配送を調査したのは，大阪OMMビル（大阪マーチャンダイズマート）で，平成2年（1990）頃だったと思う。平成14年（2002）には「丸の内地区物流TDM実証実験」が行われ，これ以降，多くのビルでは共同配送が取り入れられている。

平面（横）の共同配送，高層ビル（縦）の共同配送に続くのが，エリアマネジメントと呼ばれる地区単位の対策である。平成4年（1992）には，協同組合新宿摩天楼が，新宿副都心の複数の高層ビルへ届ける輸送会社の貨物を，届け先ごとにまとめて届ける共同配送を始めた。平成16年（2004）には，東京駅丸の内側で「大手町・丸の内・有楽町駐車協議会」が発足し，共同配送を前提に，多くの高層ビルで駐車場や荷さばき施設の整備を進めている。[42]

1.2.5　平成・令和時代のビジネス・ロジスティクスの特徴

(1) ビジネス・ロジスティクスにおける発着地の変化

経済の発展にともない商品や物資の到着地も変化してきた。戦後において，経済復興と高度成長という目標のもとで，臨海工業地帯の形成と港湾整備が進められて，鉄鉱石や石炭を輸入し鉄鋼製品を生産し輸出する。つまり，「海外と国内の港を結ぶロジスティクス（P2P，Port to Port）」の時代だった。

次に，自動車産業や電機産業が主要産業に加わると，「海外と国内の生産ラインを結ぶロジスティクス（L2L，Line to Line)」の時代となった。製造業の現場では，品質管理（QC：Quality Control）とともに，現場での改善が進められた。

そして本格的な国際化時代になると，世界的な競争に生き残るために，荷主企業（メーカーや卸小売業など）は，より効率的なロジスティクスを追求するようになってきた。また物流企業も，荷主企業の物流業務を一括して請け負う3PL（3rd Party Logistics，サード・パーティ・ロジスティクス）へと進化しながら，高度な物流サービスを提供するようになった。

これら効率的で高度なサービスを提供するための手法の代表例が，JIT（Just In Time，ジャスト・イン・タイム）とカンバン方式である。JITとは，「必

要なものを必要なときに必要なだけ用意すること」である。カンバン方式とは、「商品名，品番，置き場所などの情報が記載されているカードで，商品や物資を発注し在庫を管理する方法」である。つまり，荷主企業にとって，在庫最小化を含めたコスト削減対策でもあった。

(2) コンビニ・宅配便・ネット通販の進化

　諸外国と違って，現代の我が国の日常生活での大きな特徴に，コンビニと宅配便がある。

　コンビニは昭和49年（1974）にセブンイレブンが開店し，宅配便は昭和51年（1976）にヤマト運輸の宅急便が始まった。ちょうど石油危機（昭和48年（1973））を経て，高度成長期から安定成長期に向かう時期である。

　コンビニは，「ラインと店舗を結ぶロジスティクス（L2S，Line to Shop）」である。コンビニでは，おにぎりや総菜などの調理済み食品が，工場や配送センターのラインから店舗に運ばれてくる。宅配便は，「ドアツードアのロジスティクス（D2D，Door to Door）」である。旅先に先回りして自分の荷物を送ることも，ネット通販で自宅に居ながら商品を手にすることも，宅配便があってこそ可能になっている。

　宅配便が普及していくにつれて，本格的なネット通販が普及していく。書籍の翌日配送から始まったアマゾンは，平成6年（1994）にアメリカで誕生し，日本法人は平成10年（1998）に設立された。楽天は平成9年（1997）に設立され，平成12年（2000）に株式公開を果たした。さらに21世紀に入ると，療養食を宅配するメディカルフードサービスが，平成16年（2004）に設立された。[43]

　このように，運ぶことに加えて部屋のなかでの生活を提供するようになり，ドアツードアをさらに一歩進めた「ルームツールーム（R2R，Room to Room）」のロジスティクスに進化している（表1-2-2）。

(3) デリバリーサービスの普及

　米国では，2010年代から「No Parking No Businessの時代から，No Delivery No Businessの時代へ」と言われていたようである。従来は，郊外型の大型ショッピングセンターにおいて大規模な駐車場がなければ商品を持ち帰る買い物客が来てくれないビジネスだったが，これからはネット通販による配送や買い物代行などデリバリー（配送配達）がなければビジネスとして成立し

表1-2-2　ロジスティクスの発着地点の変化

P to P（Port to Port）	：海外と国内の港を結ぶ （原材料の輸入と，製品の輸出）
L to L（Line to Line）	：海外と国内の生産ラインを結ぶ （部品・半製品の輸入と，国内生産）
L to S（Line to Shop）	：流通センターや工場と店舗を結ぶ （商品の生産と，店舗への配送）
D to D（Door to Door）	：配送センターと家のドアを結ぶ （通信販売による家やオフィスへの宅配）
R to R（Room to Room）	：出発地と到着地の部屋を結ぶ （部屋に届けて使用可能にする）

出所：著者作成。

図1-2-6　人の交通から物の輸送への転換

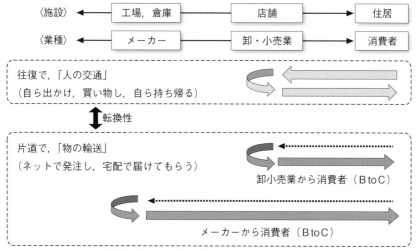

出所：著者作成。

ないという意味である。

　日本においても，自らは買い物に出かけずに商品を届けてもらう人が増えているが，これは「人の交通から，配送という物の輸送への転換」ということになる。たとえば，書籍の購入では，以前は本屋さんに出かけ，好みの本を選びながら購入して家に持ち帰っていたが，今では自宅にいながらインターネットで検索し，ネット通販に発注して家に配送してもらっている（**図1-2-6**）。[44]

令和時代になって起きた新型コロナウィルス感染症も，デリバリーサービスの拡大に大きな影響があった。

令和元年（2019）12月に中国武漢市を中心に発生したとされている新型コロナは，短期間のうちに世界に広まった。日本でも，令和2年（2020）2月に横浜港に着岸したクルーズ船で感染者が発見され，その後，令和3年（2021）にはいても緊急事態宣言が繰り返され，外出自粛やテレワークが進んだために，ロジスティクスとしては，「店舗などへの配送から，多様な最終消費場所への配送」へと変化している。

このように，配送先が店舗から住宅へと変わることで，配送単位も箱（ケース）単位から少量の個（ピース）単位になり，しかも最終消費場所への配送となることで，場所や時刻も多様になっている。また，出前や料理のデリバリーサービスも普及している。[45]

参考文献

1）苦瀬博仁：『ロジスティクスの歴史物語』，pp.2-14，pp.114-144，白桃書房，2016
2）水嶋康雅編著：『「価値発現」のロジスティクス』，pp.1-10，白桃書房，2004
3）林譲治：『太平洋戦争のロジスティクス』，p.17，学研パブリッシング，2013
4）江畑謙介：『軍事とロジスティクス』，pp.11-30，日経BP社，2008
5）マーチン・ファン・クレフェルト：『補給戦—何が勝敗を決定するのか』，pp.131-184，中央公論新社，2006
6）岡野友彦：『家康はなぜ江戸を選んだか』，pp.144-145，教育出版，1999
7）大石久和：『国土学事始め』，pp.89-93，毎日新聞社，2006
8）河合敦：『徳川四代，大江戸を建てる！』，じっぴコンパクト新書332，pp.60-65，実業之日本社，2017
9）竹村公太郎：『日本史のなぞは「地形」で解ける，文明・文化編』，pp.79-94，PHP文庫，2014
10）鈴木理生：『幻の江戸百年』，pp.96-98，筑摩書房，1991
11）前掲9），pp.79-94
12）竹内正浩：『鉄道と日本軍』，pp.56-77，筑摩書房，2010
13）地図で知る日露戦争編集委員会・武揚堂編集部：『地図で知る日露戦争』，pp.46-56，武揚堂，2009
14）船曳建夫：NHK人間講座，『日本人論，再考』，pp.38-53，日本放送出版会，2002（文庫版，pp.148-167，講談社学術文庫，2010）
15）司馬遼太郎：『この国のかたち』，一，"雑貨屋"の帝国主義，pp.34-46，文春文庫，文藝春秋，1993

16）作戦要務令の綱領
　　http://web.kyoto-inet.or.jp/people/yatsu8hd/Ishiwara/deta.html，2013年5月2日
17）作戦要務令第三部，
　　http://www.warbirds.jp/sudo/sakusen/sakusen_3_index.htm，2013年5月2日
18）是本信義：『誰も言わなかった海軍の失敗』，pp.189-199，光人社，2008
19）藤原彰：『餓死した英霊たち』，pp.195-217，青木書店，2001
20）NHK取材班編：『太平洋戦争，日本の敗因4，責任なき戦場インパール』，pp.137-212，角川書店，1995
21）NHK「戦争証言」プロジェクト：『証言記録，兵士たちの戦争2』，pp.269-307，NHK出版，2009
22）NHK「戦争証言」プロジェクト：『証言記録，兵士たちの戦争4』，pp.91-129，NHK出版，2010
23）戸部良一・寺本義也・鎌田伸一・杉之尾孝生・村井友秀・野中郁次郎：『失敗の本質—日本軍の組織論的研究』，pp.107-140，中央公論新社，1991
24）NHK取材班編：『太平洋戦争，日本の敗因4，責任なき戦場インパール』，pp.209-210，角川書店，1995
25）NHK取材班編：『太平洋戦争，日本の敗因2，ガダルカナル学ばざる軍隊』，pp.90-102，角川書店，1995
26）戸髙一成：証言録『海軍反省会2』，pp.40-65，PHP研究所，2011
27）河野玄治：「自衛隊のロジスティクスの概要」，日本物流学会関東部会講演会，2011
28）防衛大学校・防衛学研究会編：『軍事学入門』，かや書房，1999
29）読売新聞オンライン：「陸上自衛隊10万人動員，28年ぶりの大演習…「いかに早く部隊送り補給するか」課題洗い出し」，2021年10月16日（土）15:22配信
30）火坂雅志：「『天下・家康伝』第64回　進むべき道（三）」，日本経済新聞，平成25年6月18日，夕刊，2013
31）仲野光洋・苦瀬博仁：「物流システム構築の視点からみた江戸期における廻船航路開発の意義と影響に関する研究」，pp.79-84，日本都市計画学会論文集，第35号，2000
32）児玉幸多：『日本交通史』，pp.330-360，吉川弘文館，1992
33）林玲子・大石慎三郎：『流通列島の誕生』，pp.15-22，講談社現代新書　新書・江戸時代5，講談社，1995
34）佐藤昭典：『利水・水運の都，仙台』，pp.43-69，大崎八幡宮，2007
35）七十七銀行：「MOOK・ザ・金融資料館」，pp.74-75，七十七銀行，2000
36）司馬遼太郎：『この国のかたち』，二，「市場（しじょう）」，pp.249-259，文春文庫，文藝春秋，1993
37）田中和夫：『北海道の鉄道』，pp.7-35，北海道新聞社，2001
38）富岡製糸場ＨＰ，http://www.tomioka-silk.jp/hp/index.html
39）埼玉新聞社：『開業一二〇周年，高崎線物語』，pp.4-9，ＪＲ東日本高崎支社，2003
40）佐々木烈：「社会に貢献し続けてきたトラック」JAMAGAZIN，2009年9月号，（一社）日本自動車工業会，2009
41）財団法人運輸経済研究センター 近代日本輸送史研究会：『近代日本輸送史』，1979
42）苦瀬博仁・高橋洋二・高田邦道編著：『都市の物流マネジメント』，pp.97-125，勁草書房，2006
43）小倉昌男：『小倉昌男経営学』pp.91-146，日経BPマーケティング，1999

44) 苦瀬博仁：「デジタル化による物流のパラダイムシフト」，pp.16-19，日立総研，Vol.13-3，日立総合研究所，2018

45) 苦瀬博仁：「これから起きる3つのパラダイムシフト」，月刊ロジスティクス・ビジネス「特集，コロナと物流」，2020年7月号，2020

第2章

現代のビジネス・ロジスティクス

2.1 サプライチェーンとネットワーク

2.1.1 サプライチェーンとロジスティクス

（1）サプライチェーンとサプライチェーン・マネジメント（SCM）

サプライチェーン（Supply Chain）とは，一般的には，原材料調達から消費までを結ぶ供給網を指すことが多い。

たとえば，ハンバーガーを購入するとき，パンは農場で収穫された小麦が小麦粉になり，工場でパンとなる。同じように牧場で育成された牛からハンバーグとなり，最終的に店舗でハンバーガーとなる。このとき，パンは店舗でパンメーカーに発注され，受注したパン工場はパンを出荷して店舗に入荷する。このように，「発注・受注・出荷・入荷のサイクル」が繰り返されている（図2-1-1）。

そこで本書では，サプライチェーンを「原材料の調達と商品の生産から，顧客への販売に至るまでのプロセスにおいて，『企業間と企業内』で繰り返し生じる商品や物資の『発注・受注・出荷・入荷』のロジスティクスのサイクルを『複数の鎖（チェーン）』に見立てたもの」とする（図2-1-2）。

ロジスティクスのサイクルのうち，商取引流通（商流）は，「受発注活動（発注→受注）」に相当する。そして，物的流通（物流）には，「倉庫などの施設での活動（在庫，生産，作業）（受注→出荷）」と，「輸送活動（出荷→入荷）」とがある。

サプライチェーン・マネジメント（Supply Chain Management：SCM）とは，「商品や物資の最適な供給を実現できるように，サプライチェーン全体を管理すること」である。[1]

（2）サプライチェーンと企業間のロジスティクス・サイクル

サプライチェーンにおいて，ロジスティクスのサイクル（発注・受注・出荷・入荷）には，「企業間サイクル」と「企業内サイクル」の2つがある。[2]

図2-1-1　ハンバーガーのサプライチェーン

（パンのサプライチェーン）

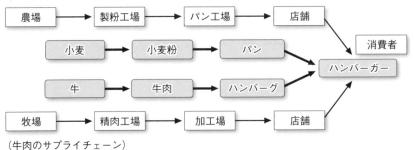

（牛肉のサプライチェーン）

出所：著者作成。

　企業間取引におけるロジスティクスのサイクル（A）とは，原材料・部品
業，メーカー，卸・小売業などで，「調達する企業と販売する企業の間におけ
るサイクル」である。このとき，需要者（調達者）が「発注」と「入荷」を
行い，供給者（販売側）が「受注」と「出荷」を行う。この結果，企業間の
サプライチェーンは，商流（発注→受注）と物流（受注→出荷→入荷）のロ
ジスティクスのサイクルでつながっていることになる（**図2-1-2の（A）**）。

(3) サプライチェーンと企業内のロジスティクス・サイクル

　企業内におけるロジスティクスのサイクル（B）とは，「企業内での調達・
生産・販売などの部門（施設）間におけるサイクル」である。

　このとき，生産部門と調達部門や，販売部門と生産部門の間で，「発注と入
荷」，及び「受注と出荷」によって，ロジスティクスのサイクルが「構成され
る（**図2-1-2の（B）**）。

　このように，企業内取引においても，「発注・受注・出荷・入荷のロジステ
ィクスのサイクル（B）」が繰り返されて，企業内のサプライチェーンが形成
されている。

2.1.2　サプライチェーンと商流・物流のネットワーク

(1) 商流ネットワークの特徴

　サプライチェーンは，商流と物流のネットワークで示すことができる。

　商流（商取引流通）のネットワークとは，「メーカー，卸小売業，消費者な
どの間のロジスティクスにおいて，発注と受注が繰り返されることで構成さ

図2-1-2 サプライチェーンとロジスティクスと物流

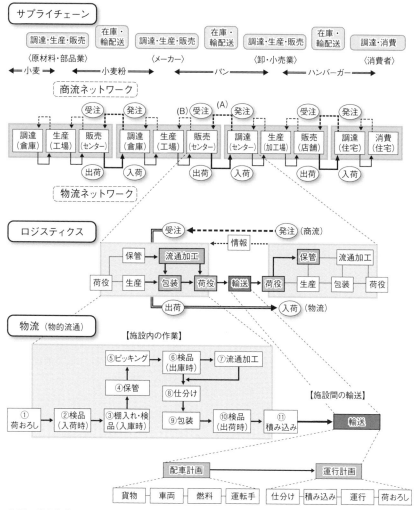

出所：著者作成。

れるネットワーク」である。

　具体的には，「消費者が発注して小売業が受注」し，次に「小売業が発注して卸売業が受注」し，「卸売業が発注してメーカーが受注」する。このとき，「消費者→小売業→卸売業→メーカー」として，受発注の商流ネットワークがある。

図2-1-3　サプライチェーンにおける商流と物流のネットワーク

〈原材料・部品業〉━━▶　◀━━━〈メーカー〉━━━▶　◀━━━〈卸・小売業〉━━━━▶　◀━〈消費者〉

商流ネットワーク

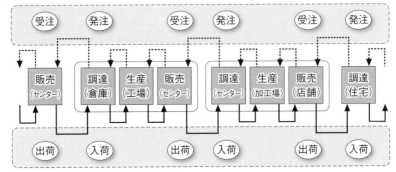

物流ネットワーク

出所：著者作成。

(2) 物流ネットワークの特徴

　物流（物的流通）ネットワークとは，「受注・出荷・入荷が繰り返されることで構成されるネットワーク」である。

　具体的には，商流と逆方向に，「メーカー→卸売業→小売業→消費者」の順で，受注・出荷・入荷が繰り返される。狭義には，輸送に着目して地域や輸送手段の組み合わせを指すこともある。(図2-1-3)。[3]

(3) ネットワークにおける商物一致と商物分離

　ロジスティクスにおいて，商流と物流のネットワークが一致する場合（商物一致）と，分離する場合（商物分離）がある。

　商物一致とは，「受発注と商品の受け渡しが，同じネットワークで行われること」である。たとえば，コンビニやスーパーなどでの一般の消費者の買い物では，商品の注文と受け取りが，同じ場所である。

　商物分離とは，「商取引（商流）と物流が別のネットワークで行われること」である。たとえば，商流（受発注）として，小売業の営業所から卸売業の本社に商品を発注しても，物流としての実際の商品はメーカーの工場から小売業の店舗に配送されることになる。

　商物分離を物流業務の担当から分けると，3つがある（図2-1-4）。[4]

　第1の「施設分離型」は，通常の企業間商取引で見られるものである。た

図 2-1-4　商物一致と商物分離

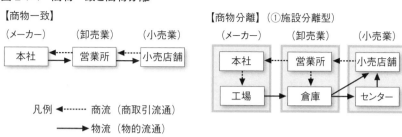

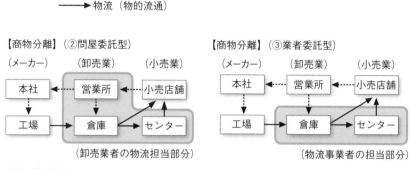

出所：著者作成。

とえば，商取引において，小売業が卸売業の営業所に発注し，営業所がメーカーの本社に発注するとしても，商品の物流（輸送，保管など）は，工場から倉庫を経て小売店に輸送される。

　第2の「問屋分離型」は，物流を問屋（卸売業）に委託するものである。卸売業者が，小売業者とメーカーの間にたって，メーカーが生産した商品を小売業者に届けるまでの物流を担うものである。食品卸売業者などは，大きな流通センターを持ち，メーカーの生産した商品を保管するとともに，小売業者に配送している。

　第3の「業者委託型」は，物流を物流事業者（輸送業者，保管業者など）が，メーカーや卸売業者に代わって担う場合である。物流事業者が，輸送や保管や流通加工などの物流業務全般を行うことで，荷主企業（メーカー，卸小売業など）が本来の業務に専念することができる。そして，近年では，3PL（Third Party Logistics：サードパーティ・ロジスティクス）と称して，荷主企業（First Party）でも物流事業者（Second Party）でもない第三者（Third Party）に，荷主が物流業務（管理と作業）を包括的に委託することが増えている。

表2-1-1　中間業者の数による商流ネットワークの種類

分類	メーカー		卸売業者		小売業者		消費者
	中間無段階型						
メーカー消費直送	○	→				→	○
	中間一段階型						
卸売消費直送	○	→	○	→			○
メーカー小売直送	○	→		→	○		○
	中間多段階型						
卸売小売経由	○	→	○	→	○	→	○
一次二次卸売	○	→	○→○	→	○		○

出所：著者作成。

2.1.3　商流ネットワークの内容

(1) 商流ネットワークにおける中間業者数

　商流ネットワークでは，メーカーから消費者までにおいて，商取引に介在する卸売業者や小売業者が存在する。そして中間業者の数により，「中間無段階型」「中間一段階型」「中間多段階型」の3つに分類できる（**表2-1-1**）。[5]

　中間無段階型とは，「中間業者を介在させずに，メーカーが消費者から直接受注し，これをもとに商品を販売するネットワーク」である。たとえば，農家がインターネットで消費者に農産物を直接販売する場合は，中間業者が介在しないために，商品の価格は比較的安くなる。一方で，1回当たりの出荷量が少ないために，荷造りなどの作業は煩雑になり，輸配送費用は高くなる。

　中間一段階型とは，「生産者から中間業者（卸売業者，もしくは小売業者）を1つ経て消費者へ販売する商流ネットワーク」である。たとえば，小売業者が介在する商流ネットワークには，卸売市場を通さずに農家から小売業者に農産物を販売し，この小売業者が消費者に販売する例がある。

　中間多段階型とは，「メーカーから複数の中間業者（卸売業者や小売業者）を経て消費者に至る商流ネットワーク」である。たとえば，卸売業者を経て小売業者の店舗で農産物を販売する場合は，メーカーは，複数の小売業者の注文をまとめた卸売業者に販売すれば良い。

表2-1-2　商流ネットワークのタイプ（シングル，マルチ，クロス）

分類	メーカー	卸売業者	小売業者	消費者
シングルチャネル				
卸売小売経由	○ →	○ →	○ →	○
マルチチャネル				
メーカー消費直送	○ ──────────────→			○
メーカー小売直送	○ ──────────→		○	○
卸売小売経由	○ →	○ ──────→	○	○
卸売消費直送	○ →	○ ──────────→		○
クロスチャネル				
メーカー消費直送	○ ──────────────→			○
メーカー小売直送	○		○	○
卸売小売経由	○	○	○	○
卸売消費直送	○ →→	○		○

出所：著者作成。

(2) 商流ネットワークのタイプ

　商流ネットワークのタイプには，シングルチャネル，マルチチャネル，クロスチャネルの3種類がある（**表2-1-2**）。

　シングルチャネルとは，「1つの商流ネットワークで商品を流通させるチャネル」である。すなわち，「メーカー→卸売業→小売業→消費者（通常販売）」や「メーカー→消費者（直販）」など，採用可能な複数の商流ネットワークから，1つの商流ネットワークを選ぶものである。たとえば，シングルチャネルでは，商流ネットワークが限定されるため，在庫量は少なく，輸送費用が安くなることが多い。

　マルチチャネルとは，「複数の商流ネットワークで商品を流通させるチャネル」である。すなわち，「メーカー→卸売業→小売業→消費者（通常販売）」や「メーカー→消費者（インターネット販売）」などの商流ネットワークが，同時に複数存在することである。たとえば，消費者が本を購入するとき，実際の店舗に出かけて購入する方法と，インターネット通販で購入し宅配してもらう方法がある。マルチチャネルでは，メーカーが多様な経路で商品を販売できるため，販売機会が増え売上の増加が期待できる。一方，複数のチャネルごとに在庫や輸送をするため，物流コストが高くなることがある。

クロスチャネルとは,「複数の商流ネットワークが存在し, 流通の過程で別のチャネルに変更できるチャネル」である。シングルチャネルとマルチチャネルでは, あらかじめ決められたメーカーから消費者までの商流ネットワークで輸配送される。しかし, クロスチャネルでは, 商品を発注し発送したあとで, 到着先を変更することができる。たとえば, 自宅への配送(メーカー→消費者)を, 小売店の店舗で受け取るように(メーカー→小売業→消費者)変更することである。クロスチャネルでは, 顧客は多様な受け取り場所を指定できるため, 販売機会が増えて売上増加が期待できる。一方, 輸配送の途中で配送先が変更されるため, 物流コストが高くなることがある。

2.1.4　物流ネットワークの内容

(1) 企業間の物流ネットワーク

　日本のある紳士既製服メーカーは, 生地を中国に発注し, その生地をミャンマーに輸送して縫製し, 縫製された紳士服を日本に輸入している。このサプライチェーンでは, 製品が「繊維→生地→紳士既製服」と変化している。

　この原材料から完成品に至るサプライチェーンにおいて, 物流ネットワークには,「企業間」,「施設間」,「地域間」の3つがある (図2-1-5)。

　第1の企業間の物流ネットワークでは,「生地メーカー→縫製業→小売業」となる。このとき, 生地は「生地メーカー→縫製業」と輸送され, 縫製された紳士服は「縫製業→小売業」と輸送される。最終的に, 小売業の店舗に運ばれて, 販売される。

(2) 施設間の物流ネットワーク

　第2の施設間の物流ネットワークは,「生地工場→倉庫→縫製工場→倉庫→店舗」である。

　たとえば, 企業間ネットワークで, 商取引がメーカーと小売業の本社間で行われたとしても, 実際の商品の輸送は「生地メーカーの工場→生地メーカーの倉庫→縫製業の倉庫→小売業の店舗」などとなる。このため, 施設間のネットワークは, 具体的に商品や物資の出し入れや輸送保管場所がわかるため実態を把握しやすい。また,「上海の倉庫」や「生地メーカーの倉庫」のように, 企業間や地域間のネットワークにも結び付けやすい。

図2-1-5 商流・物流ネットワークと輸送ネットワーク

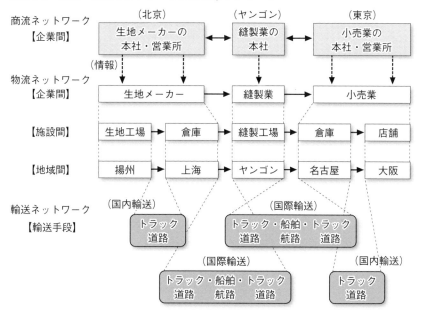

出所：著者作成。

(3) 地域間の物流ネットワーク

第3の地域間の物流ネットワークは，「揚州→上海→ヤンゴン→名古屋→大阪」となる。外国における工場倉庫間の国内輸送，各国の倉庫・工場・倉庫をつなぐ国際輸送，国内の港から倉庫への国内輸送と，倉庫から店舗への配送などがある。

このうち，「揚州→上海」は中国国内の輸送であり，「上海→ヤンゴン，ヤンゴン→名古屋」は国際輸送であり，「名古屋→大阪」は日本国内の輸送である。

2.2 ロジスティクスの定義と内容

2.2.1 ロジスティクスの定義と特徴

(1) ロジスティクスの定義

ビジネス・ロジスティクス（Business Logistics）とは，「商品や物資を顧客の要求に合わせて届けるとき，商取引流通（商流：発注から受注まで）と物的流通（物流：受注から出荷を経て入荷まで）を，効率的かつ効果的に，計

表2-2-1　商流（商取引流通）と物流（物的流通）の違い

	商流（商取引流通）	物流（物的流通）
内容	所有権と貨幣の移動	空間・時間の移動，高付加価値化
機能	受発注，金融，情報	輸送，保管，流通加工，包装，荷役，情報
原理	拡大原理 （より遠く，より高く，より多く）	縮小原理 （より近く，より安く，より少なく）
需要	本源的需要	派生需要

出所：苦瀬博仁『サプライチェーン・マネジメント概論』pp.29-35，白桃書房，2017。

画，実施，管理すること」である（先出，1.2参照）。[6)]

　このためにロジスティクスは，「必要な商品や物資を，適切な時間・場所・価格・品質・量（Right Time, Right Place, Right Price, Right Quality, Right Quantity）のもとで供給すること」を目標としている。

　ロジスティクスを実践するのは，商取引流通を担う荷主（メーカー，卸小売業者，消費者など）と，物流を担う物流事業者（輸送業者，保管業者など）である。

(2) 商流（商取引流通）の特徴

　ロジスティクスを構成している商取引流通（商流）と物的流通（物流）は，行動原理に大きな違いがある（表2-2-1）。

　商流（商取引流通）とは，「受発注を行うこと」であり，所有権と金銭が移動することになる。

　商流の特徴は，ロジスティクスにおける本源的需要ということである。なぜなら，物資や商品の受発注（商流）があってこそ，物流（輸送，保管など）が生じるからである。

　また，商流は「より遠く・より高く・より多く」という拡大原理にもとづくとされている。なぜなら，商流を担当する生産者・卸売業者・小売業者は，それぞれ，より多くより高く商品を販売することで，自らの事業と経営の拡大を目指すからである。このため，「広い市場を求め，多くの利益を求め，多くの販売量を期待する」ことになる。

(3) 物流（物的流通）の特徴

　物流（物的流通）とは，「輸送（商品の空間的移動）と保管（時間的移動）

を基礎に，流通加工・包装・荷役・情報機能とともに，商品や物資を受注者から発注者に届けること」である。

物流の特徴は，ロジスティクスにおいて派生需要ということである。なぜならば，物流は受発注の結果ないし期待に応じてのみ生じるように，本源的需要の商流によって物流が起きるからである。

また，物流は「より近く・より安く・より少なく」という縮小原理にもとづくとされている。なぜなら，物流を担当する物流事業者などは，より長距離の輸送や長時間の保管で料金を多く受け取りたいものの，いったん物流業務を請け負うと輸送や保管の効率化を目指し，自らの事業と経営の拡大を目指すからである。このため，「より短い時間で輸送し，より保管面積を少なくし，より流通加工・包装・荷役などの作業時間を短くしたい」ことになる。

2.2.2　物流活動の内容

(1)　ロジスティクスのサイクルからみた物流活動

物流活動とは，「施設内や施設間において行う物流にかかわる作業のこと」である。施設内の物流活動は，12の作業（①荷おろし，②検品（入荷時），③棚入れ・検品（入庫時），④保管，⑤ピッキング，⑥検品（出庫時），⑦流通加工，⑧仕分け，⑨包装，⑩検品（出荷時），⑪積み込み，⑫搬送）にわけることができる。⑫搬送は，施設内の作業に常に行われている（図2-2-1）。

物流活動を，ロジスティクスのサイクル（発注→受注→出荷→入荷）で考えると，「発注→受注」は商流活動となる。このため，物流活動は受注してから発送するまでの，「施設内での物流活動（受注→出荷，⑤〜⑪）」と，「輸送」と，「施設間での物流活動（出荷→入荷，①〜④）」ということになる。

輸送については，配車計画と運行計画が立てられる。配車計画とは，「貨物を特定し，貨物の重量や数量や温度帯に合わせた車両を用い，燃料を準備して，車両や貨物に適した運転手を指定すること」である。運行計画とは，「積み込む貨物を仕分け，貨物車に積み込み，その後に到着地まで運行して，到着地で荷おろしをすること」である。

(2)　調達・生産・販売のロジスティクスからみた物流活動

メーカーや卸小売業などの荷主の立場で考えてみると，ロジスティクスは，調達系・生産系・販売系の3つに分けることができる（図2-2-2，表2-2-2）。

第1は，調達系ロジスティクスである。たとえば，宅配ピザを考えてみる

図2-2-1 ロジスティクスのサイクルからみた物流活動

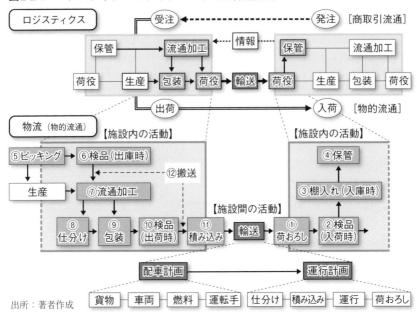

図2-2-2 調達・生産・販売のロジスティクスからみた物流活動

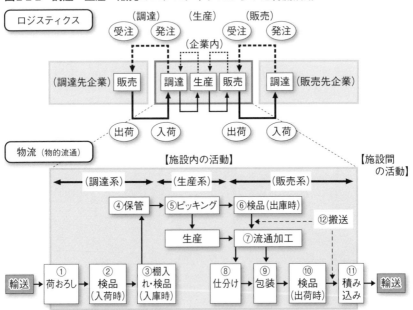

出所：著者作成。

表2-2-2　物流活動の内容

物流活動	物流機能	内容
①荷おろし	荷役機能	貨物自動車から商品や物資をおろす作業
②検品（入荷時）		入荷された商品や物資の数量や品質を確認する作業
③棚入れ・検品（入庫時）		検品（入荷時）した商品や物資を所定の位置に収める作業，および入庫された商品や物資の数量や品質を確認する作業
④保管	保管機能	入庫された商品や物資を保管する
⑤ピッキング	荷役機能	保管位置から必要な商品や物資を注文に合わせて取り出す作業
⑥検品（出庫時）		ピッキングされた商品や物資の数量や品質を確認する作業
⑦流通加工	流通加工機能	商品や物資をセット化したり値札を付ける作業
⑧仕分け		商品や物資を温度帯や顧客別に分ける作業
⑨包装	包装機能	商品や物資の品質を維持するために材料で包んだり容器に入れる作業
⑩検品（出荷時）	荷役機能	出荷する商品や物資の数量や品質を確認する作業
⑪積み込み		貨物自動車へ商品や物資を積み込む作業
⑫搬送		商品や物資を比較的短い距離移動させる作業 ●横持ち搬送：水平方向に移動する作業 ●縦持ち搬送：垂直方向に移動する作業

出所：苦瀬博仁編『サプライチェーン・マネジメント概論』p.34，白桃書房，2017。

と，ピザ屋は食材調達のために肉屋にソーセージを，八百屋にトマトを「発注」する。肉屋や八百屋は，ピザ屋からの注文を「受注」したのちに，在庫してある商品を取り出し包装し，「出荷」する。そして，輸送されたソーセージやトマトを，ピザ屋が「入荷」する。ピザ屋は，調達先の企業に「発注」したら，あとは商品の「入荷」を待つことになる。

　第2は，生産系のロジスティクスである。宅配ピザの例では，キッチンでピザを生産（調理）するロジスティクスに相当する。つまり，冷蔵庫に保管（在庫）してあるソーセージやトマトなどの食材を準備し，ピザを生産（調理）してから，販売のためにソースをセットにしたり（流通加工），ピザを包装箱に入れたりする（包装）。

　第3は，販売系ロジスティクスである。宅配ピザの例では，消費者からピザの注文を「受注」すると，調理を始める。そして出来上がったピザを「出荷」して，注文した消費者に届けることになる。

以上の結果，入荷してから発送するまでにおいて，調達系での「入荷時の物流活動（①～④）」と，生産系での「生産」と，販売系での「出荷時の物流活動（⑤～⑪）」を経て，「輸送」することになる。

2.3　物流機能と輸送ネットワーク

2.3.1　物流の6つの機能

(1)　輸送機能

　物流機能には，リンク機能として①輸送機能と②荷役機能があり，ノード機能として③保管機能と④流通加工機能と⑤包装機能があり，物流全体をコントロールする機能として⑥情報機能がある（表2-3-1）。

　輸送機能とは，「物資や商品の空間的な移動」である。輸送機能には，「輸送」「集荷」「配送」がある。

　「輸送」とは，「2地点間の空間的な移動の総称」である。一般的には，長距離の2地点間を指すことが多い。

　「集荷」とは，複数地点から1地点に荷物や貨物を集めることである。

　「配送」とは，1地点から複数地点に荷物や貨物を配ることである。

　長距離の輸送では，船舶，鉄道，航空機，自動車などさまざまな交通機関を利用できるが，短距離の集荷と配送は，貨物車を使用することが一般的であるが，台車や自転車を使うこともある（図2-3-1）。[7]

(2)　荷役機能

　荷役機能とは，「物資や商品の空間的な移動にともなう，積みおろしなどの作業」である。荷役機能には，「積み込み」「荷おろし」「施設内作業」がある。

　「積み込み」とは，倉庫などの物流施設から，貨物車などの交通機関に，商品や物資を運び入れるものである。

　「荷おろし」とは，交通機関から倉庫や店舗などに運び込むものである。このとき海上コンテナの船への積み込みや荷おろしも，荷役と呼ばれている。

　「施設内作業」とは，ターミナルや倉庫などの施設内での，横持ち・縦持ち・庫内作業，置き換え・積み換えなどの作業のことである。

(3)　保管機能

　保管機能とは，「商品や物資の時間的な移動」である。保管機能には，「貯

表2-3-1　物流（物的流通）の機能

分類		項目	内容
リンクの物流機能	①輸送機能	輸送	長距離，1対1
		集荷	短距離，多対1
		配送	短距離，1対多
	②荷役機能 （リンクとノードの接続機能）	積み込み	物流施設から交通機関へ
		荷おろし	交通機関から物流施設へ
		施設内作業	検品・仕分け・棚入れ，など
ノードの物流機能	③保管機能	貯蔵	長時間，貯蔵型保管
		保管	短時間，流通型保管
	④流通加工機能	生産加工	組立て・スライス・切断など
		販売促進加工	値付け・ユニット化・詰め合わせなど
	⑤包装機能	工業包装	輸送・保管用，品質保証主体
		商業包装	販売用，マーケティング主体
⑥物流をコントロールする情報機能		数量管理情報	貨物追跡，入在出庫
		品質管理情報	温湿度管理，振動管理など
		位置管理情報	自動仕分け，ピッキングなど

出所：苦瀬博仁編『増補改訂版，ロジスティクス概論』p.52，白桃書房，2021。

図2-3-1　輸送機能における集荷・輸送・配送

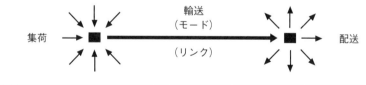

出所：苦瀬博仁監修，（株）建設技術研究所物流研究会編著『物流からみた道路交通計画—物流を，分ける・減らす・換える—』p.25，2013。

蔵・備蓄」と「一時保管」がある。

「貯蔵・備蓄」とは，石油や米の長期保管など，月単位や年単位で物資を長時間保管することである。

「一時保管」とは，荷主や物流専業者が，商品を一時的にストックすることである。小売店の配送センターで店舗への配送商品を一時的に保管することや，宅配便で再配達のために営業所で一時的に保管することである。

保管機能を受け持つ業者は，倉庫免許を持つ倉庫業が代表的であるが，生産者・卸売業者・小売業者などの荷主や輸送業者も，それぞれ配送センターやデポなど，流通の過程において一時的な保管をしている。

(4) 流通加工機能

流通加工機能とは，「商品や物資を輸送したり保管したりする場合に，必然的に生じる仕分けや加工などの作業と，商品の付加価値を高めるためのセット化などの作業」である。流通加工機能には，「加工作業」「生産加工」「販売促進加工」がある。

「加工作業」とは，商品や物資が倉庫に出入りするときの作業である。倉庫における商品の流れは，入庫の際に輸送されてきた商品の数量や品質を検査し（検品），商品特性に合わせて商品を分類し（仕分け），保管場所に納める作業（棚入れ）が必要となる。次に出荷先が決まると，商品を保管場所から取り出し（ピッキング），出荷先に合わせて商品を分割（仕分け）したり，配送先ごとに商品を分類（配分）したりすることになる。

「生産加工」とは，商品を販売するときに，商品に手を加えて加工し，商品そのものを変化させる作業であり，生産機能の一部とすることもできる。家具のような商品を物流施設で組み立てたり（組み立て），倉庫の加工場でパンやハムをスライスしたり（スライス），鋼材製品や反物を注文に合わせて切断したりすること（切断）である。

「販促加工（販売促進加工）」とは，商品そのものに手を加えるわけではないが，商品の販売に必要な作業や付加価値を高める作業である。商品に値札を付けたり（値付け），商品をダース単位に整えたり（ユニット化），贈答品用に海苔とお茶を詰め合わせたりする作業（詰め合わせ）などがある。

(5) 包装機能

包装機能とは，「商品や物資の品質維持や保護と，リボンをつけて商品の価

値を高めるために行うもの」である。包装機能には，「工業包装」と「商業包装」がある。

「工業包装」とは，商品の品質維持のための包装であり，輸送・保管包装とも言われている。

「商業包装」とは，商品の付加価値を高める包装であり，販売包装ないしマーケティング包装とも言われている。

デパートで販売されている化粧品が，ダース単位で段ボール箱に梱包されている状態は，輸送や保管時に商品を保護するための工業包装（輸送・保管包装）であるが，店頭に陳列されている商品を包装紙で包み贈答用にリボンをかけることは，付加価値を高める商業包装（販売包装）である。

なお包装機能には，外装・内装・個装という分類もある。パソコンを例にとれば，段ボール箱が外装であり，箱の中の発泡スチロールが内装である。個装は，製品全体を包装紙で包んだりすることをいう。このうち外装と内装が工業包装であり，個装が商業包装となる。

(6) 情報機能

情報機能とは，「輸送や荷役だけでなく，保管などの他の物流機能も含めて，物流を効率的に行うための情報伝達のこと」である。この物流情報は，「数量管理情報」「品質管理情報」「位置管理情報」に大別できる。

「数量管理情報」とは，トラックの運行管理や貨物追跡管理，入庫・在庫・出庫管理情報などである。これらはいずれも，物資の数量を適切に把握しようとするものである。

「品質管理情報」とは，品質の維持や安全を保つための情報であり，輸送中の振動にかかわる情報や，温湿度管理や製造日などの情報などである。

「位置管理情報」とは，自動仕分けシステムやデジタルピッキングなど流通加工に必要な情報とともに，倉庫などで商品の位置を知るための情報がある。

2.3.2　輸送ネットワークの3つの構成要素

(1) 交通結節点施設（ノード）

物流ネットワークとは，先述したように（2.1.2 (2)），「受注・出荷・入荷が繰り返されることで構成されるネットワーク」である。この物流ネットワークのうち，「出荷→入荷」に着目すれば，輸送ネットワークとなる。

つまり，輸送ネットワークとは，「輸送に着目して，施設・輸送手段・交通

図2-3-2　物流ネットワークにおける施設（ノード）・交通路（リンク）・輸送手段（モード）

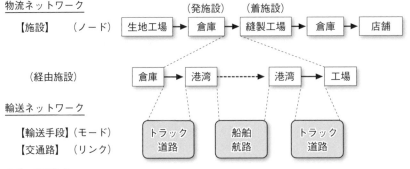

出所：著者作成。

表2-3-2　ノード・リンク・モードの内容

輸送ネットワークの構成		
ノード （物流施設）	広域物流施設	港湾，空港，貨物操車場，トラックターミナルなど
	物流施設	流通センター，積み替えセンター，加工センター，倉庫
	届け先の施設	住宅，商店，事務所などと，駐車場や荷さばき施設
リンク （交通路）	幹線輸送路	幹線道路，鉄道，航路，航空路
	配送路	一般道路（流通センターから店舗やオフィスまで）
	搬送路	細街路，建物内搬送路など（最終到着地までの交通路）
モード （輸送手段）	幹線輸送手段	地域間の輸送手段（大型貨物車，貨車，船舶，航空機）
	配送手段	都市内の配送手段（流通センターから店舗などの配送）
	搬送手段	貨物車が停車後の，店舗やオフィスへの台車など

出所：著者作成。

路で構成されるネットワーク」である。このとき，倉庫や工場や店舗などの施設をノード（Node，交通結節点施設）といい，道路や航路をリンク（Link，交通路）といい，トラックや船舶をモード（Mode，輸送機関）という（**図2-3-2，表2-3-2**）。[8]

　ノード（結節点施設）とは，「工場や流通センターや店舗など，ロジスティクスにおいて，店舗や住宅などの発注・入荷する施設や，工場や流通センターなど受注・出荷する施設」である。このとき，ノードには，広域物流施設（港湾，トラックターミナルなど），物流施設（流通センター，倉庫など），届

け先の施設（荷さばき施設，駐車場など）という3つの種類がある（**表2-3-2**）。

　第1の広域物流施設とは，「鉄道・海運・航空など線的な輸送を行う地域間物流と，貨物車による面的な輸送を行う都市内物流との間の積み替え機能を持つ施設」である。たとえば，港湾・埠頭・空港，鉄道貨物操車場，トラックターミナル，流通業務団地，倉庫などがある。

　第2の物流施設とは，「都市内の一定地区内の集配送の拠点となる物流の結節点施設」である。物流施設をその役割から分類すると，配送と保管を行う流通センター（DC：Distribution Center），トラックターミナルなどの積み替えセンター（TC：Transfer Center），商品の加工を行う加工センター（PC：Process Center），主に保管を行う倉庫（SC：Stock Center）などがある。

　第3の届け先の施設とは，「物資の最終到着地となる物流の結節点施設」である。たとえば，住宅，商店，事務所などと，それらの駐車場や荷さばき施設である（**図2-3-3**）。

(2) 交通路（リンク）

　リンク（交通路）とは，「工場から流通センターや，流通センターから店舗のように，ノード（結節点施設）の間で，物資や商品を輸送するときに利用する交通施設」である。このとき，リンクには，幹線輸送路，配送路，搬送路の3つの種類がある。（**図2-3-4**）

　第1の幹線輸送路とは，「高速道路や幹線道路などの広域物流拠点間の幹線路と，広域物流拠点と都市内集配拠点を結ぶ輸送路」である。たとえば，貨物車であれば幹線道路や高速道路，鉄道であれば線路，海運であれば航路，空運であれば航空路である。

　第2の配送路とは，「流通センターから店舗のように，都市内で配送するときに利用する交通施設」である。たとえば，都市のなかで配送するときには小型貨物車や商用車を利用して，都市内の道路を使うことが多い。

　第3の搬送路とは，「細街路や建物内搬送路などの，最終到着先までの交通施設」である。たとえば，貨物車が配送先に到着し駐車して荷おろしをした後に，台車などを利用して最終届け先まで搬送しなければならない。このとき，敷地内の通路や建物内のエレベータや階段も搬送路に含まれる。

図2-3-3　物流施設の種類と特徴

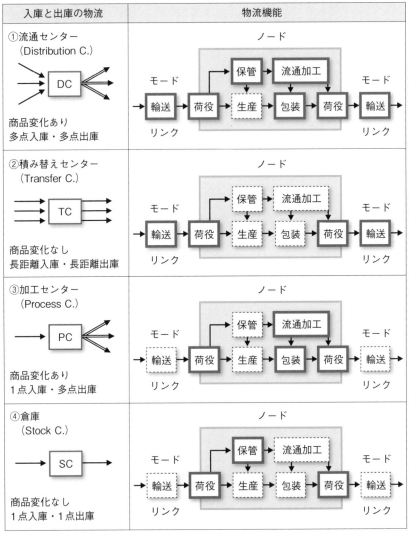

入庫と出庫の物流	物流機能
①流通センター（Distribution C.） 商品変化あり 多点入庫・多点出庫	ノード モード　保管　流通加工　モード リンク　輸送　荷役　生産　包装　荷役　輸送　リンク
②積み替えセンター（Transfer C.） 商品変化なし 長距離入庫・長距離出庫	ノード モード　保管　流通加工　モード リンク　輸送　荷役　生産　包装　荷役　輸送　リンク
③加工センター（Process C.） 商品変化あり 1点入庫・多点出庫	ノード モード　保管　流通加工　モード リンク　輸送　荷役　生産　包装　荷役　輸送　リンク
④倉庫（Stock C.） 商品変化なし 1点入庫・1点出庫	ノード モード　保管　流通加工　モード リンク　輸送　荷役　生産　包装　荷役　輸送　リンク

注：情報機能は，すべての物流施設に付随している。
　　⟹　　は，商品内容が変化したことを示す。
出所：著者作成。

図2-3-4 都市の物流ネットワーク

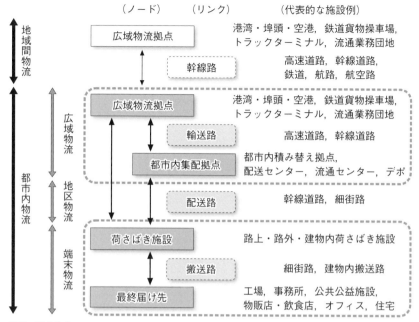

出所：著者作成。

(3) 輸送手段（モード）

　モード（輸送手段）とは，工場から流通センターなどの，「ノード間での輸送やノード内での搬送に用いる交通手段のこと」である。このとき，モードには，幹線輸送手段，配送手段，搬送手段の3つの種類がある。

　第1の幹線輸送手段とは，「国際間や地域間における輸送手段」である。たとえば，道路輸送における貨物車，鉄道輸送における鉄道貨車，海運における船舶，空運における航空機である。

　第2の配送手段とは，「都市において，流通センターなどから店舗やオフィスに配送する際の輸送手段」である。たとえば，都市のなかを移動するため，中小型の貨物車が多い。

　第3の搬送手段とは，「主に貨物車が停車してから，店舗やオフィスなどの最終届け先に搬送する際の輸送手段」である。たとえば，物資を手持ちや，台車で搬送することが多い。

図2-3-5　端末物流における荷さばき活動

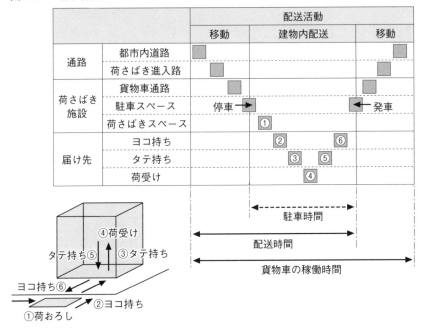

出所：著者作成。

2.3.3　都市の物流ネットワークの内容

　国内や都市において，商品や物資が発地から着地まで移動する場合，複数の都道府県をまたがるような長距離の地域間物流と，比較的短距離の都市内物流とがある。[9]

　地域間物流は，比較的長距離の輸送であり，利用される輸送手段（モード）は自動車・鉄道・船舶・航空機などである。交通路（リンク）もそれぞれ道路・線路・航路・航空路となる。そして地域間物流は，都市の外延部に位置する港湾・空港・鉄道貨物駅・トラックターミナル・倉庫などのノードを経由して，他の地域間物流とつながるとともに，都市内物流とも結ばれている。

　都市内物流は，広域物流，地区物流，端末物流の3つに分けることができる。このとき，広域物流拠点・都市内集配拠点・荷さばき施設などが結節点（ノード）であり，輸送・配送・搬送のための道路や街路が交通路（リンク）である。

第1の広域物流とは，「港湾・空港・鉄道貨物駅・トラックターミナル・倉庫など広域物流拠点を発着する物流」である。広域物流拠点は，長距離の地域間物流と都市間物流をつないでいる。このため，広域物流では，輸配送先の施設や輸送量によって大型貨物車や海上コンテナで輸送することもあれば，小型貨物車により都市内の建築物の駐車場に配送することもある。

　第2の地区物流とは，「広域物流拠点ないし都市内集配拠点から，荷さばき施設までの物流」である。比較的短距離の配送を行うもので，都市内の狭い地域を対象にしている。このとき，都市内集配拠点とは，広域物流拠点と荷さばき施設の中間にあって，配送センターやデポなどと呼ばれている。

　第3の端末物流とは，「主に路上や建物内の駐車場や荷さばき施設で荷おろしされてから，最終届け先の住宅や店舗やオフィスなどに搬送される物流」である。この端末物流は，都市生活に必要な物資を最終消費地に配送ないし搬送するものであり，ラストマイルなどとも言われている。なお，端末物流のうち，商店街などで水平方向に搬送する場合を「ヨコ持ち」と呼ぶことがあり，高層建築物などで上下方向に搬送する場合を「タテ持ち」と呼ぶことがある（図2-3-5）。

参考文献

1）苦瀬博仁編著：『サプライチェーン・マネジメント概論』，pp.20-35，白桃書房，2017
2）苦瀬博仁編著：『増補改訂版，ロジスティクス概論』，pp.21-33，白桃書房，2021
3）前掲2），pp.35-51
4）苦瀬博仁：『付加価値創造のロジスティクス』，pp.89-99，税務経理協会，1999
5）前掲1），pp.37-48
6）前掲2），pp.21-33
7）前掲2），pp.51-54
8）前掲1），pp.67-80
9）苦瀬博仁・鈴木奏到監修：『物流と都市地域計画』，pp.76-93，大成出版社，2020

第2部

▼　▼

ロジスティクスの再考

ロジスティクスの本質の再考
―特徴を探り，誤解を解く―

3.1 「物流，人と物，サービス」の再考の必要性

3.1.1 曖昧な「専門用語」がもたらす混乱

　物流の勉強を始めた頃，専門用語の解釈にとても戸惑ったことを憶えている。というのは，「物流」という用語でさえ，業界や専門分野によって異なるように感じていたからである。一般に，交通の専門家は貨物車交通を意図し，物流事業者は輸送や保管に限定し，メーカーや卸小売業者は調達や販売も考えていることが多い。しかし，このことに気づくまでには，それなりの時間がかかった。

　加えて，ロジスティクスの分野では，カタカナやアルファベットが多く，しかも新たな用語がしばしば登場し，統一した解釈が定着しないまま消えていくことも多い。このため，煙に巻かれた感じさえ受けることもある。

　確かに新しい概念には新しい言葉が向いているだろうし，学問分野としての物流は発展途上でもあるので，用語の統一も難しい。とはいえ，できればわかりやすい用語を用いたい。

　そこで，いくつかの専門用語の違いを明らかにしながら，本書で使用している専門用語について，本書なりの解釈をなるべく正確に記しておきたいと思う。

3.1.2 「物流」「人と物の違い」「サービス」について

　本章では，専門用語として，「物流」「人と物の違い」「サービス」の3つを取り上げることにする。

　この理由は，ロジスティクスや物流に関する専門用語のなかでも，意味が多様で誤解されることが多いように思うからである。

3.2 「物流」の再考 ―正確に使い分けたい「物流用語」―

3.2.1 「物の流れ」という誤解

(1)「物流イコール輸送」という誤解(物的流通と物資流動)

第1の誤解は「物流」という用語に関する誤解である。このうち,最も多い誤解は,「物流イコール流れ」もしくは「輸送」と思い込むことである。

物流という漢字を分解すれば,「物」と「流れ」になるから,「物流は,物の移動である」と解釈してしまうことは,至極当然のことかもしれない。最近では,「人流」という言葉も「人の移動」ないし「人の外出」という意味で使われるようになっている。そして,「人流と物流」という言葉の対比からしても,「物流」も「物の移動」と受けとられがちである。しかし,このことで,多くの誤解を生んでいることも事実なのである。

「物流」の語源である「物的流通」(Physical Distribution)は,「流通の概念」として,昭和32年(1957)に米国から輸入された英語の直訳である。この物的流通では,「流通から派生した概念」として,6つの機能(輸送,保管,流通加工,包装,荷役,情報)から構成されている(**表3-2-1,図3-2-1**)。

一方で,貨物の輸送を示す「物資流動」(Freight Transport)は,「交通の一側面の概念」として,物の輸送に特化しており,保管や流通加工や包装は対象外である。これは交通の立場から見れば,倉庫や店舗の在庫量とは無関係に,物資の発着量や貨物車の台数を対象とするからである。

この2つの概念の違いをコンビニの店舗配送でたとえてみると,前者の物的流通(物流)はコンビニの店長の発想である。店長は,商品の在庫を気にするとともに,配送トラックの到着時間を気にするが,配送トラックの出発時刻や道路混雑や運行(輸送)を気にすることはない。一方で,後者の物資流動(物流)は貨物車のドライバーの感覚である。ドライバーは,指定された配送時刻を気にしながら渋滞を避けつつ輸送するが,店舗内の在庫を考え

表3-2-1 ロジスティクスと物的流通と物資流動

ロジスティクス = 商取引流通(商流) + 物的流通(物流)
物的流通   = 輸送 + 荷役 + 保管 + 包装 + 流通加工 + 情報
物資流動   = 輸送 + 荷役 + 情報

出所:著者作成。

図3-2-1　ロジスティクスと物流（物的流通，物資流動，貨物車交通）

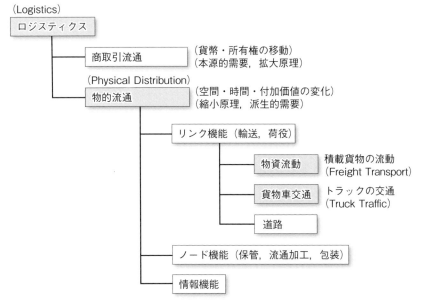

出所：著者作成。

図3-2-2　ロジスティクスと都市計画における物流の位置づけの違い

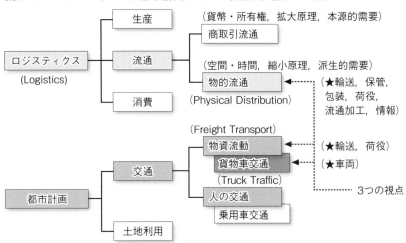

出所：著者作成。

ることはない。

このように，物流の本来の意味は「物的流通」なのだが，「物的流通」と「物資流動」の略語が，同じ「物流」になってしまうことで，誤解が生じている。加えて，略語としての「物流」を「物（貨物）の流れ（輸送）」と読み取りがちなことも，混乱を招いている。

もしも，「物流とは何ですか？」という問いかけに，「物の流れ」と答えるならば，交通という側面では正しいものの，物的流通（物流）という側面では保管や流通加工などを考慮していない可能性がある（図3-2-2）。

(2) 「物流イコール貨物車交通」という誤解

第2の誤解は，「交通手段を，物流」とすることである。

道路交通計画の分野では，「貨物車交通」（Truck Traffic）は，幅員や車線数など道路設計に必要な自動車交通量として，貨物の積載の有無にかかわらず，走行台数で計測する。

しかし，貨物車の台数をカウントして「貨物車交通量が多いので，物流が多い」と表現すると，正確ではない。なぜならば，貨物車に積載されている貨物があってこその物流であって，台数だけでは把握できないはずである。人の交通において「人が乗っていないタクシーを人流と言わない」ように，「空のトラックまでも含めて，物流や輸送などと言ってはいけない」ということになる。

すなわち，「輸送機関（乗用車，貨物車）と積載物（人，物）は異なる」からこそ，「乗用車（交通手段）と乗客（人）を区別する」ように，「貨物車（交通手段）と貨物（物）も区別する」必要がある。[1]

3.2.2 さまざまな輸送用語の意味と使い分け

(1) 輸送・配送・搬送

物流を学ぶとき戸惑うことの1つが，多様な輸送用語の使い分けである。代表的な用語には，輸送・配送・輸配送・集配送・搬送・通運，ヨコ持ち・タテ持ち，発荷主・着荷主，荷送り人・荷受人，貨物・荷物，荷役・積み込み・荷おろし，などがある。これらの用語は，漢字の意味をたどれば正確な解釈もある程度可能であるが，一方で荷主（メーカー，卸小売業など）や物流（運輸業，倉庫業など）の業界ごとに意味が異なり，さらには同じ業種でも会社によって使い方が変わるので，注意する必要がある。

輸送とは，「長距離で1対1」の移動，配送は「短距離で1対多」の移動，搬送は「貨物車から荷おろし後の移動」を示すことが多い（前出，**図2-3-1**参照）。

たとえば，東京から大阪に向かう宅配便の貨物は，東京のオフィスで「集荷」されてから東京のターミナルに運ばれ，ここで大型トラックに積み込まれて大阪のターミナルに「輸送」される。そして，大阪のターミナルから届け先のオフィスに「配送」されるが，このとき貨物車を駐車させてからビルのなかの上層階にある事務所のフロアーまで，手持ちないし台車で「搬送」される。

(2) ヨコ持ちとタテ持ち

搬送するとき，駐車場所からビルの出入り口まで水平方向に移動し（ヨコ持ち）して，次にエレベータで事務所まで垂直方向に移動（タテ持ち）する。

ただし，このように用語を使い分けようとしても，業界や業態により使い方や意味が変わることもあり，ときには感覚的に使われる場合もある。

たとえば，商店街の路上で貨物車を停めてから台車で商品を店舗に運ぶことを「ヨコ持ち」と言うことは多い。一方で，ロスアンジェルス港から東京港に「輸送」された海上コンテナが，千葉県内の倉庫に「配送」されるときも，「ヨコ持ち」と言うことがある（前出，**図2-3-5**参照）。

(3) 貨物と荷物

貨物と荷物の区別は，輸送を委託された物品か，自らの所有物かで変わることが多い。たとえば，大阪までの輸送を物流事業者に委託するときは「貨物」として運んでもらうが，新幹線で自分の「荷物」として運ぶこともある。

多くの場合，輸送を委託して料金を支払う場合に「貨物」，自ら携行する場合に「荷物」と表現することが多い。

また「荷物」には，航空手荷物のように，旅客が自ら運ぶ荷物（持ち込み荷物）と，発地着地間で預ける荷物（預け荷物）がある。

(4) 発荷主と着荷主

輸配送の発着に着目して，発荷主（荷送り人）と着荷主（荷受人）という言い方がある。このとき，「発荷主と着荷主」が異なる場合と同じ場合がある。

たとえば，ネット通販で商品を購入する場合には，発荷主は販売者で着荷主は購入者であるから，発荷主と着荷主が異なる。しかし，ゴルフの宅配便

表3-2-2　輸送用語の使い分け

輸送	：1体1の長距離，複数の交通手段（船，航空機，鉄道，自動車）
配送	：1体多の短距離，多くは自動車
集荷	：多対1の短距離，多くは自動車
ヨコ持ち	：短距離で，かつ水平的な配送や搬送（駐車場所からビル）
タテ持ち	：短距離で，かつ上下方向の配送や搬送（ビル内の高層階）
貨物	：輸送を委託して料金を支払う場合
荷物	：自ら携行する荷物（航空手荷物には，持ち込み荷物と預け荷物がある）
発荷主	：荷送り人
着荷主	：荷受人 （発荷主と着荷主が，同じこともあれば異なることもある）
発注者	：注文を出す人
着荷主	：荷物の受け取り人 （発注者と着荷主が，同じこともあれば異なることもある）

出所：著者作成。

を依頼する場合は，発地（家）と着地（ゴルフ場）が異なるものの，発荷主と着荷主が同じ本人ということになる。

(5) 発注者と着荷主

　輸配送に先立つ商取引も含めて，発注者（注文を出す人）と着荷主（貨物を受け取る人）という言い方がある。このときも，「発注者と着荷主」が異なる場合と同じ場合がある。

　たとえば，ネット通販で商品を購入する場合には，商品を注文する発注者が自ら商品を受け取る着荷主となれば，発注者と着荷主は同じである。この場合には，自らの受け取りたい場所や時間を考慮して，時間指定や受取場所の指定が可能になる。

　しかし，同じネット通販でも，誰かに贈り物をするときには，商品を購入する発注者と，贈り物を受け取る着荷主は異なってしまう。こうなると，着荷主の意向を聞いていない場合には，発注者は受け取り時間を指定しにくいことになる。

3.3 「人と物の違い」の再考 ―行動原理が異なる「人と物」―

3.3.1 「人と物」の相違点

(1) 人と違って,「自らは動かない物流」

物流のうちの「輸送」に着目したとき,「輸送は,2地点間の空間的な移動であるから,人も物も同じ」と思い込みがちである。しかし,これが大きな誤解である。[2]

商品や物資は,人のように自ら自動車や電車に乗ることはできない。貨物を配送する運転手は,配送センターで貨物を引き取ってから,貨物車に積み込む。配送先では,貨物を降ろして台車で届けることになる。このように,輸送のための運転そのものは,人を乗せても物を載せても同じだが,貨物（物）には,積みおろしをはじめ輸送以外のさまざまな作業（荷役）がある。

物を人にたとえるならば,「自ら歩くことも,行先を伝えることも,洋服を着ることもできない『赤ちゃん』と同じ」と思えばよい。赤ちゃんと同じだからこそ,荷役して伝票を貼って段ボールで包装して,丁寧に慎重に運ぶことになる（後出3.3.2,参照）。

(2) 人にはない「保管と在庫,包装と流通加工」

人にはないが,物には存在する代表例が,「保管」である。人を保管するとは言わないし保管される経験もないので,物流（物的流通）において極めて重要であるにもかかわらず,保管は忘れられがちである。

保管では,倉庫などで物（商品や物資）を,一定期間,品質を維持しつつ,火災や盗難にあわないために,確実に数量や品質を維持しておくことが重要になる。

保管に似た用語に在庫がある。保管と同じく,人を在庫するとは言わないので忘れられがちである。在庫とは,製品の生産の準備のために原材料や部品を用意しておくことや,出来上がった製品を注文があるまで品質を維持しておくことである。在庫は,過剰であれば資金の無駄につながり,過少であれば欠品により生産や販売が不可能になるので,適切な在庫量を維持することが重要である。

また,人は自ら洋服を脱ぎ着し,誰かに何かで包んでもらうことはないため,人に包装という概念はない。また移動途中で,人が変化することはない。

しかし，物は1ダースの箱から鉛筆を2本取り出すように，小分けされたり分割されたりすることがある。

このように，人と物が同じと考えてしまうと，保管・包装・流通加工・荷役などの概念を忘れてしまう。

(3) 人の交通と異なり「停まったときが重労働（引越し）」

物流（物的流通）では，輸送以外の活動が極めて重要になる。物流の特徴を考えたいときには，「引越し」を思い起こすと容易に理解できる。

引越しでは，衣類や食器の仕分け（流通加工），ダンボール箱に詰める荷造り（包装），トラックへの積み込みや荷おろし（荷役）が大仕事である。この反面，いざトラックに荷物を載せてから走り出す（輸送）と，多少の距離の長短は気にならない。

このように物流においては，発地から着地に至る輸送（引越し）であっても，移動（輸送）よりは，貨物車が停車中の作業（流通加工，包装，荷役など）が重労働ということになる。

3.3.2 物（商品，物資）の特殊性と柔軟性

(1) 物（商品，物資）の特殊性

人の交通と物の輸送を比較すると，物（商品，物資）には，特殊性と柔軟性がある。

第1の特殊性は，7つ（①単位の不定性，②品目の多様性，③移動中の変化，④移動の方法，⑤移動目的の多様性，⑥移動サイクルの多様性，⑦移動量の変化）ある（表3-3-1）。

単位の不定性（①）とは，「商品や物資の測定単位が複雑で多様なこと」である。この測定単位には，重量，体積，個数，ダース，箱などがある。人では人数を数えても，乗客の重量や容積までは考えないことが多い。

品目の多様性（②）とは，「物流で扱う品目の多さと複雑さ」である。コンビニでは約3,000品目あるとされているため，品目ごとに扱えば非常に複雑となる。人は，身長体重や年齢別で数え方が変わるわけではない。強いて言えば，大人料金と子ども料金，普通車とグリーン車などの違いだろうか。

移動中の変化（③）とは，「物流の過程で商品の内容が変化すること」である。海外から製材工場まで原木で輸送されるが，製材工場から購入者の倉庫までは板や柱に加工されて運ばれる。人は発地と着地で姿形が変わることは

ない。

　移動の方法（④）とは，「人の移動とは異なり，商品や物資は自らの意志で移動できないために，積みおろしなどで人手が必要なこと」である。また，行き先や温度の管理も含めて，丁寧に扱う必要がある。人であれば，赤ちゃんと同じということになる。

　移動目的の多様性（⑤）とは，「商取引経路と物流経路が対応しないこと」である。たとえば，通販会社に注文しても商品は倉庫から配送される。人は，自らの意思で行き先を決め，遠回りや長期間の休憩はせずに，最短経路を移動することが多い。

　移動サイクルの多様性（⑥）とは，「商品や物資は一方通行であり，しかも輸送や保管の時間や期間が，時，日，週，月などさまざまなこと」である。人は，朝自宅を出発して夜帰宅する規則性がある。

　移動量の変化（⑦）とは，「商品や物資によって特定の季節や取引上重要な日（五・十日，月末など）にピークが集中すること」である。一方で，人の交通は，平日と休日に大別できる。

(2) 物（商品，物資）の柔軟性

　第2の柔軟性には，4つ（①時間，②空間，③数量，④手段）がある（表3-3-2）。

　時間の柔軟性（①）とは，「品目によっては事前に輸送して保管しておくことで，時間の変更が可能なこと」である。人の通勤時間を，大幅に変更することは難しい。

　空間の柔軟性（②）とは，「配送経路を変更して遠回りすることも可能であり，保管場所を変更することもできること」である。人は，行き先を変更できず，しかも最短経路（距離）で移動する傾向がある。

　数量の柔軟性（③）とは，「注文のあった商品の数量を削減できなくても，貨物車への積載方法を工夫することで貨物車台数の削減が可能なこと」である。人は，人数を変えたり大きさを変えたりすることはできない。

　手段の柔軟性（④）とは，「配送車の代わりに台車や自転車を用いたり，長距離貨物車の代わりに鉄道を利用したりするように，時と場合によって交通手段を変更できること」である。人も，状況に応じてさまざまな交通手段を利用している。

表3-3-1　人と比較した「物の特殊性」

	人（通勤通学，帰宅，観光など）	物（日用品，食材，衣類など）
①単位の不定性	人のみ	トン，個，m³，台など多様
②品目の多様性	大人，子供，高齢者など	コンビニでも3,000品目
③移動中の変化	移動中に変化しない	移動中に小分けや組み合わせ
④移動の方法	自ら乗り降りし，移動する	荷役が必要（赤ちゃんと同じ）
⑤目的の多様性	目的と行動が一致	商取引で発生，目的と不一致
⑥移動サイクル	朝に家を出て，夜に家に帰る	物は一方通行，時間も多様
⑦移動量の変化	曜日や時間で変化	季節や週の変動が大きい

出所：著者作成。

表3-3-2　人と比較した「物の柔軟性」

	人（通勤通学，帰宅，観光など）	物（日用品，食材，衣類など）
①時間の柔軟性	通勤時間の大幅変更は困難	事前の輸送保管で時間変更可能
②空間の柔軟性	行き先に最短経路で移動	輸送経路や保管場所の変更可能
③数量の柔軟性	人数の変更は困難	台数や距離の削減は可能
④手段の柔軟性	交通手段の選択は可能	鉄道、自転車、台車との組み合わせ可

出所：著者作成。

3.3.3　「人と物」の相関性と転換性

(1)「人と物」の相関性

　人の交通と物の輸送の間には，相関性と転換性がある（図3-3-1）。

　第1の相関性とは，「人の交通が増える（減る）ことにより，物の輸送需要も増える（減る）こと」である。

　たとえば，買い物客が多く集まる店舗ほど，配送する商品の量も増える。また，人々が多く集まるオフィスビルほど，書類やオフィス用品の搬入も多い。一方で，人口が減少している集落では，宅配の需要も減る。

　このように，「人の集中量」と「物の輸送量」には，相関性がある。

(2)「人と物」の転換性

　第2の転換性とは，「人の交通と物の輸送が，入れかわること」である。つまり，代表的には「物の輸送が増える（減る）ことにより，人の交通が減る（増える）こと」である。

図3-3-1　人の交通と物の輸送の間の，相関性と転換性

相関性
　人が集まるほど，物も集まる。
　例：デパート，オフィスなど。

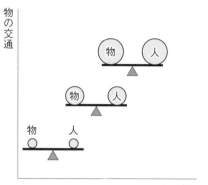

転換性
　人の交通と物の輸送が、入れかわる。
　例：買い物交通から、ネット通販へ。

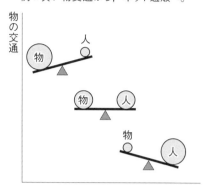

出所：著者作成。

　たとえば，近年では，買い物に出かけるかわりに，ネット通販で注文し商品を自宅まで届けてもらう宅配が増えている。これは，「自ら出かけ，買い物をし，自ら持ち帰る人の交通」が減って，「ネットで発注し，宅配で自宅への配送」が増えていることになる。

　このように，「人の交通」と「物の輸送」の間には，転換性が存在している。

3.4　「サービス」の再考 ―正当な対価が必要な「サービス」―

3.4.1　「サービス」に関する誤解

(1)　正当な取引を妨げる「配送料無料」

　諸外国では，商品価格と輸送費が別となっていて，家具や電気製品を店舗で購入すると，自宅までの配送料を別途支払うことが多い。しかし日本では，家具や電気製品を店舗で購入すると，自宅までの配達してくれる。これは「店着価格制」という商慣行により，配送料が商品価格に含まれているからである。

　配送料金がゼロ円ということはないので，店着価格制では配送費用を販売者が負担していることになる。しかし，通信販売などでは「配送料無料」という表現で宣伝されることで，購入者が得したような感覚に陥ることは多い。しかし，本当に得したのか否か，いささか微妙な部分がある。

たとえば，ネット通販の場合，距離にかかわらず配送料無料として一定の配送料が商品価格に含まれているとすれば，近距離の購入者ほど過大な配送料を負担し，遠距離の購入者ほど割安ということになる。また，店着価格制は，消費税の内税（消費税を含む商品価格）に近いが，消費税の場合は「消費税無料」とは言わない。となると，そもそも「配送料無料」と言う表現が，公正な商取引や広告宣伝であるか否か，疑問となる。

　最近では，家電量販店などで「持ち帰り2,000円引き」などの表示を見かけるが，これは「配送料込みの商品価格から，持ち帰りの場合には配送料分を差し引く」という意味であって，より正確な表現と考えることができる。

　店着価格制や配送料無料が，結果として環境負荷を高めることにもつながるのであれば，商慣行の見直しが不可欠である。[3]

(2) 多頻度配送を招く「翌日配送，即日配送」

　スーパーなどの小売業においては，毎日商品を販売して持ち帰ってもらうので，その分毎日商品を補充しなければならない。あるスーパーの例では，前日の17時に店舗から流通センターの注文が締め切られ，夜通しで品揃えをして，翌日朝7時までに配送している。その後，追加の商品を12時ころまでに届けて，夕方の買い物客のピークに合わせている。

　小売業のように，翌日配送や即日配送が必須な業種業態は，確実に存在している。

　一方で，翌日配送や即日配送が，過剰なサービスではないかと思われることもある。ネット通販が代表的であるが，翌日配達や即日配達という慣行がある。消費者が心変わりしないうちに商品を届けるという意味もあるようだが，便利なために消費者には広く受け入れられている。

　しかし，どのような品目や発注量であっても，支払う金額（商品価格と配送料の合計）が変わらないとすれば，自らの在庫コストを削減するために，多頻度で小口の発注を繰り返すことになる。現実離れした極端なたとえ話をすれば，毎日1本ビールを飲むなら，毎日1本ずつ発注すればよいということになる。このことが，多頻度小口発注による多頻度配送を引き起こすのであれば，環境にも悪影響を与えるという意味で，過剰なサービスということになる。

　このような過度な配送サービスを避けるためには，家庭ではビールや即席麺，オフィスではコピー用紙など，適正な在庫をもつことも重要である。

3.4.2　無形財としてのサービスの価値

(1)　商取引における有形財と無形財

　一般の商取引には，商品の所有権が移転する場合（商品の売買）と，移転しない場合（サービスの売買）がある。前者の例としては，コンビニでおにぎりを買うと，おにぎりの所有権は購入者に移転し，食べることができる。これは，おにぎりという「商品を購入」しているからである。後者の例としては，宅配便がある。配送料を支払うものの，運んでもらう宅配便の箱の中身の所有権が，配送業者に移転することはない。これは，配送という「サービスを購入」しているからである。

　このように，財（goods）の取引には，おにぎりのような商品を対象とする有形財（commodity）の取引と，配送のような無形財（service）の取引がある。有形財は日常的に行う買い物が代表的であり，無形財は理容・美容や病院での治療などがある。床屋では髪を切ることに料金を支払うが髪の毛や頭の所有権が移転することはないし，病院では治療という技術に対価を支払っている。宅配便も，輸送という行為に対して対価を支払っている。

　ちなみに，第三次産業をサービス業と称するが，第一次産業が採集・採取の有形財，第二次産業が生産・構築の有形財で，第三次は無形財が主体ということになる。

(2)　4つのサービス（無形財）

　サービスという用語は多様な意味で使われているが，清水滋はサービスを，①精神的，②態度的，③犠牲的，④業務的サービスの4つに分けている（**表3-4-1**）。[4]

　精神的サービス（①）とは，「サービス精神が旺盛」というような場合であり，精神的なあり方を示す場合である。

　態度的サービス（②）とは，「小売店での店員の配慮の行き届いた接客態度など」であり，接客に際しての，表情，動作，身だしなみなどである。

　犠牲的サービス（③）とは，「価格の割引きやおまけ」であり，低価格による商品の提供や無料奉仕である。

　業務的サービス（④）は，「サービスという無形財を，有料の業務として行うこと」である。先の，理容・美容や医者の治療とともに，物流における輸送や保管も業務的サービスである。

表3-4-1　4つのサービス（無形財）

精神的サービス：精神的なあり方
態度的サービス：表情，しぐさ，身だしなみなどの，接客態度
犠牲的サービス：低価格での商品の提供やおまけ
業務的サービス：有料の無形財を扱う業務（医療，理容，輸送など）

出所：著者作成。

表3-4-2　サービス（無形財）の特徴

非有形性　：手に触れることができない
非不可分性：場所や時間を分けることができない
非貯蔵性　：生産と消費が同時で蓄えることはできない
非均一性　：提供者によりサービスの品質を同じにはできない

出所：著者作成。

(3) 無形財（サービス）の特徴

　輸送や保管のような無形財（サービス）には，有形財と異なり，①非有形性，②非不可分性，③非貯蔵性，④非均一性の4つの特徴がある（**表3-4-2**）。

　非有形性（無形性）（①）とは，「形が無い（無形）からこそ，手で触れたり見たりすることができないこと」である。もちろん，丁寧な態度や動作は目にすることができるものの，内面の心持までは量ることができない。また，輸送では貨物車に触れることはできても，輸送の行為や技術に触れることはできない。保管においても，保管中の商品には触れることができるが，1年間の保管という行為に触れることはできない。

　非不可分性（即地性）（②）とは，「生産と消費が同じ場所で行われること」である。一般に有形財（商品）は，工場で生産されてから都市に時間をかけて運ばれてから消費されるので，生産の場所・時期と，消費の場所・時期が異なることが多い。しかし，サービスでは，美容師が髪をカットするとき，美容師と客の両者が同じ場所で同じ時間に居なければならない。

　非貯蔵性（即時性）（③）とは，「生産と消費が同時に行われるために，有形財と違って在庫や保管ができないこと」である。一般の商品であれば在庫として保管できるが，髪のカットという技術を保管することはできない。また，明日の輸送を明後日に変更することはできるが，同じ運転手や同じ貨物車をそのまま保管するということではない。このため，年末の贈答品の配送や，

表3-4-3　サービス（無形財）としての物流の価値

輸送（空間の移動）：生産場所と消費場所の距離差を埋め，価値を高める
保管（時間の移動）：生産場所と消費場所の時間差を埋め，価値を高める
付加価値の向上　　：流通加工・包装などで，商品の価値を高める

出所：著者作成。

年度末の引越しなどには，業務が集中することになる。ということは，いかに輸送や保管を平準化して安定化させるかが，課題になる。

　非均一性（可変性）（④）とは，「サービスを提供する側の違いにより，提供するサービスの品質が変わること」である。たとえば，同じ工場で生産される製品であれば，ほとんど同じ性能が確保できる。しかしサービスでは，同じ美容院であっても美容師によってカットの技術や出来栄えが異なることは多い。また，物流においても，配送会社によって丁寧な配送もあれば乱雑な配送もある。このように，企業や従業員によってサービスの品質が異なることから，なるべくサービスの品質を一定にする努力が必要になる。

3.4.3　物流の価値（輸送，保管，流通加工・包装・荷役）

（1）輸送（空間の移動）による価値の向上

　物流では，「運ぶ（輸送）」行為も，「預かる（保管）」行為も，無形財（サービス）に料金を支払うものであり，商品の所有権が移転することはない。

　輸送は，「生産場所と消費場所の距離差」を埋めるためのものである。つまり，輸送機能は「空間の移動」の機能であり，場所を移動することで商品や物資の価値を高めている。荷主企業からみれば，「安い場所で仕入れ，輸送し，高い場所で販売する」ということにもなる（表3-4-3）。

　たとえば，地方で生産された農産物を都市の消費者に販売するためには，輸送しなければならない。コンビニには，販売できるだろうと予想して，商品を店舗に輸送する。いずれも，輸送できなければ販売できないことから，輸送があってこそ商品の価値が生まれることになる。

（2）保管（時間の移動）による価値の向上

　保管は，「生産時点と消費時点の時間差」を埋めるためのものである。つまり，保管機能は「時間の移動」の機能であり，時間を移動することで商品や物資の価値を高めている。荷主企業からみれば，「安いときに仕入れ，保管し，

高いときに販売する」ということにもなる。

　たとえば，海外から輸入した原材料（例，小麦）を保管し，需要のある時期に販売することや，クリスマス用のアイスケーキをあらかじめ製造して保管し，クリスマスの時期に販売する。これらは，販売のピークや製造のピークを減らして（平準化），定常的に輸送したり生産したりするためでもある。

(3) 流通加工・包装・荷役による価値の向上

　流通加工・包装・荷役は，「商品を組み合わせるセット化」「品質維持のための包装」「輸送や保管に付随する積みおろしの作業」などにより，商品の価値を高めるものである。

　流通加工は，商品の小分けや組み合わせによって，価値を高めている。たとえば，キャベツ1個が200円のとき，キャベツ半分が110円となるのは，カットとラッピングという流通加工により，価値を高まるからである。また，箱詰めの缶ジュースの1本当たりの単価よりも，小分けされた1本の缶ジュースが高いのは，小分け作業が価値を生むからである。

　包装機能は，段ボールなどで商品の品質を保護するとともに，ギフト用の包装とリボン掛けなどで商品の価値を生んでいる。

　荷役機能は，輸送時の積み込みと荷おろしのように，物流には必要な作業である。商品や物資は自ら自動的には移動できないからこそ，搬送，積み込み，荷おろしなどの荷役が必要になる。もしも台車やフォークリフトがないために荷役できなければ，商品や物資を届けることはできない。

3.4.4　ロジスティクスにおける高付加価値化

(1) 商品の高付加価値化

　商品の高付加価値化とは，「商品に技術を加えることで商品価値を高めること」である。たとえば，「小麦」という原材料に「製粉」という技術を加えれば「小麦粉」ができる。「小麦粉」に「焼き」を加えると「パン」になる。「パン」に「調理」を加えると「サンドイッチ」になる。さらに，「サンドイッチ」と唐揚げを詰め合わせれば「弁当」になるし，「弁当」とジュースを組み合わせれば「ランチセット」になる（図3-4-1）。[5)] [6)]

　以前は，パンを買って自らサンドイッチを作っていた人が多かったが，今ではパン屋やコンビニでサンドイッチを買う人も多い。また，昔はセーターを編む人もいたが，今はほとんどいない。つまり，商品が高付加価値化する

図3-4-1　商品の高付加価値化

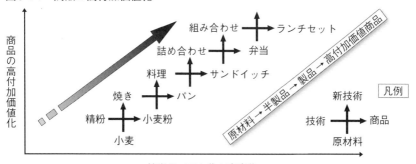

出所：著者作成。

図3-4-2　輸送の高付加価値化

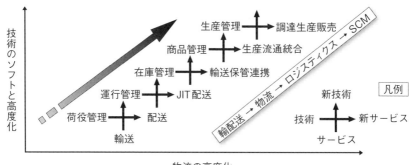

出所：著者作成。

ほど，商品の加工度も高くなり，商品にかかわる企業も多く複雑になる。

　それゆえ，商品の高付加価値化が進むほど，ロジスティクスの管理が重要になる。

(2)　物流の高付加価値化

　物流の高付加価値化とは，「輸送・保管・流通加工・包装・荷役などにおいて，時間の正確性や品質の維持などにより，物流の価値を高めること」である。

　たとえば，輸送においては，時間の正確性や品質の維持，時間指定や温度管理などのサービス水準を高めるとともに，単なる輸送だけでなく，時間帯

配送，代引きなどの利便性の向上，サプライチェーンの安定性への貢献など
を果たすことである。「輸送」に的確な荷役管理が加わると「配送」となり，
正確に到着時間を管理できれば「JIT（Just in Time）配送」となる。さらに
在庫管理と連動すればVMI（Vender Management Inventory，納入業者によ
る在庫管理）を含めた「輸送保管連携」となり，消費案管理が加われば「生
産流通統合」が実現する。さらに生産管理とも連携できれば，「調達生産販売
の統合」が実現する（図3-4-2）。

　物流施設内においては，流通加工や包装などの作業を行うことで，個別の
商品を組み合わせて贈答品セットにしたり，検品や値札付けなどの付帯作業
を行ったりすることで，従来の保管や在庫管理だけでなく，物流の付加価値
を高めている。

　従来の物流においては，単なる輸送や保管だけの場合もあったが，次第に
JIT配送や輸送保管の連携に進み，物流の高付加価値化が進んでいる。

参考文献

1）苦瀬博仁・鈴木奏到監修：『物流と都市地域計画』，pp.67-75，大成出版社，2020
2）前掲1），pp.85-93
3）苦瀬博仁編著：『増補改訂版，ロジスティクス概論』，pp.110-115，白桃書房，2021
4）清水滋：『サービスの話』，pp.9-43，日経文庫105，日本経済新聞社，1978
5）林周二：『システム時代の流通』，pp.39-68，中公新書270，中央公論社，1971
6）苦瀬博仁：『付加価値創造のロジスティクス』，pp.24-29，税務経理協会，1999

第4章

ロジスティクスの改善方法の再考
―見方や立場で変わるロジスティクスの価値―

4.1 「情報化, 効率化, 標準化, 共同化, 最適化」再考の必要性

4.1.1 曖昧な「〇〇化」がもたらす混乱

　ロジスティクスは, 社会変化や技術進歩の影響を受けやすいため, その変化や進歩に合わせて新しい概念が生まれることが多い。最近に限っても, デマンドチェーン, オムニチャネル, フィジカルインターネット, 物流DX（デジタル・トランスフォーメーション）などが提案されている。これらの用語が定着するか否かは別として, これらの新しい概念の共通点として,「従来のロジスティクスの概念を超えて, 現状を大きく進歩ないし改革させること」があげられる。

　このようなとき, 進歩や改革を象徴する言葉として, 情報化, 効率化, 標準化, 共同化, 最適化など,「〇〇化」がしばしば用いられている。

　たとえば,「ロジスティクスの『効率化』を進めるためには, AIやIOTなどの技術を活用する『情報化』は不可欠である。このためには, 情報システムからパレットや包装サイズに至るまで『標準化』を進めるとともに, 倉庫内作業から輸送方法に至るまで『共同化』を進めることによって, サプライチェーン全体を通じた『最適化』が実現できる」というような表現である。

　このように先端的な用語で書かれていると安心してしまい, 理解できた気になってしまうことも多い。しかし一方で, 具体的な内容を把握することができないまま, 混乱してしまうこともある。

4.1.2 目標像とともに必要な実践論

　ロジスティクスに限らないことだが, 社会変化や技術進歩が激しい時代においては,「このようなことが可能になる」「これが理想的な姿である」と, 将来の目標を描くことも多い。もちろん, 目標を描くことも極めて重要ではあるが, 落とし穴もある。

表4-1-1　ロジスティクスの改善方法の再考

「情報化」限界と活用　―偏見を避けたいデジタル化―（4-2）：
　情報化がロジスティクスに与える効果（4.2.2）
　情報共有と３つの情報（経営，管理，作業情報）（4.2.3）
　輸送における情報のシームレス化（4.2.4）

「効率化」の軋轢と克服　―立場で異なる効率化―（4.3）：
　JIT（Just In Time）の利点と欠点（4.3.2）
　積載率の特徴と変動要因（4.3.3）
　KPI（重要業績評価指標）における指標間の整合性（4.3.3）

「標準化」の制約と適用　―目的と範囲で決まる標準化―（4.4）：
　標準化戦略と差別化戦略（4.4.2）
　業界内の標準化と業界間の標準化（4.4.3）

「共同化」の矛盾と期待　―デメリットも考えたい共同化―（4.5）：
　中抜き論（直送）と中継論（共同配送）の違い（4.5.2）
　積載率・貨物車台数・到着台数・総走行距離などと共同配送（4.5.3）
　配送ルートの束ね状態と共同配送（4.5.4）
　貨物特性・輸送条件・関係者などと共同配送（4.5.5）

「最適化」の相反と挑戦　―評価関数で変わる最適化―（4.6）：
　発注者と受注者の間の最適化（4.6.2）
　輸送費と保管費による配送頻度の最適化（4.6.3）
　物流施設の数と位置の最適化（4.6.4）

出所：著者作成。

　第1の落とし穴として，目標像に至るまでの道筋（方法論）を描くことができなければ，夢物語に終わってしまうことである。いままでにも，都市における無人搬送システムが提案されてきたが，その多くは実現してはいない。最近話題になったパーソナルモビリティも，交通事故の危険から私有地内の走行に限られている。

　第2の落とし穴として，メリットとデメリットを明示できなければ，関係者は二の足を踏むことである。たとえば，誰がどのような場面で利益ないし不利益をこうむるのか，関係者は誰もが同じメリットを得られるのだろうか，関係者のなかでデメリットはないのだろうか，投資する費用に見合う効果は得られるのか，効果を得るのは投資者なのか投資者以外なのか，などを明らかにするべきだろう。

　すなわち，ロジスティクスにかかわるさまざまな概念や提案について，「光」

の部分だけでなく「影」の部分にも着目し,「将来の落とし穴を避ける」ということが重要である。[1][2]

4.1.3 見方や立場で変わるロジスティクス改善の価値

曖昧な「○○化」が,もしも一部で混乱をもたらすのであれば,もしくは目標に至る道筋や利点欠点が曖昧なままであるならば,それらを明確にするためにも,「○○化」を再考する必要があるだろう(**表4-1-1**)。

少なくとも,「ロジスティクスの『○○化』は,発荷主と着荷主の間,荷主と物流事業者の間など,立場や見方によって良し悪しが変わるのではないか」,また「ロジスティクスの『○○化』の必要性を理解できても,それらが進まない確実な理由があるではないか」などは,必須の検討項目だろう。

以上のような認識のもとで,本章においては,ロジスティクスの改善において語られることの多い5つのキーワード(情報化,効率化,標準化,共同化,最適化)を取り上げ,その意味と役割について考えてみることにする。

4.2 「情報化」の限界と活用―偏見を避けたいデジタル化―

4.2.1 「情報化の再考」の目的

(1) 「情報化」の実態

ロジスティクスの改善方法再考の1番目は,「情報化」である。[3]

ロジスティクスにおける情報とは,商取引流通や物的流通において必要な「商品や物資の,日時,品目,数量,品質,場所などの情報」である。これらの情報を伝達する技術には,①情報の入出力,②加工解析,③保存,④伝達する技術がある。

情報の入出力(①)では,音声認識や画像認識技術が進歩し,IOT(Internet of Things)により物資や商品の位置や状態を把握することができるようになって,データの読み取りなどの高速化と正確性が増している。

加工解析技術(②)については,AI(Artificial Intelligence:人工知能)の進歩により,予測精度が格段に上がるとともに,大量のデータを瞬時に解析できるようになっている。

情報の保存技術(③)では,記憶媒体の容量が増加して大量のデータを保存保管できるようになっている。

情報伝達の技術(④)では,光ファイバーやWi-Fiの普及により大量高速

表4-2-1 「情報化」の限界と活用─偏見を避けたいデジタル化─

情報化の効果（リードタイムの短縮，代替・相乗効果）(4.2.2)
  (1) 情報化によるリードタイムの短縮効果
  (2) 情報システムの相乗効果と代替効果
  (3) 情報化により物流量が増加する可能性

情報共有と3つの情報（経営，管理，作業情報）(4.2.3)
  (1) 情報のシームレス化と情報共有の葛藤
  (2) 3つの情報（経営，管理，作業）と情報共有
  (3) 共有すべき作業情報の内容

輸送における情報のシームレス化 (4.2.4)
  (1) 発着地間での情報のシームレス化（ヨコのシームレス化）
  (2) 輸送中の情報のシームレス化（タテのシームレス化）

出所：著者作成。

の伝送が可能となったために，文字だけでなく音声や画像などのデータも送ることができるようになっている。

　このような技術進歩によって，ロジスティクスにおいても，受発注情報システムでは，発注者，発注数量，納品日時などについて，大量のデータを高速で処理している。WMS（倉庫管理システム）では，入庫から出庫に至る一連の作業を一括して処理して，在庫数量，生産数量，在庫日数などを管理している。TMS（輸送管理システム）では，輸送量，配送先，配送日時，配送順序などを管理している。これらにより，情報の高速かつ大量処理や省力化などが実現している。

(2)「情報化の再考」の意義

　情報化の目的や効果については，受発注や倉庫管理や輸送管理など，個々の情報システムのメリットを強調する議論が多い。しかし，ロジスティクスには複数の情報システムが使用されているので，互いの情報システムを組み合わせた視点での効果も明らかにする必要がある。

　たとえば，受発注の情報システムにより受注の高速化が図れたとしても，在庫管理や配送のシステムが追いつかなければ，顧客の要求に応えることができずに，宝の持ち腐れになってしまうこともある。また，情報化が進むほど情報の共有が必要とされているが，企業秘密の保持の面も必要とされていることから，情報共有にはおのずと限界があるかもしれない。

図4-2-1　情報化によるリードタイムの短縮効果

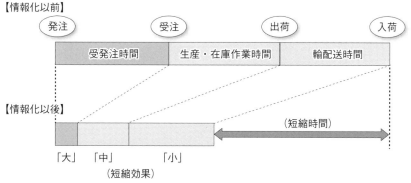

出所：著者作成。

　以上のことから，本節（4.2）では，「情報化がロジスティクスに与える効果」，「情報共有と3つの情報（経営，管理，作業情報)」，「輸送における情報のシームレス化」の3つについて，考えてみることにする（**表4-2-1**）。

4.2.2　情報化がロジスティクスに与える効果

(1) 情報化によるリードタイムの短縮効果

　発注から納品（入荷）までのロジスティクスにおいて，情報化の効果には，リードタイムの短縮効果，商取引と物流の間の相乗・代替効果がある。

　リードタイムとは，「商品の発注から受け取り（入荷）までの時間」である。このリードタイムは，①受発注時間（受発注システムで，発注者が受注者に発注内容を伝達し，この情報を受注者が処理する時間)，②生産・在庫作業時間（施設内作業時間：生産・在庫システムで，受注者が生産や流通加工・包装・荷役などを行う時間)，③輸配送時間（輸配送システムで，商品を購入者に届ける時間）の3つから構成されている（**図4-2-1**）。

　このうち，受発注時間（①）は，インターネットやEOS（Electronic Ordering System：電子発注システム）などを利用することで，情報処理時間を大幅に短縮（高速化）してきた。次の生産・在庫作業時間（②）も，生産の自動化や在庫管理技術の進歩とともに，商品のピッキングシステムや包装の自動化などもあって，作業時間を短縮（高速化）してきた。しかし輸配送時間（③）は，運行管理システムや貨物追跡管理システムにより無駄な輸送を減少させてきたものの，現実の空間的な移動をともなうことから大幅な時間短縮は期

図4-2-2　情報化による相乗効果と代替効果

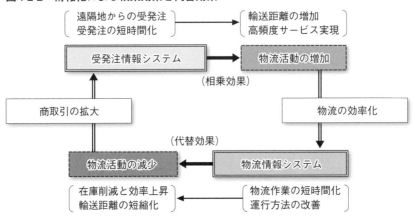

出所：苦瀬編著『ロジスティクス概論』pp.75-79，白桃書房，2017。

待できない。

　このように，リードタイムにおける情報化の効果は，受発注時間（①）が最大で，順に生産・在庫作業時間（②），輸配送時間（③）となる。

(2) 情報システムの相乗効果と代替効果

　もう1つの情報化の効果として，①相乗効果と②代替効果がある（**図4-2-2**）。

　相乗効果（①）とは，商流（商取引流通）の拡大原理（より多くより遠くより高く）にもとづき，「受発注情報システムの進歩によって商取引活動が増え，結果として物流活動（在庫や輸配送）が増加すること」である。たとえば，受発注情報システムの進歩により，手書きの伝票からインターネットを利用したワンクリックでの発注に変化することにより，大幅な時間短縮（高速化）が可能となった。また，遠隔地の特産品の情報を手軽に手に入れることができ，容易に発注できるようになれば，輸送距離も増える。この結果，受発注情報システムの進歩が物流活動を増加させるため，相乗効果となる。

　代替効果（②）とは，物流（物的流通）の縮小原理（より少なくより近くより安く）にもとづき，「物流情報システムの進歩によって，物流活動（在庫，輸配送，仕分け作業など）が円滑に行われること」である。たとえば，物流情報システムの進歩により，デパートの贈答品を生産地や問屋から直接届け先に配送できることで，在庫を軽減しかつ無駄を省くことができる。

（3）情報化による物流量増加の可能性

　受発注情報システムと物流情報システムの両方の効果を考えると，物流の増加分（相乗効果）が，物流情報システムによる物流の減少分（代替効果）を上回り，結果として物流活動が増加していく可能性が高い。

　なぜならば，リードタイムの短縮効果でも説明したように，情報化やデジタル化が進展するほど，受発注情報システムによる大量処理化や短時間化が販売促進に活かされることになり，物流活動も増えることになる。この増加に対して，物流情報システム（生産・在庫作業システム，輸配送システム）が追いつけない可能性が高い。

　つまり，ロジスティクス全体（商流と物流）で考えると，商流情報システムの相乗効果による物流量の増加を考慮しながら，物流情報システムの導入を考えなければならない。

4.2.3　情報共有と３つの情報（経営，管理，作業情報）

（1）情報のシームレス化と情報共有

　ロジスティクスにおけるさまざまな業務や作業をスムーズに行い，無駄のない在庫管理と円滑な輸配送を実現することを，「シームレス・ロジスティクス」（継ぎ目のないロジスティクス）と言うことがある。そして，シームレス・ロジスティクスの実現のためには，関係者の間でロジスティクスに関する多様な情報を共有すべきとの主張がある。

　このとき，目標としてのシームレス（継ぎ目がないこと）は良しとしても，果たして情報のすべてを関係者間で共有してよいか否かは，大きな問題となる。いくら情報共有とはいえ，企業として秘匿しておきたい情報もあるはずだから，共有にも限界があるはずである。

（2）３つの情報（経営，管理，作業情報）の違い

　情報システムにおける情報は，①経営情報，②管理情報，③作業情報の３つに分けて考えることができる。

　経営情報（①）とは，「顧客情報や利益率など，秘匿すべき情報」である。一般に，取引相手に公開することはない。

　管理情報（②）とは，「生産管理，在庫管理，輸配送管理などの情報」である。たとえば欠品率や誤配率などの管理情報があるが，これらの情報には他社と共有できる部分とできない部分がある。

図4-2-3　作業情報のシームレス化

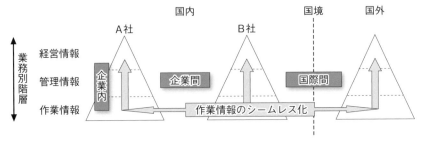

出所：著者作成。

　作業情報（③）とは，「輸送中や保管中の商品にかかわる情報（いつ出荷し，いつ到着するか）や，商品の情報（割れ物か，冷凍物か，温度管理は十分かなど）」である。そして，これらの情報を作業に携わる人が共有することで，ミスや無駄を防ぐことができる。

　このように考えると，情報共有とはいっても，作業情報は共有が必須であるが，逆に経営情報については共有の対象とはならないことになる。

(3) 共有すべき作業情報の内容

　シームレス化のために共有化すべきロジスティクスの作業情報は，①商品製品系，②ラベル系，③情報伝達系，④輸送機関系の4つに分けることができる。そして，これらを相手先に伝えておかなければ，何が何時どんな状態で届くかさえ，わからなくなってしまう（図4-2-3）。

　商品製品系（①）とは，「商品や物資を識別する情報システムであり，商品識別技術（バーコード，2次元シンボル，RFIDなど）や商品コード」である。

　ラベル系（②）とは，「製品別に貼付するラベルや，輸送単位ごとに付与するラベル」である。いわゆる出荷伝票などもこれに入る。

　情報伝達系（3）とは，「輸送・在庫情報や，事前出荷情報」である。出荷情報が事前に入手できれば，商品の到着前に流通加工や保管の準備ができる。また，輸送や在庫の情報がわかっていれば，販売計画も立てやすい。

　輸送機関系（④）とは，「船舶やトラックなどにかかわる交通情報」である。船舶自動識別システム（AIS：Automatic Identification System）や道路情報システム（ITS：Intelligent Transport System）によって，輸送中の商品の位置や事故の情報も入手でき，スムーズな物流を実現できる。

図4-2-4　サプライチェーンにおける情報のシームレス化（ヨコのシームレス化）

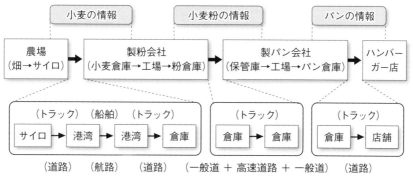

出所：著者作成。

4.2.4　輸送における情報のシームレス化

(1) 輸送の発着地間での情報のシームレス化（ヨコのシームレス化）

　サプライチェーンでは，調達先の原材料の所在から販売先の在庫までわかれば，安定的に供給できる可能性が高い。

　たとえば，小麦を調達してパンを製造しハンバーガー店に届けるとき，調達している小麦粉もパンも，どこから何時輸送されて何時到着するかがわかれば，在庫管理も円滑に行うことができる。これは，地下鉄で「前々駅・前駅・当駅」という表示板で電車の位置がわかれば，安心して待てることと同じである（図4-2-4）。

　このとき，貨物管理として，商品や物資に着目し数量・品質・位置を追跡することでシームレス化が実現する。この場合，海外の農場から製粉会社の倉庫までや，製粉会社の倉庫から製パン工場の保管庫までや，製パン会社の倉庫からハンバーガー店までのように，商品や物資別に追跡できれば，円滑な輸送が可能となる。

(2) 輸送中の情報のシームレス化（タテのシームレス化）

　次に，貨物車の輸送中に限定して，考えてみることにする。

　輸送中に限定したときの情報には，5つの階層（①受発注情報，②貨物情報，③輸配送情報，④車両情報，⑤道路交通情報）がある（図4-2-5）。

　受発注情報（①）とは，「商取引の情報であり，EDI（電子データ交換：Electronic Data Interchange）のシステムでやり取りされている。商品の発

図 4-2-5 　輸送中における情報のシームレス化 (タテのシームレス化)

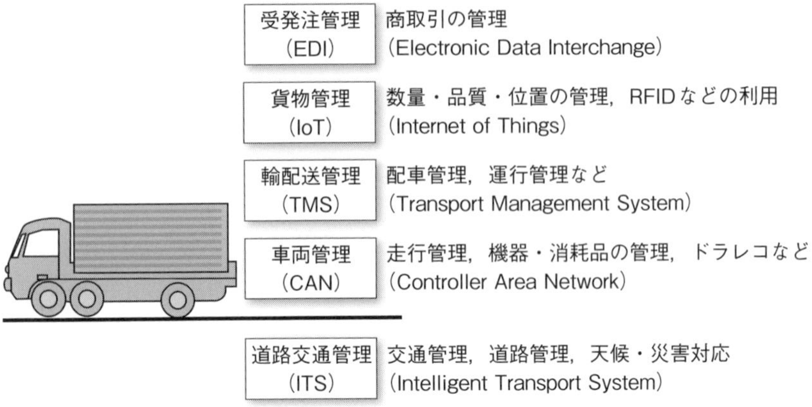

受発注管理 (EDI)	商取引の管理 (Electronic Data Interchange)
貨物管理 (IoT)	数量・品質・位置の管理, RFID などの利用 (Internet of Things)
輸配送管理 (TMS)	配車管理, 運行管理など (Transport Management System)
車両管理 (CAN)	走行管理, 機器・消耗品の管理, ドラレコなど (Controller Area Network)
道路交通管理 (ITS)	交通管理, 道路管理, 天候・災害対応 (Intelligent Transport System)

出所：著者作成。

注量, 納品日と納品時刻, 納品場所などの情報」である。

　貨物情報（②）とは,「輸送中の貨物の情報（IOT：Internet of Things）であり, 主に貨物の数量・品質・位置など」である。このうち, 品質や位置については, RFIDなどで, 温度や湿度をモニタリングすることができる。

　輸配送情報 (3) とは,「TMS (Transportation Management System) による貨物の輸配送車両にかかわる情報であり, 配車 (トラックの種別, 運転手の配置など) と, 運行 (積みおろしの指示, 運行ルートなど) の情報」である。これにより, GPSによってトレーシング (追跡) することができる。

　車両情報（④）とは,「貨物車の走行状態や機器の作動状況の情報」である。CAN (Controller Area Network) によってデータを収集している。

　道路交通情報（⑤）とは, ITS (Intelligent Transport System) のように, 道路交通状況を把握するものであり, 交通情報 (混雑や渋滞, 事故情報など) と, 道路情報 (路面情報, 天候情報など) がある。交通の安全安心のために不可欠な情報」である。

　物流 (物的流通) からすれば, 輸送中の情報で重要なものは, 数量・品質・位置にかかわる貨物管理の情報である。この貨物管理の情報は, 受発注によって発生しており, 発注者・住所・配送時刻などの受発注情報も関連している。そして, 貨物車に着目した輸配送管理 (配車管理, 運行管理) にも必要である。さらには, 貨物車の稼働状況 (車両管理) と, 通行する道路交通管理にも影響を受ける。

4.3 「効率化」の軌轢と克服—立場で異なる効率化—

4.3.1 「効率化の再考」の目的

(1)「効率化」の実態

ロジスティクスの改善方法再考の2番目は，「効率化」である。[4][5][6]

ロジスティクスは，「必要な商品や物資を，適切な時間に・場所に・価格で・品質と量（Right Time, Right Place, Right Price, Right Quality, Right Quantity）を，少ない費用で無駄なく供給すること」を目標としているから，もともと効率化を目指している。

たとえば，「時間」については，「適切な時間」に商品や物資が届くことで効率が上がることから，JIT（Just In Time：ジャストインタイム）が普及している。また，在庫「量」については，効率的に倉庫を運用するために適切な在庫量の維持を目指して「最適な発注量」を求めている。さらには，輸配送時に満載できれば積載率が上がり貨物車の使用「台数」を減らすことができ，複数の配送先を最短ルートで配送できれば「走行距離」や「走行時間」を短縮できる。

(2)「効率化の再考」の意義

効率化の目的が，「時間や数量の無駄を省くこと」にあることに異論はないだろうが，その一方で，1つの視点で効率化を進めようとすると，他の視点では無駄が生じてしまうこともある。

たとえば，発注者にとって便利な時刻指定であっても，納入業者にとっては時間調整が必要なこともあれば，貨物車の積載率が下がることもある。また，発注者にとって適切な発注量が，受注者にとってはパレット単位や箱単位とならずに，出荷や輸送時に荷扱いが面倒な場合もある。さらには，効率化の結果，ある評価指標では効果が見られたとしても，他の指標では悪影響が起こり，指標間で矛盾が生じて悪い結果をもたらすこともある。

以上のことから，本節（4.3）では，「JIT（Just In Time）の利点と欠点」，「積載率の特徴と変動要因」，「KPI（Key Performance Indicator：重要業績評価指標）における指標間の整合性」の3つについて，考えてみることにする（表4-3-1）。

表4-3-1　「効率化」の軋轢と克服─立場で異なる効率化─

JIT（Just In Time）の利点と欠点（4.3.2）

  （1）JIT（Just In Time）の2つの評価
  （2）発注者と受注者により異なる効率化
  （3）JITと積載率のトレードオフ
  （4）JITと待機時間の関係
  （5）チャネルキャプテンとチャネルメンバーの立場の違い

積載率の特徴と変動要因（4.3.3）

  （1）積載率の低下現象と原因解明の必要性
  （2）重量積載率と容積積載率
  （3）車両の大きさと積載率
  （4）配送ルートと積載率のトレードオフ
  （5）顧客サービスと積載率のトレードオフ
  （6）積載率向上のための自営転換と手荷役問題

KPI（重要業績評価指標）における指標間の整合性（4.3.4）

  （1）KPI（重要業績評価指標）の選定手順の考え方
  （2）KPI（重要業績評価指標）の指標間のトレードオフ

出所：著者作成。

4.3.2　JIT（Just In Time）の利点と欠点

(1) JIT（Just In Time）の2つの評価

　JIT（Just In Time：ジャストインタイム）とは，生産現場では「必要な部品を必要な量と品質のもとで，売れる製品を売れるだけ生産すること」である。流通現場では「販売先のニーズに合わせて，必要な商品を必要な量と品質のもとで，適切な場所と時刻に供給すること」である。

　このJITについて，大別して2つ（①荷主，②物流事業者）の考え方がある。

　荷主に多い考え方（①）として，JITシステムが，生産効率や在庫管理さらには積載効率まで含めて適切な時刻を指定することから，無駄な在庫を減らし，費用削減も可能となり，ロジスティクスの効率が向上するとの考え方である。なぜならば，JITがロジスティクスの効率化を目指す方法の1つである以上，さまざまな視点で検討しながらJITを導入しており，それゆえ無駄や無理は排除しているとの主張である。

　物流事業者に多い考え方（②）として，JITシステムが配送先の荷主の都合を優先するあまり，配送先の効率は上昇するが，納品業者や輸送業者の効率

は下がるとの考え方である。特に，商取引においては，購入者（発注者）が販売者（受注者，納入業者）に対する強い立場を背景に，販売者の都合も考えずに納入場所や配送頻度を指定することがある。これにより，納品業者や物流専業者（輸送業者，保管業者など）が無駄を強いられているという主張である。

　このように，見方や立場によって評価が変わるのであれば，JITシステムが社会全体にとって好結果につながるか否かは，疑問なこともある。

(2) 発注者と受注者により異なる効率化

　効率化を進めるとき，複数の関与者にとって相反する影響が存在するときには，トレードオフの関係（一方の効率化がもう一方の非効率をもたらすこと）が生じる。

　たとえば，発注者は，「できるだけ遅くギリギリまで待って発注し，できるだけ時間通りに届けてほしい」が，受注者は「できるだけ早めに受注して，できるだけ出荷時刻や配送時間の余裕が欲しい」ということになる。このように，発注者と受注者の期待が異なることはしばしば起きている。このとき，発注者が自らの都合を優先してJITを採用することも多いが，このことが発注者の経済的利益を生んだとしても，社会的に正しいか否かは，まったく別の問題である（図4-3-1）。

(3) JITと積載率のトレードオフ

　配送先の顧客がJITシステムを採用しているときであっても，出発時間を自由に選択でき，しかも時刻前の到着でも受け付けてくれるのであれば，配送先の都合に合わせることができる。しかし，出発時間に余裕がなければ，JITとして納品時刻に間に合わせるために，積載率を犠牲にすることも多い。

　この典型的な例の1つに，新聞配送がある。新聞は，記事を最新のものにするためにギリギリまで修正し版を更新する。この一方で，駅構内の店舗や販売店までの到着時刻は決められている。つまり出発時刻は遅れがちだが，到着時刻は厳しい制約があるため，少数の貨物車で時間をかけて多くの配送先に巡回して配送することは難しい。このような場合には，積載率が低くなろうとも，JITを優先して到着時刻を守るために，多くの貨物車を使用することになる。

図4-3-1　配送における発注者と受注者の期待の違い

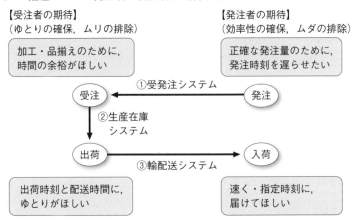

出所：苦瀬博仁「JITの光と影」教授の呟き第23回，流通設計21，第35巻第11号，輸送経済新聞社，2004。

(4) JITと待機時間の関係

　JITシステムということで，発注者（納品先）が到着時刻を厳密に指定することがある。たとえば，コンビニへの配送は，複数のトラックが1つの店舗に集中しないように，そして複数の店舗に効率よく配送できるように，厳しい時間指定が課せられていることが多い。また，都心でのビル工事などの建設現場に向かうコンクリート・ミキサー車などは，予想外の事故や渋滞で遅れてはいけないので，早めに到着して建設現場に車両が待機できる場所がないときは，指定された時刻までの間，アイドリングをしながら現場近くの路上で待機することになる。

　これを，到着時刻の分布から考えてみよう。

　いま，配送先から到着時刻9時と指定されたとき，輸送の平均所要時間が2時間であれば，7時に出発すると2回に1回は遅刻してしまう。このため，安全を見越して30分程度早めに出発すれば，30分遅延したときでも間に合うことになるが，平均所要時間の2時間で到着したときには平均30分待機することになり，1.5時間と早めに到着すれば1時間待機することになる（**図4-3-2**）。

　JITシステムが，生産や流通の効率化を進める手段の1つであることは，間違いない。しかし一方でJITを要求される納品業者や輸送業者にとっては，「サービスレベルを上げれば（時刻を守ろうとすれば），効率が下がる（先回りして出発して待機する）」という皮肉な現実に直面することも多い。

図4-3-2　時刻指定と待機時間の関係

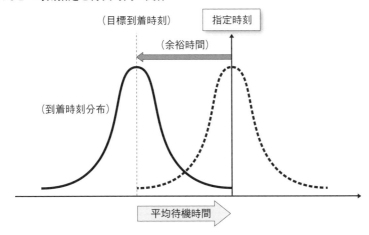

出所：著者作成。

　つまり「配送先の効率性を追求する厳格な時刻指定が，配送車両にとっては不測の事態に備えた時間の余裕を必要とし，この余裕が通常時には無駄となる」ということである。この間に，待機車両がアイドリングしながら停車していることで，渋滞を起こしたり排ガスや騒音をまき散らすことになる。

(5)　チャネルキャプテンとチャネルメンバーの立場の違い

　チャネルキャプテンとは，「生産者→卸売業者→小売業者」などの流通チャネルにおいて，商取引関係で優位に立ち，指導的な役割を果たす業者のことである。寡占化した業界でのメーカーやスーパーなどが，相当する。チャネルキャプテンは，商品価格の決定，販売戦略，商品開発，ロジスティクスなどのさまざまな面でイニシアチブをとることが多い。

　チャネルキャプテンは，JITにより自らにとっての効率化を進めたいと考えることが多い。現在では，省エネ法や下請法も施行されて，荷主の責任も問われるようになったが，従来は輸送業者や納入業者の効率化を考慮しないチャネルキャプテンも多く存在していた。

　このようなJITの光と影の現れ方は，業種や業態によって異なるに違いない。それゆえJITのあるべき姿について，多角的で冷静な分析と議論が必要である。

4.3.3 積載率の特徴と変動要因

(1) 積載率の低下現象と原因解明の必要性

　政府が閣議決定をする総合物流施策大綱をはじめとして，貨物車の効率的な利用のために，積載率向上がうたわれてきた。たとえば，21世紀初頭に積載率50％以上を目標にしていたが，実際には平成11年までに44.8％へと低下した。そして令和2年のデータによれば，41.0％である。

　積載率は，一般に，自家用・小型・短距離のときに低くなる傾向がある。このため，「自家用小型貨物車による短距離配送を，どこまで営業用に転換できるか（自営転換）」が検討されている。しかし，緊急配送や短距離配送までを外部委託することが難しいとすれば，この対策にも限界があるだろう。

　そもそも，積載率の低下が止まらない実態には，それなりの原因や理由があるはずである。ということは，これらを明らかにできなければ，積載率の上昇は望めないことになる（表4-3-1）。

(2) 重量積載率と容積積載率

　積載率を算出する際には，重量積載率（最大積載可能重量に対する積載重量の比率）と，容積積載率（最大積載可能容積に対する積載容積の比率）を区別しておく必要がある。

　重量積載率と容積積載率の区別とは，品目によって積載率の算出方法の使い分けが必要ということである。たとえば，綿を4トントラックに容積一杯（容積積載率100％）で積み込んでも，重量積載率はわずかである。しかし，鉄4トンを4トントラックに積めば重量積載率は100％になるが，容積積載率はわずかである。

　電器会社によると，ビデオデッキをいくら上手に積んでも，パレットを使用すれば，感覚的には80％程度が積載率の限界とのことである。ちなみに，トラックの荷台を直方体として，パレット積みのために縦・横・高さの3方向で10％ずつの余裕を設けて貨物を積み込んだとすると，容積に占める割合は0.9の3乗となり，出発時の容積積載率は72.9％となる。仮にピストン輸送で復荷（帰り荷）がなければ，往復で36.5％になってしまう。

　このように積載率の計算や解釈は難しいので，品目や配送形式別に「実効積載率」を考える必要もありそうだが，現在のところは重量や容積などで示すしかない。

表4-3-2　車両の変更と積載率向上

	月	火	水	木	金	土	平均積載率
貨物量	4トン	2トン	2トン	2トン	4トン	2トン	
4トン車	100%	50％	50％	50％	100％	50％	66%
4トン車	100%				100%		100%
2トン車		100%	100%	100%		100%	

出所：著者作成。

(3) 車両の大きさと積載率

　積載率は，曜日によって貨物量（重量）が異なるときにも変化してしまう。たとえば，月曜日から金曜日まで，毎日配送するとき，月曜日と金曜日に貨物が多く（例，4トン），他の曜日は貨物が少ない（例，2トン）ことはよくある。そして4トントラックを利用するとすれば，月曜日と金曜日は積載率100%であるが，他の曜日は積載率50%になってしまう（**表4-3-2**）。

　では積載率を100%にするために，2トン車をもう1台購入して4トン車と2トン車の2台を使い分けることは可能だろうか。実際には，最も貨物の多い月曜日と金曜日に合わせて4トン車を1台用意し，この車を他の曜日にも使うことが現実的である。

　ちなみに乗用車も同じであり，普段は5人乗りの乗用車を運転者1人で使用していれば乗車率（積載率）は20%である。しかし，乗車人数に合わせて複数の乗用車を用意することは難しい。

(4) 配送ルートと積載率のトレードオフ

　多数の貨物を配送する場合，配送ルートと積載率の間にトレードオフが存在する。このトレードオフには，①配送時間や時刻指定と積載率，②積載貨物の荷姿と積載率，③配送順序と積載率の3つがある。

　配送時間や時刻指定と積載率のトレードオフ（①）とは，配送時間や時刻指定を優先すれば，積載率が下がることである。たとえば，複数の店舗に配送する場合，配送先までの距離や走行時間を考えたとき，配送先が限られることがある。また，配送先の到着時刻指定や運転手の就業時間の制限などから，多くの配送先を回れないこともある。これにより，積載率が下がることもある。

　積載貨物の荷姿と積載率のトレードオフ（②）とは，多様な形状や重さの

図4-3-3　貨物の積み付けと積載率

出所：苦瀬博仁「積載効率向上に「合わせ技」対策を」教授の呟き第5回，流通設計21，第34巻第5号，輸送経済新聞社，2003。

図4-3-4　配送ルートと平均積載率

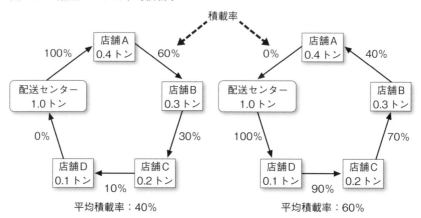

出所：苦瀬博仁・高橋洋二・高田邦道編『都市の物流マネジメント』p218，勁草書房，2006。

貨物を扱うとき，積載率にも限界があることである。たとえば，宅配便では，ゴルフバッグの上に商品を積むことはできないし，冷蔵庫に一般貨物を入れるわけにもいかない。また，目一杯に積んで積載率を上げたとしても，貨物の取り出しに手間取ってしまえば荷役に時間がかかってしまうこともある。この結果，指定された時刻を守れなければ本末転倒になってしまう（図4-3-3）。

配送順序と積載率のトレードオフ（③）とは，配送順序で積載率の数値が変わってしまうことである。たとえば，4か所の配送先に，0.4トン，0.3トン，0.2トン，0.1トンを，1トン車で配送する場合を考えてみる。出発時点では，重量積載率100％であるが，最初に0.4トンの配送先から順番に配送すると，平均積載率は40％になってしまう。これを逆方向に，0.1トンの配送先から配送すると，貨物を乗せて走る区間が長くなるために，平均積載率は60％となる（図4-3-4）。

　しかし，貨物を積んで走れば燃料消費量も多いことだろう。ましてピストン輸送で帰り荷がなければ，往復の平均積載率は半分になってしまう。

(5) 顧客サービスと積載率のトレードオフ

　顧客サービスと積載率の間にもトレードオフが存在する。このとき，輸送事業者にとっての積載率優先と，荷主に対する顧客サービスの優先を，区別しておくべきである。

　輸送事業者にとっての積載率優先とは，顧客サービスを犠牲にしても，積載率を優先することである。ここでは，ある発展途上国の貨物鉄道会社での体験を紹介したい。この会社は，定時運行ではなく貨車が貨物で満載になった時点で運行する方式を採っていた。このため顧客は，貨物の到着日や到着時刻を正確に知ることはない。そこで「顧客サービスのためには，定時運行すべきではないか」と話したところ，「鉄道会社にとっては，積載率100％が最も効率的である。なぜ，非効率な定時運行を勧めるのか」と，言い返されてしまった。

　荷主に対する顧客サービスの優先とは，上記の逆のパターンであり，荷主の工程や作業に遅れが生じないように，貨物列車を時刻表通りに運行することである。この場合，荷主の都合（顧客サービス）を優先することになるが，積載率は低くなる可能性がある。さらに，荷主の要請による緊急配送であれば，さらに積載率は低くなる。

　また実態としては，輸送業者が積載率を上げたいと考えても，「荷主の了解なしに，他の荷主の貨物は載せられない」という意見もある。このように，顧客サービスを優先する限り，積載率を高くすることは難しいこともある。

(6) 積載率向上のための自営転換と手荷役問題

　積載率向上のための工夫は，他の面からみると不合理な場合もある。

自営転換（自家用貨物車を営業用貨物車の利用に転換すること）は，自家用貨物車よりも営業用貨物車の積載率が高いという理由から，進めていくべきという考え方である。もちろんデータ上では，営業用貨物車の方が，稼働率も高く積載率も高い。しかし現実問題として，緊急配送や短距離配送までを外部委託することが難しいとすれば，この対策にも限界があるだろう。まして近年の運転手不足により，従来のように輸送会社に全面的に外注するよりも，自社の運転手を抱えておきたいとする企業さえある。

　また，積載率を向上させるために，パレットを使用しないという例もあるが，積載率と荷役の間でトレードオフが生じてしまう。たとえば，段ボール詰めの農産物を輸送するとき，箱単位で運賃が精算されるのであれば，積載する箱数を増やすために，あえてパレットを使用せずに手積みすることがある。この場合は，積載率の向上と引き換えに，荷役時間は大幅に長くなる。

4.3.4　KPI（重要業績評価指標）における指標間の整合性

(1) KPI（重要業績評価指標）の選定手順の考え方

　KPI（Key Performance Indicator：重要業績評価指標）とは，「数多くあるロジスティクスの評価指標のなかから，特に重要なものとして選定された指標」である。このため，KPIの選定にあたっては，企業経営の4つの目標に合わせて，重要な評価指標を設定することになる（**表4-3-3，表4-3-4**）。

　たとえば，①売上の増加（機会損失の削減，顧客サービスの向上）に関連する指標には，納品率，欠品率などがある。②費用の削減（原価の低減，物流コストの低減など）に関連する指標には，発注エラー率，誤出荷率，誤入荷率，誤配率などがある。③資産の活用（設備の活用，在庫の削減，資金など）に関連する指標には，在庫日数，在庫回転率などがある。④事業の成長性（製品サービスの強化，CSRの向上）に関連する指標には，返品率，緊急出荷率，定時到着率などがある。

(2) KPI（重要業績評価指標）の指標間のトレードオフ

　数多くの指標から，KPIを選定するときの注意点としては，①評価指標間のトレードオフ，②評価指標間の相関関係，③評価指標間の階層性の3つがある。

　評価指標間のトレードオフ（①）とは，「ある評価指標の達成水準を高めるために業務を改善すると，他の評価指標の達成水準が低下すること」である。

表4-3-3　企業経営の4つの目標と内容

目標	項目	内容
①売上の増加	機会損失の削減	納品率の向上，欠品率の低下
	顧客サービスの向上	リードタイムの短縮，商品・物流の高付加価値化
②費用の削減	製造原価の低減	調達先とのSCM形成，調達VMIの構築
	物流コストの低減	輸送・保管・流通加工・包装・荷役コストの削減
	その他の費用の低減	資産の見直し，人件費の見直し
③資産の活用	設備の活用	遊休設備の稼働，設備の共同利用，共同配送
	在庫の削減	入庫・在庫・出庫管理，ABC分析
	売掛金・買掛金の管理	売掛金の回収サイクルの短縮，買掛金の見直し
	固定資産の流動化	土地・建物・設備の削減，自社倉庫のリース化
④事業の成長性	製品・サービスの強化	環境対応，物流品質の向上，安心安全の担保
	CSRの向上	環境負荷の削減，法令遵守，災害時の協力

出所：苦瀬博仁編『サプライチェーン・マネジメント概論』p.98，白桃書房，2017。

表4-3-4　企業経営の4つの目標とKPI（重要業績評価指標）の例

目標	調達管理	生産管理	販売管理	入在出庫管理	輸配送管理
①売上の増加	納品率，入荷時刻遵守率	工程進捗率，生産時間遵守率	発注エラー率，受注締め時刻遵守率	欠品率	販売価格に対する輸送単価
②費用の削減	発注エラー率，発注締め時刻遵守率	投入量ミス率，投入品目ミス率，歩留まり率，直行率	誤出荷率，出荷時刻遵守率	誤入庫率，不良在庫比率，ピッキングミス率，人時当たりピッキング量，誤出庫率	誤配率（数量），誤配率（場所），指定時刻遅延率
③資産の活用		人時当たり加工量		在庫日数，在庫回転率，保管効率，棚卸差異率	
④事業の成長性	不良品率（入荷時）		返品率，緊急出荷率	廃棄ロス率	定時到着率，荷傷み発生率（輸送中），荷傷み発生率（積みおろし時）

出所：苦瀬博仁編『サプライチェーン・マネジメント概論』p.99，白桃書房，2017。

たとえば，在庫管理において1人1時間当たりのピッキング量を高めるために作業人員を減らすと，ピッキングミス率や誤出庫率が上昇することがある。このため，評価指標間のトレードオフを前提に，複数の評価指標を設定しておく必要がある。

評価指標間の相関関係（②）とは，「ある評価指標の達成水準を高めるために業務を改善すると，他の評価指標の達成水準も同時に上昇すること」である。たとえば，調達管理において納品率が上昇すると，在庫管理における欠品率が下がることが予想される。このため，関連する評価指標の相関関係を分析し，代表的な指標のみを取り上げる工夫が必要になる。

評価指標間の階層性（③）とは，「ある評価指標による結果を左右する原因として，他の評価指標が含まれること」である。たとえば，調達管理において入荷時刻遵守率だけを評価指標として採用すると，入荷が遅れる原因が納入業者にあると勘違いしがちである。しかし，自らの発注締め時刻遵守率が低く，時間外に無理な注文をすることで，入荷が遅れている可能性がある。このため，評価指標間に階層性があるときは，上位の階層の評価指標（入荷時刻遵守率）だけでなく，下位の階層の評価指標（発注時刻遵守率）も採用して，的確に評価する工夫が必要になる。

4.4 「標準化」の制約と適用 —目的と範囲で決まる標準化—

4.4.1 「標準化の再考」の目的

(1)「標準化」の実態

ロジスティクスの改善方法再考の3番目は，「標準化」である。[7]

脱系列化やグローバル化の時代を迎えて，各企業は多くの調達先や販売先とかかわるようになっている。これにより，情報システムを活用して円滑にデータのやり取りできなければ，作業は煩雑となる。また，商品や物資の輸送・保管時における容器や輸送器具の規格が異なれば，積みおろしなどの荷役作業に手間がかかってしまう。

このため，標準化を進めて，無駄な作業や非効率な手順を避けることが重要とされている。

たとえば，標準化されたEDI（Electronic Data Interchange：電子データ交換）の方式を導入することで，受発注のための伝票の作成と郵送などの作業がなくなるとともに，正確・迅速・低コストでの企業間取引が可能となる。

表4-4-1　「標準化」の制約と適用―目的と範囲で決まる標準化―

標準化戦略と差別化戦略（4.4.2）

　（1）「容器」の標準化戦略と差別化戦略
　（2）「輸送用具」の標準化戦略と差別化戦略
　（3）「取引先」に左右される標準化
　（4）標準化戦略と差別化戦略の利点欠点

- -

業界内の標準化と業界間の標準化（4.4.3）

　（1）業界内と業界間での標準化の違い
　（2）標準化のための4つの検討項目

出所：著者作成。

　また，JIS（日本工業規格）により示されている標準的な規格のパレットなどを利用することで，輸送や保管などの物流業務において，無駄な積み替えや載せ替えの作業を避けることができる。

(2)「標準化の再考」の意義

　標準化により作業や時間の無駄を省くことができれば，その効果は大きい。

　この一方で，さまざまな障害のために，標準化がなかなか進まない例も多い。たとえば，他業界の規格に合わせて標準化を進めるためには，すでに企業内や業界内で標準化されている規格を捨てる必要もあるが，このことによるメリットとデメリットを考えながら適切に判断することは難しい。

　具体的には，容器や輸送用具の標準化が販売戦略上有利か否か，業界内の標準化と業界間の標準化のどちらを優先するか，などである。

　以上のことから，本節（4.4）では，「標準化戦略と差別化戦略」の比較，「業界内の標準化と業界間の標準化」の2つについて，考えてみることにする（**表4-4-1**）。

4.4.2　標準化戦略と差別化戦略

(1)「容器」の標準化戦略と差別化戦略

　日本の飲料業界においては，瓶や缶などの容器の標準化が進んでいる。特に，缶コーヒーや缶ビールの大きさや容量は各社でほぼ共通であり，外寸が標準化されているからこそ，自動販売機でも複数の会社の飲料を扱うことができる。

　飲料業界とは異なって，業界内での標準化（容器の標準化）が難しい商品

に化粧品がある。化粧品業界では，容器そのものがブランドイメージを作っていることもあるから，他社製品との差別化のために容器の標準化は難しいようだ。「各社の化粧品を並べてみると，1ミリ単位で高さが違う」とは，ある化粧品会社の方の冗談のような嘆きである。

　銘柄を区別さえできれば同じ容器でも消費者に受け入れられるビールや缶コーヒーと，容器のデザインがマーケティング戦略となる化粧品では，事情が異なる。

　こうしてみると，標準化や規格化は，市場競争の妨げにならず，かつ自社の物流効率化につながるときに採用される。逆に，マーケティング戦略上で差別化が優先されるのであれば，たとえ同一会社でも標準化や規格化が難しいことになる。

(2)　「輸送用具」の標準化戦略と差別化戦略

　ロジスティクスで扱う商品や物資は多様であり，重さ，容積，形状などはさまざまであるが，コンテナやパレットや段ボール箱などの輸送用具に積むことにより，輸送や保管はしやすくなる。

　パレットは，貨物を積み上げて1つの単位にするものである。同じ規格のコンテナやパレットを用いることで，大きさや重量が異なる製品や商品であっても，用具や容器の大きさを統一できるために，荷役や輸送の効率を上げることができる。また輸送時や保管時の施設や機器の標準化も容易となる。

　コンテナには，国際海上コンテナや鉄道コンテナもあるが，コンビニに商品を運び込むときに使用する箱も折り畳みコンテナなどと呼ばれている。折り畳みコンテナの標準化の例には，コンビニの店舗配送がある。たとえば，コンビニには消費者が買い求める商品が約3,000品目あるとされている。ボールペンやノートなどの文房具，電池やコンセントなどの日用品から，おにぎりやサンドイッチなどの食料品まで，実に多様である。このように商品や製品によって，重さ，容積，形状などが異なるからこそ，荷役作業も標準化できるように，同じ大きさの折り畳みコンテナを利用することになる。

　段ボール箱の標準化の例には，ネット通販の段ボール箱がある。容積が小さい商品を購入しても，商品には不釣り合いなほど大きい段ボール箱で配送されてくることがある。これは包装箱の大きさをいくつかの規格に統一して，貨物車への積み込みや荷役作業などの負担を小さくしているからである。

図4-4-1　取引先別の標準化と納入業者の煩雑さ

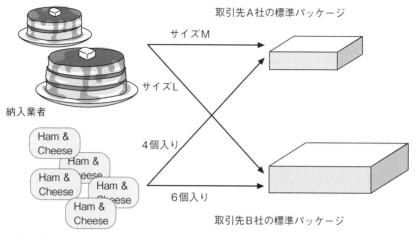

取引先A社の標準パッケージ

サイズM

サイズL

納入業者

4個入り

6個入り

取引先B社の標準パッケージ

出所：著者作成。

（3）「取引先」に左右される標準化

　納入業者として取引先に商品を納入するとき，販売戦略や商品開発などで主導権を握っている複数の取引先の標準化に合わせなければならないことがある。

　たとえば，取引先のA社とB社が，個別にパッケージの標準化を進めていれば，それぞれの取引先に合わせて，「商品の個数」や「商品サイズ」から，段ボール箱のサイズなども変えなければならないことがある（図4-4-1）。

　このような煩雑さを避けるためには，業界内での標準化が必要になる。

（4）標準化戦略と差別化戦略の利点欠点

　標準化の対象が容器であれ輸送用具（コンテナ，パレットなど）であれ，各企業や取引先の各社にメリットがなければ，もしくは現状にデメリットを感じなければ，いくら業界や産業界全体としてのメリットを強調しても標準化しにくいだろう。

　標準化戦略をとれば，情報交換や共同化は容易であるが，商品やサービスを均一化することもあり，また初期投資やノウハウの蓄積が必要なこともある。一方，差別化戦略をとれば，情報交換や共同化は煩雑であるが，商品やサービスは差別化でき，過去の資産やノウハウを継続できる（図4-4-2）。

　このように，標準化と差別化のそれぞれのメリットとデメリットを，自社

図4-4-2　標準化戦略・差別化戦略のメリットとデメリット

【標準化戦略】　　　vs　　　【差別化戦略】

メリット
↕
デメリット

情報交換の容易さ　　　　　　情報交換の煩雑さ
他社との共同化の容易さ　　　他社との共同化の煩雑さ
商品・サービスの均一化　　　商品・サービスの差別化
初期投資の可能性　　　　　　過去の資産の有効利用
ノウハウ蓄積の必要性　　　　過去のノウハウの継続性

デメリット
↕
メリット

出所：苦瀬博仁「標準化と差別化の狭間で悩むとき」教授の呟き第6回，流通設計21，第34巻第6号，輸送経済新聞社，2003。

の背景や事情を踏まえて分析することが重要である。

4.4.3　業界内の標準化と業界間の標準化

(1) 業界内と業界間での標準化の違い

　標準化戦略をとったとしても，業界内の標準化と業界間の標準化の，どちらを優先するかが課題となる。

　業界内での標準化の例として，先と同じように，飲料業界を考えてみる。

　飲料業界の缶ビールや缶コーヒーの大きさは，触れただけでは区別がつかないほど共通している。このため，缶コーヒーや缶ビールを収める段ボール箱も大きさは同じであり，飲料を自動販売機に補充していくトラックの棚も同じ高さになっている。さらには，飲料業界特有のパレット（900×1,100mm）になっている（図4-4-3）。

　業界間の標準化の例として，日本の標準パレットのT11型（1,100mm×1,100mm）がある。この標準化されたパレットは業界をまたがって使用されており，パレットをレンタルすれば輸送先で使用後にレンタル会社に返却することもできる。商品や物資の輸送は，原則片道輸送なので，輸送先で返却できるレンタルパレットは重宝である。

(2) 標準化のための4つの検討項目

　パレットの例に見られるように，理想としては業界内でも業界間でも標準化されていることが望ましいが，実態としては難しい場合も多い。

　この標準化の選択については，一般的には，①標準化の対象，②標準化の範囲，③標準化のメリットとデメリット，④標準化のコストの，4つの点を考えておく必要がある（表4-4-2）。

図4-4-3　業界内（タテ）の標準化と，業界間（ヨコ）の標準化

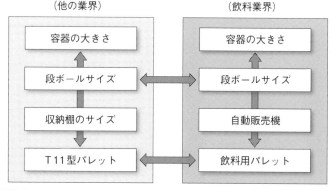

出所：著者作成。

表4-4-2　標準化のための4つの検討項目

①標準化の対象： 容器・包装箱・段ボール箱などの，何を標準化するか
②標準化の範囲： 自社・協力会社・取引先など，どこまで標準化の範囲を広げるか
③標準化のメリットとデメリット： 標準化したとき，利点欠点は何か，トレードオフは発生するか
④標準化のコスト： 標準化を実践するための，必要なコストはどのくらいか

出所：著者作成。

　標準化の対象（①）とは，容器・包装箱・段ボール箱などの何を標準化するかという課題である。たとえば，商品の包装に関して，商品（ピース），包装箱（6個入りや12個入り），複数のケースを入れる段ボール箱（ケース）など，どこの部分を標準化するか検討する必要がある。このとき，業界内で事実上の標準化（デファクト・スタンダード）があるのであれば，この基準に合わせた方が，安価で融通が利く場合も多い。

　標準化の範囲（②）とは，自社だけでなく，協力企業や取引先にまで標準化の範囲を広げるか否かである。たとえば，商品や製品を運ぶ通い箱（コンテナ）の標準化や，製品の大きさや重量に合わせた荷役方法や作業方法の標準化は，自社にはメリットが大きくても，関連企業にはメリットよりデメリ

ットが大きい場合もある。さらには，海外との取引が多い場合であれば，海外のパレットにも対応できる規格にするべきかもしれない。

標準化のメリットとデメリット（③）とは，標準化したときの他の要素への影響に関するものである。たとえば，段ボール箱をいくつかの大きさに標準化してしまえば，メリットとして，荷役作業の機械化は容易になり，作業時間も早くなる。一方のデメリットとして，小さな商品でも規格化された大きな包装箱を使用すれば，無駄なスペースが多くなってしまい，資源の無駄使いということにもなる。このため，標準化を優先するか，省資源化を優先するかはトレードオフの関係にあり，各企業が何を優先するかで判断が分かれることになる。

標準化のコスト（④）とは，標準化を実践するためにかかるコストである。たとえば，新たな規格の段ボール箱を使用するとき，包装作業の効率化によるコスト削減が可能だとしても，従来の設備を廃棄して新しい設備を入れるとなれば，投資の時期や費用の回収について検討する必要がある。

4.5 「共同化」の矛盾と期待 —デメリットも考えたい共同化—

4.5.1 「共同化の再考」の目的

(1)「共同化」の実態

ロジスティクスの改善方法再考の4番目は，「共同化」である。[8) 9) 10) 11)]

共同物流という用語は，JIS Z 0111で定義されており，「複数の企業が，物流業務の効率化，顧客サービスの向上，交通混雑の緩和，環境負荷の軽減などのために，物流機能を共同化すること」となっている（**表4-5-1**）。

物流機能（輸送，保管，荷役，流通加工，包装，情報）を対象とする物流共同化のうち，共同輸送は，長距離輸送において復路の貨物が少ない企業どうしが提携して，同じトラックで往復の貨物を確保して効率を高める方法である。共同配送は，複数の発荷主の商品や物資を，共同配送センターで積み合わせて，より少ない台数の貨物車で配送する方法である。共同保管は，複数の会社が同じ倉庫などを利用して，共同で入出庫作業を行うことや，在庫管理を一括して行うものである。

調達・生産・販売についても，物流共同化を考えることができる。たとえば，共同調達は，同じ原材料や半製品を調達する複数の企業が購入量をまとめることで，調達コストの削減を図るものである。共同生産は，生産規模

表4-5-1　物流共同化の種類と分類

```
物流機能による分類:
    共同輸送    :共同輸送,共同配送(納品代行を含む),共同集荷など
    共同保管    :共同調達,共同保管など
    荷役機能    :共同入出庫,共同仕分けなど
    流通加工機能:仕分けや検品方法の作業手順の規格化,設備の共同利用など
    包装機能    :包装箱(段ボール箱などの外装)の規格化,個装の規格化など
    情報機能    :伝票の統一,外装の表示形式の統一,コードや形式の統一など

調達・生産・販売による分類:
    共同調達    :仕入れ先との共同での交渉と調達,購入時期の調整など
    共同生産    :OEM(相手先ブランドでの生産),委託生産など
    共同販売    :販売先の委託(農協など),店舗内での共同販売など

物流活動による分類:
    データ処理  :伝票やインターネット通信での,情報の表現方法
    外装の規格  :商品包装における外装や包装箱の,規格や表示内容
    輸送用具    :使用するパレットやコンテナなどの規格
    施設と車両  :物流施設や輸配送車両などの共同利用
```

出所:著者作成。

を大きくして生産コストの削減を図るもので, OEM (Original Equipment Manufacturer) などがある。さらに, 共同販売では, 農協のように多くの農家から生産物を集めて一括して販売している例がある。

　物流活動の共同化では, データ処理のための情報の表現方法の統一や, 商品の外装において, 段ボール箱や包装箱の共同利用がある。また, 輸送用具のコンテナやパレットの共同利用と, 物流施設や車両の共同利用もある。

(2)「共同化の再考」の意義

　共同化を再考する意義について, ここからは代表的な共同化である共同配送を例に考えてみることにする。

　物流の共同化の効果としては, 先に示したJISの定義にあるように, 事業の無駄を省くということでは, ①積載率の向上, ②必要な貨物車台数の削減, ③配送先での貨物車の到着台数の削減などの効果がある。また, 顧客サービスの向上の効果としては, ④一括納品などがある。さらに, 交通混雑の解消や環境負荷削減の効果として, ⑤貨物車の総走行距離の削減(CO_2排出量の削減)などが期待されている。

　しかし, 現実の共同配送において, 5つの効果を同時にすべて得られる事

表4-5-2 「共同化」の矛盾と期待―デメリットも考えたい共同化―

> 中抜き論（直送）と中継論（共同配送）の違い（4.5.2）
>
> 　(1) 流通論（流通経路）と物流論（物流経路）の違い
> 　(2) 流通論（流通経路）における中抜き論と中継論
> 　(3) 物流論（物流経路）における中抜き論と中継論
>
> -
>
> 積載率・貨物車台数・到着台数・総走行距離などと共同配送（4.5.3）
>
> 　(1) 積載率と共同配送（低いと共同配送，高いと直送）
> 　(2) 貨物車台数と共同配送（台数削減で共同配送，減らないなら直送）
> 　(3) 到着台数と共同配送（削減のため共同配送，しかし総走行距離増加も）
> 　(4) 総走行距離と共同配送（発地・共同配送センター・着地の位置で変化）
> 　(5) その他の指標（積み替え作業，運転時間，輸送用具，費用対効果）
>
> -
>
> 配送ルートの束ね状態と共同配送（4.5.4）
>
> 　(1) 配送ルートが束ねられている状態の共同配送
> 　(2) 配送ルートが束ねられていない状態の共同配送
>
> -
>
> 貨物特性・輸送条件・関係者と共同配送（4.5.5）
>
> 　(1) 貨物特性（3T：温度，時間，物性）による成立条件
> 　(2) 輸送条件（出荷日時，輸送量，納品日時，商品価格）
> 　(3) 関係者（ステークホルダー）の利害得失
> 　(4) 複数の指標による評価

出所：著者作成。

　例は極めて少ない。だからこそ，主たる目的を見極めてメリットとデメリットを冷静に分析する必要がある。また，荷主と物流事業者のように立場が変われば，効果も異なるはずである。だからこそ，個々の立場とともに，社会全体としてのあるべき姿も考える必要がある。

　以上のことから，本節（4.5）では，「中抜き論（直送）と中継論（共同配送）の違い」，「積載率・貨物車台数・到着台数・総走行距離などと共同配送」，「配送ルートの束ね状態と共同配送」，「貨物特性・輸送条件・関係者と共同配送」の4つについて，考えてみることにする（表4-5-2）。

4.5.2　中抜き論（直送）と中継論（共同配送）の違い

(1) 流通論（流通経路）と物流論（物流経路）の違い

　中抜き論（直送）と中継論（共同配送）は，商品の受発注（流通論，流通経路）と，商品の配送（物流論，物流経路）の両方で議論されている。

　たとえば，商品の受発注では，コスト削減のために，中間の卸売業者を排除する中抜き論が有力という考え方は根強い。一方で，商品の配送では，共

図4-5-1　中抜き論（直送）と中継論（共同配送）の比較

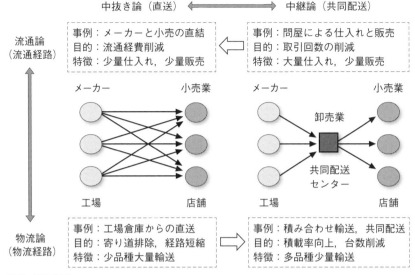

出所：著者作成。

同配送を行う中継論が有力ということもある。

　このように，中抜き論と中継論は，流通論（流通経路）と物流論（物流経路）で異なる。特に，留意すべきことは，空間的な距離である。流通論ではインターネットなどで受発注ができることから距離を意識しないが，物流論では実際にトラックで走行することになるため，距離の影響が極めて大きい（図4-5-1）。

(2) 流通論（流通経路）における中抜き論と中継論

　流通論（流通経路）においては，日本の流通構造は複雑だとして，流通経路の簡素化が必要としばしば言われてきた。もちろん，問屋などの卸売業を経由する中継論には，取引回数の削減，品揃えの充実，商品知識や金融機能などのメリットも多い。しかし，問屋不要論などが言われたように，過去において，「中継論」から「中抜き論」への移行を主張する考え方もあった。

　たとえば，メーカー3社と小売業3社がいるとしたとき，中継論では，メーカー各社と小売業各社の取引相手先は卸売業者の1社を経由することになるため，仲介費用が無駄という考え方である。そこで，メーカーと小売業者が直接取引すれば，取引回数は全体で9つになるが，仲介費用は省ける。

実際には，中継論における中間業者（卸売業者）にかかる支払いコストと，中抜き論による自社でのコストで比較して，有利な方を選択することになる。このため，現在でも中継論と中抜き論の両方が存在している。

(3) 物流論（物流経路）における中抜き論と中継論

物流論（物流経路）の考え方は，流通論（流通経路）とは逆である。

物流論（物流経路）では，店舗配送において，低い積載率を避けるとともに貨物車の到着台数も減らすために，共同配送が必要だと言われてきた。つまり，「中抜き論（直送）」から「中継論（共同配送）」への移行である。

たとえば，メーカー3社と小売業3社がいるとしたとき，中抜き論（直送）では，9つのリンクが必要であり，貨物車も多く必要になる。しかし一方で，中間に共同配送センターを設け，ここで荷揃えや仕分けを行えば，6つのリンク（線）で済むことになる。これが効率化につながると考えられている。

実際には，中継論（共同直送）における共同配送センターでの作業にかかる費用や，顧客のニーズによって，有利な方を選択することになる。このため，配送では中抜き論（直送）と中継論（共同配送）の両方が存在する。

4.5.3 積載率・貨物車台数・到着台数・総走行距離などと共同配送

(1) 積載率と共同配送

物流論において中抜き論（直送）と中継論（共同配送）の違いは，①積載率，②貨物車台数，③到着台数，④総走行距離，⑤～⑧その他の指標に現れる。

積載率（①）で直送と共同配送を比較すると，発地で積載率が低い場合には，共同配送センターに立ち寄って積載率を高める方法がある。しかし，発地で満載（100％）であれば，そしてより大型の貨物車に積み替えるのでなければ，あえて共同配送センターに遠回りして寄り道することも，無駄な積みおろし作業をすることもない（図4-5-2）。

(2) 貨物車台数と共同配送

貨物車台数（②）で直送と共同配送を比較すると，直送の場合には，3か所の発地から2か所の配送先に6台の貨物車が必要であるが，共同配送となれば，センターまでの3台と配送先までの2台となって5台となる。

しかし，6台分の配送量を2台で配送可能か否かが問題となって，場合によっては配送先への車両が2台では足らないこともある。

図4-5-2　中抜き論（直送）と中継論（共同配送）の選択

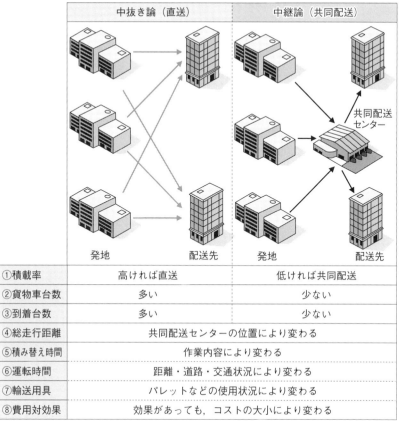

	中抜き論（直送）	中継論（共同配送）
①積載率	高ければ直送	低ければ共同配送
②貨物車台数	多い	少ない
③到着台数	多い	少ない
④総走行距離	共同配送センターの位置により変わる	
⑤積み替え時間	作業内容により変わる	
⑥運転時間	距離・道路・交通状況により変わる	
⑦輸送用具	パレットなどの使用状況により変わる	
⑧費用対効果	効果があっても，コストの大小により変わる	

出所：苫瀬博仁「見方や立場で変わる「共同配送の効果」」月刊JPR，Vol.16，日本パレットレンタル，2019。

（3）到着台数と共同配送

　配送先の到着台数（③）で直送と共同配送を比較すると，発地での積載率が低い場合には，共配センターで積み合わせることで配送先での貨物車台数を減らすことができる。しかし，発地で満載であれば台数は削減できない。

（4）総走行距離と共同配送

　総走行距離（④）で直送と共同配送を比較すると，共同配送の成立には地形や空間条件が大きな影響を与える。このことは，空間距離を考えずに商取

引をできる流通論と異なる。

特に，共同配送の効果を考えるとき，共同配送センターを経由することで店舗に到着する貨物車両の到着台数を減らすことができれば局地的な環境改善に役立つことになるが，一方で，共同配送センターを経由することで貨物車の総走行距離が長くなることがあれば，CO_2の発生量は増加してしまう。

(5) その他の指標（積み替え作業，運転時間，輸送用具，費用対効果）

上記の評価指標以外にも，検討すべき指標がある。

労務の視点からすれば，積み替え作業時間（⑤）や，ドライバーの運転時間（⑥）などもある。この労働時間によって，共配センターに立ち寄ることができない場合もある。

荷役の視点からは，パレットやロールボックスなど輸送用具の種類や使用方法（⑦）も検討すべき項目である。共同配送する同業者が，まったく異なる輸送用具を使用していたときに積み合わせが可能か否か，もしくは荷ほどきしてから積み替えることが可能か否か，などを検討する必要がある。

費用対効果（⑧）として，共同化を実施するための費用と，共同化によって得られる効果を精査することは，必須の検討項目である。

以上のように，多様な側面を持つ共同配送だからこそ，一部のメリットだけを強調し，一部の関係者の都合によって進められることには，注意が必要である。偏った共同化を避けるためには，さまざまな関係者の立場を適切な指標で評価する必要がある。

4.5.4　配送ルートの束ね状態と共同配送

(1) 配送ルートが束ねられている状態の共同配送

総走行距離から考えたときに，共同配送を最も導入しやすい状態は，配送先までのルート（実際に走行する道路）が束ねられていて，否応なく1か所を通過しなければならない場合である。このときには，束ねられた地点に共同配送センターを設けて，その時々の積載率などの条件に応じて，共同配送を利用するか否かを考慮すればよい（**図4-5-3**）。

たとえば，貨物を満載で直送したい場合には，共同配送センターの横を通り抜ければよい。逆に，低積載で共同配送を利用したいのであれば，同じルート上のセンターに立ち寄って，荷おろしをして共同配送を利用すればよい。

このような例としては，離島航路の港湾，半島の付け根，山間地の山麓，都

図4-5-3　配送ルートが束ねられている場合の共同配送

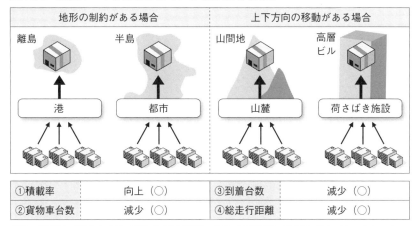

①積載率	向上（○）	③到着台数	減少（○）
②貨物車台数	減少（○）	④総走行距離	減少（○）

出所：苦瀬博仁「見方や立場で変わる「共同配送の効果」」月刊JPR, Vol.16, 日本パレットレンタル, 2019。

図4-5-4　配送ルートが束ねられていない場合の共同配送

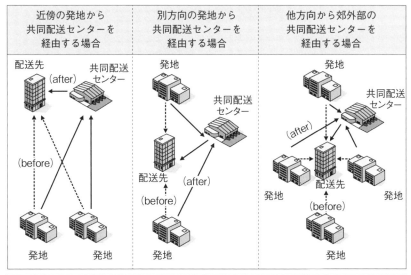

①積載率	向上（○）	④総走行距離	増加（×）
②貨物車台数	増加（×）	⑤積み替え作業	増加（×）
③到着台数	減少（○）	⑥運転時間	増加（×）

出所：苦瀬博仁「見方や立場で変わる「共同配送の効果」」月刊JPR, Vol.16, 日本パレットレンタル, 2019。

心の高層ビルの地下荷さばき場などがある。これらは，貨物車が必ず通過する場所であり配送ルートを束ねることにもなるため，共同配送も導入しやすく実施例も多い。

(2) 配送ルートが束ねられていない状態の共同配送

逆に，配送ルートが束ねられずに多方向から共配センターに商品や物資を持ち込み，仕分けなおしてから配送先に向かう場合は，地形的空間的な条件によって共同配送の効果も異なる（図4-5-4）。

たとえば，平面的に広がる都市内配送では，積載率（①）の向上と配送先での貨物車の到着台数（③）の削減は可能なので，局地的な渋滞解消には効果がある。しかし，必要な貨物車台数（②）が増加することや総走行距離（④）が増加することで，CO_2削減の効果は怪しい。このように，どの効果を優先するかによって，共同配送の評価も異なることになる。

加えて，たとえ総走行距離が増加するようなことがあっても，荷主の強い意向（到着台数の削減の意向）のもとで，納入業者や物流事業者が非効率な配送を甘んじて受け入れてしまうことが多い。たとえば，配送先の荷主は到着台数の削減効果だけを強調することが多いが，環境負荷という面で社会的に見れば不当な評価になっている場合もある。

4.5.5 貨物特性・輸送条件・関係者などと共同配送

(1) 貨物特性（3T：温度，時間，物性）

積載率や総走行距離以外の共同配送の成立条件としては，貨物特性，輸送条件，関係者（ステークホルダー）の利害得失関係，複数の指標による評価という4つが重要である。

第1は，貨物特性である。貨物特性とは，3Tと呼ばれているもので，貨物の品質を維持するために，温度（Temperature），届け先までの輸送時間（Time），取り扱いに注意が必要な壊れ物やワレモノなどの物性（Tolerance）である。

たとえば，鉄鋼製品とサンドイッチを共同配送できるかと問われれば，難しいと答えるだろう。その理由は，温度管理も扱い方も大きく異なるからである。逆に，3Tが似ていれば共同配送も困難ではない。現実にコンビニの店舗配送では，温度帯別（常温（18℃）チルド（4℃），冷凍（マイナス18℃））に分けて行っている。

(2) 輸送条件（出荷日時，輸送量，納品日時，商品価格）

第2は，輸送条件である。輸送条件には，出荷日時，輸送量，納品日時，商品価格（運賃負担力）などがある。

たとえば，出荷日時や納期が一致していないと，積み合わせはできない。また，輸送量（重量，容積など）が大きいために一緒に積むことができないこともある。そして，高価な商品は運賃負担力も高いため，安価な商品を一緒に運ぶことは少ない。

このように，さまざまな条件が一致するときに，共同配送は可能となる。

(3) 関係者（ステークホルダー）の利害得失

第3は，荷主，納入業者，物流事業者，地域住民など，関係者（ステークホルダー）の利害得失関係である。これが，共同配送成立の可否を決定することも多い。

過去の共同配送にありがちなことであったが，もしも共同配送という名目で，一部の関係者の事情だけを優先して納入業者に無理を強いるようなことがあれば，CSR（企業の社会的責任）精神に反してしまう。また，共同配送による効率化は，台数の削減や運転手の削減にもつながることから，荷主にとってはコスト削減になるが，物流事業者にとっては仕事量が減るということであり，売上の減少という面もある。

このような場合，荷主と物流事業者によって利害得失が極端に分かれてしまうことを避け，ゲインシェアリング（物流合理化によるメリットを関係者間で分け合うこと）を検討する必要がある。

(4) 複数の指標による評価

第4は，複数の指標による評価である。すでに示してきたように，共同物流は，見方立場によってメリットやデメリットが異なる。たとえば，到着台数の削減には大きく寄与したとしても，総走行距離が長くなって環境に悪影響を与えるような場合さえある。

よって共同配送は，科学的かつ客観的に，多様な面から効果を分析して，適切に評価を下すべきものである。少なくとも，多くの利害関係者のなかで，一部の関係者の利益が優先されるようなことは避けるべきである。

4.6　「最適化」の相反と挑戦 ─評価関数で変わる最適化─

4.6.1　「最適化の再考」の目的

(1)「最適化」の実態

ロジスティクスの改善方法再考の5番目は,「最適化」である。[12) 13) 14) 15)]
近年議論されている「最適化」には,大きく2つの傾向がある。

1つは,本格的なグローバル経済のもとでの競争社会において,企業の生き残り戦略の一環として,自社ないし自分の組織のなかでの「自らのための最適化（個別最適）」という視点である。極端な例ではあるが,同じ社内であっても,調達側の都合で大量に原材料を購入することで,保管費を増加させるようなことがある。また,納品業者に対しては,到着時刻を指定しておきながら,自らの都合がつくまで待機させるような例もある。

もう1つは,「持ちつ持たれつ」というような表現で,相互扶助のもとで互いにメリットを得ようとする考え方である。つまり,一部の関係者の利益を追求するのではなく,関係者全員の利益や社会貢献を含めたメリットを追求すべきと考えられるようになってきている。だからこそ「全体最適」という表現が増えている。

(2)「最適化の再考」の意義

最適化か否かは,何らかの評価指標に照らして評価するものだから,どのような評価関数をもって最適化とするかの議論が,最も重要なはずである。

たとえば,先の共同配送であれば,「配送先の貨物車到着台数の最小化」,「CO_2を削減するために総走行距離の最小化」など評価関数によって,最適化の内容が変わるということになる。

つまり,最適化が「ある目的に対し最も適切な計画や設計を行うこと」だとすれば,この「目的」次第で「最適」が変わってしまう。さらに,「目的」が関係者間で共通であれば,関係者がそれぞれ役割を果たしながら力を合わせていくことで,全体最適という言い方もできそうだ。

しかし,逆に,関係者の間で利害得失があり,トレードオフになるような場合には難しい場合も多い。たとえば,「物流コストの最小化」という荷主の目的が,物流事業者にとっては「売上の減少」となるのであれば,「全体最適」とは言いにくいだろう。

以上のことから,本節（4.6）では,「発注者と受注者の間の最適化」,「輸

表4-6-1 「最適化」の相反と挑戦—評価関数で変わる最適化—

発注者と受注者の間の最適化 (4.6.2)
（1）受発注関係における最適化の解釈
（2）最適化を考えるときの2つの視点（部門間の調整，最小養分律）
輸送費と保管費による配送頻度の最適化 (4.6.3)
（1）輸送費と保管費のバランスによる配送頻度
（2）輸送費の負担ゼロと配送頻度
物流施設の数と位置の最適化 (4.6.4)
（1）物流施設の数の最適化
（2）物流施設の立地場所の最適化

出所：著者作成。

送費と保管費による配送頻度の最適化」，「物流施設の数と位置の最適化」の3つについて，考えてみることにする（**表4-6-1**）。

4.6.2　発注者と受注者の間の最適化

(1) 受発注関係における最適化の解釈

　一般に，企業における受発注の関係は，大別して3つの関係が考えられる。つまり，①サプライチェーンにおける企業間取引きでの受発注，②企業と協力会社（子会社，委託会社）の間の下請け構造や系列内での受発注，③企業内における調達・生産・販売部門間の受発注，の3つである（**図4-6-1**）。

　サプライチェーンにおける企業間取引きでの受発注（①）とは，自社の調達部門と調達先の販売部門などとの間の受発注である。このとき，価格交渉であれば，安く購入したい発注者と，高く売りたい販売者の間で交渉が重ねられる。このため，それぞれの立場で最適な状態が変わることになるので，何をもって最適とするかが難しい。

　企業と協力会社での受発注（②）とは，小会社や委託会社との取引き関係である。このとき，物流費を安くしたい発注者（荷主）と，料金を高くして利益を確保したい受注者（物流事業者）の間では，何をもって最適な輸送費とするかは異なる。荷主が自らの事情だけに気を取られ，取引先や物流専業者に対して無理難題を押しつけていることもありそうだ。

　企業内における調達・生産・流通・販売部門間の受発注（③）とは，自社内での部門間での受発注である。

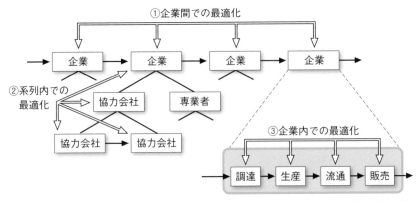

図4-6-1　企業間・系列内・企業内での最適化の違い

①企業間での最適化

②系列内での最適化

③企業内での最適化

出所：苦瀬博仁「全体と個の対立は，永遠のテーマ」教授の呟き第11回，流通設計21，第34巻第11号，輸送経済新聞社，2003。

　いずれの場合（①～③）であっても，そこに個別利益を優先する競争原理が働けば，全体最適化も容易には実現しない。

(2) 最適化を考えるときの2つの視点（部門間の調整，最小養分律）

　このように考えると，企業間や系列内や企業内の最適化を考えるときには，①複数部門の調整と②最小養分律の2つの視点が重要である。

　複数部門の調整（①）とは，ロジスティクスにかかわる部門が個別に最適化しても全体最適につながるとは限らないため，企業内や取引間を含めた複数の部門間で最適化しようとするものである。これは，「合成の誤謬」を避けることでもある。

　最小養分律（②）とは，植物の生育は，最も不足している養分により決まるというリービッヒの説である。この説に従えば，「どのようなシステムでも，全体の性能が最も性能の低い要素で決まる」ということになる。つまり，サプライチェーンの能力であれば，「部品調達能力，生産能力，販売能力，輸送能力などのうち，最も低い能力で決まる」。輸送能力であれば，「車両数，運転手，燃料などのなかで，最も低い要素で決まる」ということである。

　つまり，最適化の前提に，最も能力の劣る部分を探し出す努力も必要ということになる（図4-6-2）。

図4-6-2　リービッヒの最小養分律にもとづくドベネックの桶

保管面積　荷役機器　車両数　運転手　燃料

出所：著者作成。

4.6.3　輸送費と保管費による配送頻度の最適化

（1）輸送費と保管費のバランスと配送頻度

　最適化の例として，最適な配送頻度について考えてみることにする。

　最適な配送頻度とは，「総費用（輸送費と保管費の合計）を評価関数として，これが最小となる頻度」である。すなわち，発注者（購入者）が輸送費と保管費の両方を負担する場合，輸送費と保管費の合計の総費用が最小となる頻度が，最適な頻度である。横軸には配送頻度をとり，縦軸に輸送費と保管費をとると，配送頻度が少ないほど保管費は高く輸送費は低いが，配送頻度が高いほど保管費は低く輸送費は高い（図4-6-3）。

　たとえば，ビールを毎日1本ずつ飲むとして，年に1回，12回（毎月1回），52回（毎週1回），365回（毎日1回）の配送頻度を比較してみよう。このとき，自分がビールを買いに出かけて家の冷蔵庫に保管するとすれば，自ら輸送と保管を行うので，輸送費と保管費の合計が最も小さくなる頻度を選ぶことになる。年に1回365本のまとめ買いをすると保管場所に困るし，毎日1本購入に出かけることは面倒である。そこで，月2回（年24回）や毎週1回（年52回）の買い物に出かけることになるだろう。

　このように，輸送費と保管費のバランスから考えれば，一般の商取引においても，最適な配送頻度が存在する。

（2）輸送費の負担ゼロと配送頻度

　最適な配送頻度は，配送費と保管費の負担の考え方によって変わることが

図4-6-3　輸送費と保管費の合計を最小とする最適な配送頻度

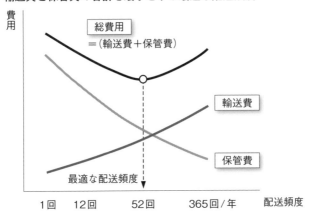

出所：著者作成。

図4-6-4　保管費のみを最小とするときの最適な配送頻度

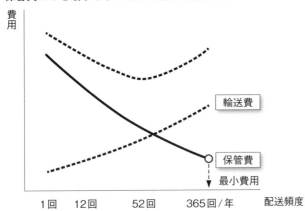

出所：著者作成。

一般的である．

　日本では，諸外国と違って「店着価格制」のもとで，販売者（発荷主）が輸送費を負担することが多い。このため，先の輸送費と保管費についても，発注者（購入者）は，「輸送費を負担しないのだから，自らの保管費だけを考えれば良い」となりがちである。この結果，総費用を小さくするためには配送頻度は高いほどよいということになる。

　たとえば，ビールを1日1本ずつ飲むとして，輸送費を負担しないのであ

れば，また発注量にかかわらずビールの価格が変わらないのであれば，保管費がゼロとなるように，毎日1本ずつの配送頻度（年365回）を選択すれば最適となる。しかし，発注者（購入者）には最適であっても，受注者（販売者）に最適とは限らない（図4-6-4）。

このように，「誰にとって，何を最小化する『最適化』なのか」を冷静に考える必要がある。最適化が，自分の都合だけで議論されているならば，「全体最適」には程遠いことになる。

4.6.4　物流施設の数と位置の最適化

(1)　物流施設の数の最適化

物流施設の立地計画とは，「個々の企業が，調達先や販売先（顧客）との地理的関係，リードタイムなどに応じて，最も経済的に物流活動が行えるように，物流施設の数と立地場所を計画すること」である。[16) 17) 18)]

物流施設の最適な数とは，「自社が負担する費用の合計が最小になる数」である。

このとき，横軸に流通センターの施設数をとり，縦軸の評価関数に費用（物流施設の建設費用，在庫保有費用，入出庫費用，配送費用など）をとる。そして，物流施設の数が増えると，建設費用，在庫保有費用，入出庫費用などが増加する。この一方で，物流施設の数が増えると物流施設から顧客までの配送距離が短くなるので，配送費用が減少する。

このため，物流施設の数と総費用の関係は，U字型の曲線になる。このとき総費用が最も低くなるような施設数を設定するとよい（図4-6-5）。

(2)　物流施設の立地場所の最適化

物流施設の最適な立地場所とは，「複数の立地候補地を比較して，自社が負担する費用の合計が最小になる位置」である。

このとき，横軸に配送先となる都心から距離をとり，縦軸の評価関数に費用（物流施設の建設費用，在庫保有費用，入出庫費用，配送費用など）をとる。そして，物流施設が都心から遠くなると，建設費用や人件費が減少することが多いが，逆に配送費用が増加する。

このため，物流施設の総費用は，都心からの距離が遠くなるにつれて，U字型の曲線になる。このとき総費用が最も低くなる立地地点を設定するとよい（図4-6-6）。

図4-6-5　物流施設の最適な施設数

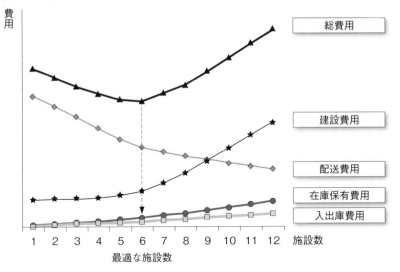

出所：苦瀬博仁著『付加価値創造のロジスティクス』pp.139-149，税務経理協会，1999を参考に作成。

図4-6-6　物流施設の最適な立地場所

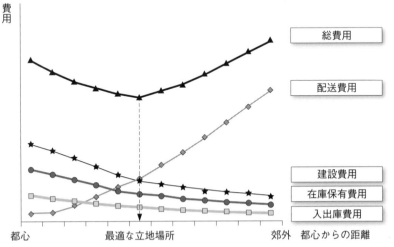

出所：苦瀬博仁・梶田ひかる監修「ビジネスキャリア検定試験標準テキストロジスティクス管理3
　　　級〔第3版〕」p.160，2018を参考に作成。

物流施設の最適な立地場所は，扱う商品や物資によっても変わる。たとえば，長期間にわたって物資を保管し配送頻度が低い物流施設は，地価の安い郊外に立地する方がよい。一方で，日配品など都心への配送頻度が高い商品を扱う物流施設は，都心の近くに立地する方がよい。

　これに加えて，交通施設（港湾，ICなど）への近接性，幹線道路との接続性，接続する道路の構造と交通容量，操業環境（資源，エネルギー，労働力など）が確保され，周辺環境への悪影響（騒音・振動など）がないことも重要である。

　そのため，原則として評価関数を総費用としながらも，配送頻度，交通施設，操業環境，周辺環境なども考慮する必要がある。

参考文献

1）苦瀬博仁：「教授の呟き」，流通設計21，連載記事，輸送経済新聞社
　http://www2.kaiyodai.ac.jp/~kuse/kankoubutu/tubuyaki0.html
　（「第47回，解消したい「企画と計画の乖離」」，第37巻第11号，2006）

2）苦瀬博仁：「失敗論から学ぶ「計画」のあり方」，運輸政策研究11号，p.138，（一財）運輸総合研究所，2008

3）前掲1），（「第27回，情報化は，物流に何をもたらすか！」，第36巻第3号，2005），（「第39回，情報のシームレス化の実現を」，第37巻第3号，2006），（「第63回，間接効果も考えたいITの影響」，第39巻第3号，2008）

4）前掲1），（「第5回，積載効率の向上に，「合わせ技」対策を」，第34巻第5号，2003），（「第23回，JITの光と影」，第35巻第11号，2004）

5）苦瀬博仁・高橋洋二・高田邦道編著：『都市の物流マネジメント』，pp.214-223，勁草書房，2006

6）苦瀬博仁編著：『サプライチェーン・マネジメント概論』，pp.195-213，白桃書房，2017

7）前掲1），（「第6回，標準化と差別化の狭間で悩むとき」，第34巻第6号，2003），（「第60回，均一さと多様さが飛び交う年末」，第38巻第12号，2007年）

8）前掲1），（「第4回，「中抜き」はさまざまな角度で検討が必要」，第34巻第4号，2003），（「第41回，"台キロ"から見た共同配送の効率」，第37巻第5号，2006），（「第54回，再再考，中抜き論と中継論」，第38巻第6号，2007）

9）苦瀬博仁：「共同配送が環境に優しいとは限らない」，pp.6-7，LOGI-BIZ，2017年7月号，ライノス・パブリケーションズ，2017

10）苦瀬博仁：「見方や立場で変わる「共同配送の効果」」，月刊JPR，Vol.16，日本パレットレンタル，2019

11）苦瀬博仁・鈴木奏到監修：『物流と都市地域計画』，pp.178-188，大成出版社，2020

12）前掲1），（「第11回，全体と個の対立は，永遠のテーマ」，第34巻第11号，2003），（「第56回，次世代に残したい「ゆとり」と「配慮」」，第38巻第8号，2007）

13）苦瀬博仁：「デジタル化による物流のパラダイムシフト」，pp.16-19，日立総研Vol.13-3，

日立総合研究所，2018

14）日経ビジネス編：『こんな経営手法はいらない』，「Ⅰこんなサプライチェーンはいらない」「ⅡこんなISOはいらない」，pp.11-45，日経BP社，2000年

15）エドワード・H.フレーゼル著，三菱化学エンジニアリング㈱LogOSチーム監訳，中野雅司訳：『在庫削減はもうやめなさい！ 経営戦略としての「サプライチェーン最適化」入門』，pp.19-49，DIAMOND流通選書，ダイヤモンド社，2013

16）前掲11），pp.130-142

17）苦瀬博仁：『付加価値創造のロジスティクス』，pp.136-149，税務経理協会，1999

18）苦瀬博仁・梶田ひかる監修：ビジネスキャリア検定試験標準テキスト『ロジスティクス管理3級［第3版］』，pp.158-164，社会保険研究所，2017

第3部

▼ ▼ ▼

新しいロジスティクスの誕生

第5章

パラダイムシフトと
ソーシャル・ロジスティクス

5.1 社会状況の変化とロジスティクス

5.1.1 「情報技術の進化」とロジスティクス

(1) 商流の情報化・デジタル化

　近年のロジスティクスをとりまく社会状況の変化は，「情報技術の進化」，「生活環境の変化」，「リスクの顕在化」の3つのキーワードから考えることができる（**図5-1-1**）。

　第1の「情報技術の進化」として，情報化・デジタル化によりインターネットが普及し，①商流（商取引流通）と②物流（物的流通）の技術が大きく進歩した。これと歩調を合わせる形で，新しい概念や用語が誕生している。たとえば，Society5.0，logistics4.0，フィジカル・インターネット，情報プラットフォーム，DX（デジタル・トランスフォーメーション）などである。

　商流における情報化・デジタル化（①）として，受発注と決済方法において高速・大量の商取引が可能となった。[1]

　荷主も消費者も，近年は当たり前のようにモバイル端末（スマートフォン，タブレットなど）を待つことで，いつでもどこでも発注できるようになっている。そして，スマホによる商品発注や宅配での代引き制度など，受発注と決済方法において大きな進歩があった。

　この結果，商流における新たなビジネスとして，ネット通販に加えて，消費者どうしでの中古品の売買，買い物代行や出前代行などが登場している。これらのビジネスは，「自らの移動に変わり，運んでもらうビジネス」として，新しい生活様式を生み出している。

(2) 物流の情報化・デジタル化

　物流における情報化・デジタル化（②）として，物流施設における在庫管理や作業管理などでの新技術や，配送のための新技術が登場している。

図5-1-1　社会状況の変化にともなうロジスティクスのパラダイムシフト

社会状況の変化とロジスティクス（5.1）

社会状況		（商流への影響）	（物流への影響）
情報技術の進化： （5.1.1）	①商流	→ ネット通販，買い物代行	
	②物流	→	ロボット，自動化
生活環境の変化： （5.1.2）	①少子高齢化	→ ネット通販の増加	届ける物流の増加
	②女性社会進出	→ 商流の外部化の促進	物流の外部化の促進
	③環境保全	→ 無駄な受発注の排除	無駄な物流の排除
リスクの顕在化： （5.1.3）	①自然災害	→ 緊急受発注の増加	在庫増加，輸送多重化
	②感染症	→ テレワークと自宅消費	供給網の停滞
	③供給網途絶	→ 調達先の多重化	在庫割増，備蓄増強
	④資源問題	→ 製品確保	在庫割増，備蓄増強

ロジスティクスのパラダイムシフト（5.2）
（規範や価値観の劇的な変化）

販売重視から，物流重視への転換（5.2.2）
　　　　　（商取引の改善，物流サービスの改革）
産業指向から，生活指向への転換（5.2.3）
　　　　　（荷主・物流事業者の物流から，生活者の物流へ）
経済的価値の重視から，社会的価値の重視への転換（5.2.4）
　　　　　（安全安心の確保，国家・地域の価値向上）

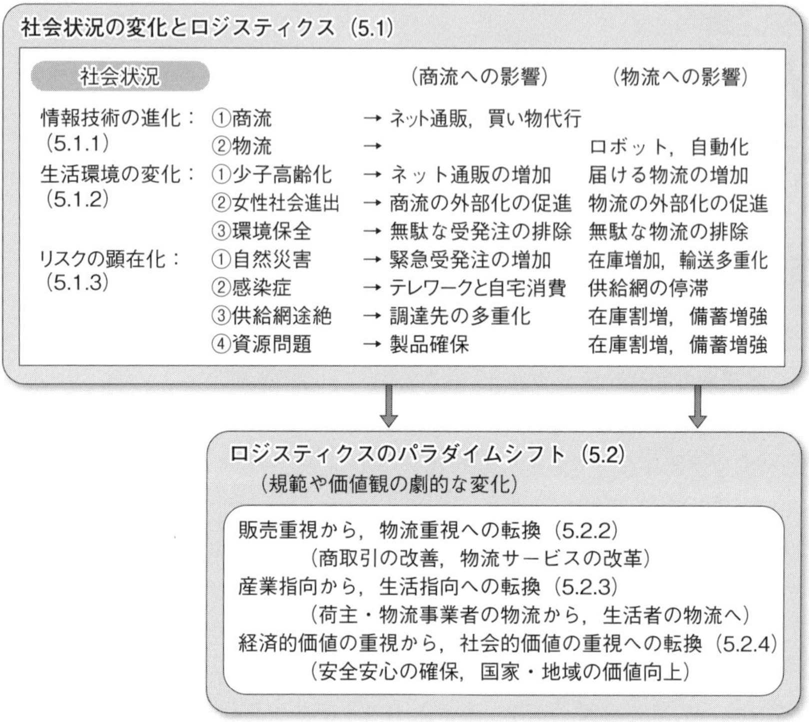

出所：著者作成。

　物流施設内での在庫管理などでは，貨物の仕分けやピッキングにおいて自動化技術やロボットが導入されている。また輸送管理においては，貨物の追跡管理や貨物車の最適経路探索などが実務に応用され，効率的な輸配送のための貨物車と貨物のマッチング技術も進歩している。そして輸配送そのものについては，高速道路での貨物車の自動走行や隊列走行など，配送においてはロボットやドローンなどが話題となっている。

　この結果，物流における新たなビジネスとして，ネット通販の急増にともない軽自動車を利用した個人事業主による宅配が増加している。また，離島や中山間地域におけるドローンなどは，すでに実験は始まっており実用化に近づいている。さらに，高層マンションや高層オフィスビルなどでの配送ロボットや自動配送も，流通センターの最新技術を応用できれば，技術的には実現可能である。

5.1.2 「生活環境の変化」とロジスティクス

(1) 少子高齢化

　第2の「生活環境の変化」には，①少子高齢化と，②女性の社会進出と，③環境保全，の3つがある。

　少子高齢化（①）では，中山間地域においても大都市においても，さまざまな課題をもたらしている。特に日常生活においては，公共交通の廃止や運転のできない高齢者の増加により，生活弱者（買い物弱者，通院弱者など）が増えている。

　生活弱者とは，「最低限の日常生活を送ることが困難な状況や状態にある人」である。生活弱者には，交通弱者（外出できない人，または外出しにくい人），買い物弱者（食料品や生活用品などの買い物が困難な人），通院弱者（診療所や病院に通うことが困難な人）などがいる。

　ロジスティクスの視点での弱者の救済ということでは，買い物弱者や通院弱者が対象となる。買い物弱者に対しては，買い物バスの提供，移動販売や通信販売などがある。通院弱者に対しては，慢性疾患患者（腰痛，高血圧など）の遠隔診療と常用薬の宅配などがある。

　現在でも，中山間地域では，買い物バス，移動販売などさまざまな方法が取り入れられており，大都市でもスーパーによる買い物代行やネット販売が行われている。今後は，中山間地域や離島などにおけるコミュニティの維持と国土の保全も含めて，地域特性に合わせた生活弱者対策が必要である。

(2) 女性の社会進出

　女性の社会進出（②）では，共働き世帯の増加にともなう家事（料理，洗濯，掃除など）の外部化が進んでいる。たとえば，「食材の購入と料理よりも，総菜の購入」，「買い物よりも，ネット通販」という変化である。

　このような変化にともない，ネット通販やネットスーパーなど消費物資の配送需要が増加している。この配送需要の増加は，物流の外部化ということでもあり，今後も増加していくことだろう。

　このような配送をともなうビジネスの拡大は，配送体制の整備と，商品を受け取る側の体制の整備が課題となる。販売者（受注者兼発送者）は，物流にかかわる人手不足を乗り越えて，商品の品揃えや配送体制も整えていく必要がある。

　商品を受け取る消費者（発注者兼入荷者）においては，発注方法の改善

（発注曜日の指定など）や，住宅地やマンションなどでの受け取り方法の改善（宅配ボックスの設置，納品時間の指定の方法など）が課題となるだろう。現に，住宅地やマンションにおいても，多くの配送車両がやってくるようになっている。

(3) 環境保全

環境保全（③）では，地球温暖化現象の深刻化にともない，国際組織や世界各国で解決策を模索している。[2]

このため，環境問題では，サステナブル・ロジスティクス（Sustainable Logistics：持続可能性）として，環境にやさしく（排気ガス削減，振動騒音削減など），資源利用の少ない（省資源，省エネルギー，リサイクルなど）ロジスティクスが注目されている。これには，環境にやさしいグリーン・ロジスティクスや，資源の回収と再利用を目指すリバース・ロジスティクスが含まれている。

環境問題が注目されるなかで，「SDGs（Sustainable Development Goals，持続可能な開発目標）」が，2015年9月の国連サミットで採択された。ここでは，2016年から2030年の15年間で達成するために掲げた17の目標が掲げられている。これをロジスティクスの視点からみると，クリーンエネルギーの使用（No.7）や気候変動への対策（No.13）などの環境保護へ取り組みや，食料需給と飢餓対策（No.2），持続可能な技術革新（No.9）などとの関係が深い。

ESG投資（環境：Environment，社会：Social，ガバナンス：Governance）では，この3つに力を注いでいる企業が長期的に発展する可能性が高いとして，ステークホルダー（従業員，市民地域社会）を含む社会的価値を重視し，企業を統制することを求めている。

5.1.3 「リスクの顕在化」とロジスティクス

(1) 災害時の緊急支援物資の供給

第3の「リスクの顕在化」には，①災害時の緊急支援物資の供給，②感染症（新型コロナウィルス感染症など）による需給関係の変化，③グローバル・サプライチェーンの途絶問題，④資源確保と備蓄問題，の4つがある。

災害時の緊急支援物資の供給（①）では，東日本大震災以降，民間企業や市民の間で防災意識が高まり，オフィスや自宅での食料や生活物資の備蓄，都道府県単位での地域防災計画の策定と緊急支援物資の供給方法などが検討さ

れるようになっている。この背景には，我が国において，大地震（平成23年（2011）東日本大震災，平成28年（2016）熊本地震など）や，台風などによる被害（平成30年7月（2018）豪雨，令和元年（2019）の千葉県での水害など）が続いていることがあげられる。

　民間部門における緊急支援物資対策で，最も悩ましい課題が，在庫と備蓄のバランスである。従来のビジネス・ロジスティクスでは，JIT（Just In Time）や物流コスト削減を優先して在庫を極力減らしてきたが，これを防災の視点からみれば備蓄の不足ということにもなりかねない。この意味では，有事の防災対策と平時の企業活動とのバランスが求められている。

　公共部門における防災対策としては，緊急事態（有事）に備えた緊急支援物資の供給対策が重要となっている。特に，緊急支援物資の調達，被災地への輸送，被災地での仕分け配分などについて，公共部門だけでは実行不可能であるからこそ，民間部門（食料品・日用品メーカー，卸小売業者，物流事業者など）の協力も含めて対策を立てておく必要がある。

(2) 感染症による需給関係の変化

　感染症（②）では，新型コロナウィルス感染症（以下，新型コロナ）が令和2年（2020）に発生して以来，テレワークやリモート授業の普及による通勤通学交通の減少と，新幹線や航空機などの遠距離旅客交通の減少が起きた。[3]

　この結果，都心での消費需要の減少と住宅市街地への宅配需要の増加をもたらし，日常生活物資の配送先も住宅市街地へと分散化し，物資の小口化が進み，ネット通販の利用が進んだ。このため，住宅市街地における駐車場荷さばき施設の整備や，宅配ボックスなどの荷受け設備の充実も重要となっている。

　2021年度の年次経済財政報告（経済財政白書）においても，サプライチェーン（供給網）の脆弱さの克服や，感染症対策と経済活動の両立の必要性を強調している。[4]

　このように，平時を前提に，コスト削減を主目的と考えていた従来のロジスティクスとは異なって，危機管理を含めたロジスティクスが必要となっている。

(3) グローバル・サプライチェーンの途絶問題

　グローバル・サプライチェーンの途絶問題（③）は，国際分業を進めてき

た我が国だからこそ重要な課題である。

　1985年のプラザ合意とその後の円高を契機に，1990年代以降積極的に日本の製造業が海外に進出するようになり，東南アジアや中国などへの工場進出が進んだ。この結果，各国間で生産を分担ないし補完することで，生産の効率化を進めるようになった。すなわち，原材料や部品をコストの低い地域から調達し，コストの低い地域で生産し，最も高く売れる地域で販売する体制である。この国際化によって，最適地での調達と生産と販売が可能となり，グローバル・サプライチェーンを形成している。

　一方で，サプライチェーンを形成する各国のどこかで自然災害や紛争などが起きれば，サプライチェーンが断絶することになる。過去においても，東南アジアの洪水による操業停止，工場火災による半導体不足による自動車の減産，コロナによる港湾作業の停滞による船舶の滞船などの現象が起きた。

　サプライチェーンのグローバル化が進んでいる以上，従来のように「平時で，何も起こらない状態を前提にすること」こそが，最大のリスクということになる。有事や危機に備えた在庫論や輸送を含めて，ロジスティクスのリスク対策と危機管理が必要とされている。

(4) 資源確保と備蓄問題

　資源確保と備蓄問題（④）は，資源小国の日本だからこそ，安全安心の確保のためにも重要である。

　我が国では，石油はほぼ100％輸入しており，食糧の自給率も40％以下である。生活や産業に不可欠の電力も，ほとんどが輸入の燃料（2019年度で，石油6.8％，石炭31.8％，LNG 37.1％）に頼っており，原子力（6.2％）や水力（7.8％）は少ない。

　1970年代のオイルショックでのトイレットペーパーなどや，2020年の新型コロナでのマスク不足などでも経験したが，食糧や資源エネルギーにおいて輸入先が偏ることは，備蓄に不備があれば極めてリスクが高い。

　現在，政府では，石油，米，小麦などを備蓄しており，今後マスクなどの追加も検討されている。しかし，公共部門（政府，自治体など）だけでは，到底不十分である。

　民間企業も，自らの事業継続に必要な原材料や部品の備蓄を考える必要があるだろう。また消費者も，家庭における備蓄の充実が不可欠である。資源確保や製品備蓄は，政府や企業だけの問題ではない。

5.2 ロジスティクスにおけるパラダイムシフト

5.2.1 パラダイムシフトとは何か

(1) パラダイムシフトの定義

　歴史を振り返ると，戦争や自然災害，また経済発展や技術革新などの大きな変化が起きるたびに，社会の規範や人々の価値観が急激に変わり，人々の日常生活さえも大きく変化してきた。

　パラダイム（paradigm）とは「時代の基盤となる規範や価値観」であり，パラダイムシフト（paradigm shift）とは「大きな出来事によって，規範や価値観が劇的に変化すること」である。[5]

　過去を振り返ってみると，明治維新や太平洋戦争の終結は，日本人の価値観や生活様式を大きく変えるパラダイムシフトだった。明治維新を契機に，明治政府の富国強兵政策のもとで，近代国家としての歩みを始める。また太平洋戦争の終戦は，神国日本から民主主義国家への転換であり，産業貿易国家として発展を目標とするようになった。

(2) 社会状況の変化によるロジスティクスのパラダイムシフト

　すでに述べたように，社会状況の変化（5.1，情報技術の進化，社会環境の変化，リスクの顕在化）は，人々の生活様式を劇的に変え，価値観も大きく変えようとしている。

　そして，現在起きているロジスティクスのパラダイムシフトは，「販売重視・物流軽視から，物流重視へ」，「産業指向から，生活指向へ」，「経済的価値から，社会的価値へ」の3つにまとめることができる（**表5-2-1**）。

5.2.2 第1のパラダイムシフト：販売重視から，物流重視へ

(1)「販売重視から，物流重視へ」のパラダイムシフト

　第1のパラダイムシフトは，「販売重視から，物流重視への転換」である。

　いままでのロジスティクスでは，物流の供給量（トラック，運転手など）が輸送の需要量（輸送量，保管量など）を上回り，「商品を販売さえすれば，いつでも物流（輸送や配送）は可能」だった。つまり「物流需要量＜物流供給量」だったため，配送物の時間帯指定や宅配便の再配達にも応じることができていた。極端な例では，「販売したから，あとは物流に頼む」というような無理難題であっても，都合をつけながら輸配送できていた。

表5-2-1　パラダイムシフトの内容

第1のパラダイムシフト：販売重視から，物流重視へ（5.2.2）
　　　　　　　　　　　　（商取引の改善，物流サービスの改革）
第2のパラダイムシフト：産業指向から，生活指向へ（5.2.3）
　　　　　　　　　　　　（荷主・物流事業者の物流から，生活者の物流へ）
第3のパラダイムシフト：経済的価値から，社会的価値へ（5.2.4）
　　　　　　　　　　　　（安全安心の確保，国家・地域の価値向上）

出所：著者作成。

図5-2-1　物流の需給バランスの逆転

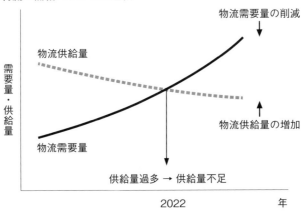

出所：著者作成。

　しかし，社会状況が変化し，消費者が買い物交通の代わりに配送を委託するようになっている。そして，受発注システムの進歩と受発注の高度化と多様化，及び新技術の導入にともない，物流の需要（輸送量，輸送回数，輸送頻度など）が急激に増加している。

　この結果，「物流需要量＞物流供給量」へと転換し，販売しても運べない状況を回避するために，「物流重視の傾向」が強まると考えられる（図5-2-1）。

(2)「物流重視」のロジスティクスの将来

　物流の需要量に見合うだけの供給量を確保できなくなると，「物流供給量の重視」というパラダイムシフトが起きることになる。こうなると従来とは異なって，「販売しても，顧客に商品が届けられない」，「物流が確保できないために，販売できない」，「運べる時に合わせて販売するしかない」というよう

な状況が起きることになる。

　このような事態は，すでに一部で表れている。たとえば，車両や運転手不足により年末年始の遅配や，年度末の繁忙期の引越しを断られる事態が起きているが，近い将来は，年末年始や年度末に限らずに，通常月の月末や週末などに拡大していく可能性さえある。

　以上のように考えてみると，近い将来は「販売に先立つ物流（輸送）の確保」が必要となって，「物流重視のロジスティクス」へと変化していくだろう。

5.2.3　第2のパラダイムシフト：産業指向から，生活指向へ

(1)「産業指向から，生活指向へ」のパラダイムシフト

　第2のパラダイムシフトは，「産業指向（メーカー，卸小売業者，物流事業者など）のロジスティクスから，最終消費者を含めた生活指向（地域，市民，消費者など）のロジスティクスへの転換」である。

　いままでのロジスティクスでは，荷主間（メーカー，卸小売業者，物流事業者）を中心としたビジネス・ロジスティクスを中心に，荷主の都合を最優先する形で進められてきた。それが，たとえ最終消費者のニーズを汲み上げたものだとしても，ロジスティクスの大きな目的が，物流コストの削減に代表されるように「産業指向＞生活指向」だった。

　しかし，ネット通販に代表されるように，商品の最終到着地が店舗だけでなく住宅やオフィスなどに拡がり，顧客の手元に届ける配達が多くなっている。この傾向は少子高齢化や女性の社会進出とともに顕著になっていたが，新型コロナにおいてより確実な社会変化として表れてきている。このため，必然的に産業指向（メーカー，卸小売業者，物流事業者など）だけのロジスティクスから，生活指向として最終消費者のためのロジスティクスをより重視していかなければならなくなる。

　この結果，「産業指向＜生活指向」へと転換することになり，地域の消費者や顧客を対象に「生活者指向」が強まると考えられる。

(2)「生活指向」のロジスティクスの将来

　配送先が商業施設から住宅地に移ることになり，最終届け先までのラストマイルがより複雑かつ煩雑になると，「生活指向の重視」というパラダイムシフトが起きることになる。こうなると，商品の単位や荷姿は，箱（ケース）単位よりも個（ピース）単位が多くなり，より少量で高い頻度の配送が増え

る可能性も高い。

　また，配送先については，住宅地やマンションにおける貨物車の駐車が増えることだろう。さらに，必ず受取人がいるオフィスとは違って，自宅への配送が増えれば，留守のときもあるだろうし，対面での受け取りを避けたい人もいるはずである。こうして住宅やマンションなどでは，駐車荷さばき対策とともに，対面受け取り，宅配ボックス，置き配など多様なサービスが求められていくことになる。

　この結果，「産業指向に加えて，生活指向」ということで，「生活指向のロジスティクス」が，より求められていくだろう。

5.2.4　第3のパラダイムシフト：経済的価値から，社会的価値へ

(1)「経済的価値から，社会的価値へ」のパラダイムシフト

　第3のパラダイムシフトは，「経済的価値の重視から，安全安心を含めた社会価値の重視への転換」である。

　いままでのロジスティクスでは，ビジネス・ロジスティクスが主体となっていたために，民間企業（メーカー，卸小売業者，物流事業者）における物流コスト削減や効率化に見られるように，あくまでも自社の利益確保を優先する「経済的価値重視のロジスティクス」だった。

　しかし，環境問題の深刻化は，民間企業に求められる課題も多く，政府や自治体，さらにはNPO法人や市民なども含めた協調が必要なことが多くなっている。そして国連によるSDGs（Sustainable Development Goals：持続可能な開発目標）」や，ESG投資（Environment, Social, Governanceを重視した投資）などでも見られるように，環境問題をはじめとした社会的課題に取り組めない企業は淘汰される可能性さえある。

　また，災害の多い我が国は，諸外国以上に防災対策が必要である。過去の地震や洪水などにおいても，生産活動や流通活動の停滞は起き，急激な需要増に対応できず在庫切れを起こした。また，在庫があっても車両や運転手が手配できずに，被災地に緊急支援物資を輸送できないこともあった。さらに近年の新型コロナについては，部品や半導体の供給停滞で自動車の減産もあった。

　これらに対処していくためには，経済的価値を超えて，安全安心を担保してリスクを回避する「社会的価値重視のロジスティクス」へと，切り替えていく必要があると考えられる。

(2)「社会的価値重視のロジスティクス」の将来

　安心安全の確保とリスク回避が不可欠となると，「社会的価値の重視」というパラダイムシフトが起きることになる。環境対策であれ災害対策であれ，国民の生命財産を守るための安全安心の確保とリスクの回避こそが，社会的な価値の向上において最も重要なことの1つでもある。

　これらの安全安心の確保について，ビジネス・ロジスティクスの立場からリスク管理やＢＣＰ（Business Continuity Planning：事業継続計画）を進めている民間企業に，すべてを頼ることは得策ではない。

　むしろ，地球温暖化による気候変動，大きな台風や集中豪雨，世界的に進められている低炭素化や脱ガソリン化，地震対策や洪水対策，エネルギーや希少資源の確保と，食糧安保などについては，社会全体として対策に取り組んでいくために，民間企業（メーカー，卸小売業，物流事業者など）とともに，政府・自治体・市民などが協力して社会を支え社会に貢献するロジスティクスの出現が望まれている。

　以上のように考えてみると，近い将来は「経済的価値よりも，社会的価値を重視」することで，公共部門と民間部門が互いに協力しながら，地域や市民とともに，「生活の維持と安全安心の確保」を目指す，「社会的価値の向上に貢献するロジスティクス」が必要になるだろう。

5.3　ソーシャル・ロジスティクスの定義と内容

5.3.1　ソーシャル・ロジスティクスとは何か

(1) 第三世代のロジスティクス

　前節（5-2）で述べたように，いまロジスティクスにおいてパラダイムシフトが起きているならば，パラダイムシフト後に出現する新しいロジスティクスの姿を描いておきたい。

　新しいロジスティクスとは，従来から存在している「ミリタリー・ロジスティクス（第一世代）」と「ビジネス・ロジスティクス（第二世代）」に続き，第三世代に相当する「新たなロジスティクス」と考えることができる。

　この新しいロジスティクスは，前節で示した3つのパラダイムシフト（物流重視，生活重視，社会的価値の重視）に従い，「物流の供給体制を重視し，安全安心を含めた生活指向で，社会的価値を高めるロジスティクス」でなけ

表5-3-1　3つのロジスティクスの比較

ミリタリー・ロジスティクス（戦略・戦術・兵站による戦争勝利）
目的：国家的価値最大（戦争の勝利，産業の保護と育成） 　担当：政府（軍隊，産業）
ビジネス・ロジスティクス（企業活動の成長と利益獲得） 　目的：経済的価値最大（物流コスト最小化，利益・付加価値最大化） 　担当：民間企業 　　　　インダストリアル・ロジスティクス　　製品生産と産業育成 　　　　コマーシャル・ロジスティクス　　　　販売促進と生活維持
ソーシャル・ロジスティクス（社会生活の維持と安全安心の確保） 　目的：社会的価値最大（環境保全・維持，資源確保，人道上の対策など） 　担当：公共部門，民間部門，市民 　　　　サステナブル・ロジスティクス　　　　持続可能な物流活動 　　　　（持続可能性＝環境変動［グリーン］＋資源再利用［リバース］） 　　　　ヒューマニタリアン・ロジスティクス　人道上の物流活動 　　　　（災害対策　　＝自然災害＋人為的災害） 　　　　（生活弱者対策＝交通弱者＋通院弱者＋買い物弱者）

出所：著者作成。

ればならない。このときの「社会」とは，社会貢献とか企業の社会的責任などでの「社会」と共通した概念であり，人々の生活や安全安心を維持して安定した社会づくりに貢献するという趣旨を含んでいる。

　そこで本書では，この新しいロジスティクスを「ソーシャル・ロジスティクス」と名付けることにする（表5-3-1）。

(2) ソーシャル・ロジスティクスの定義と目的

　ソーシャル・ロジスティクスとは，「民間部門と公共部門の連携にもとづき，経済的価値とともに社会的価値をより高めることで，生活や安全安心を支えるロジスティクス」である。

　ソーシャル・ロジスティクスの目的は，社会的価値の最大化である。それゆえ，環境の保全と維持，資源の確保，人道上の対策などを広く含むものである。このため，個々の企業の経済的価値の最大化（コスト削減，利益最大化など）を目指したビジネス・ロジスティクスと異なり，採算性を確保しながらも，評価の基準は社会的価値でなければならない。具体的に例示すれば，生活の安定や温暖化対策のためのCO_2削減という社会的価値が，コスト削減

という経済的価値よりも優先されるということである。

このため，ソーシャル・ロジスティクスの概念は，従来からのグリーン・ロジスティクス（環境にやさしいロジスティクス），サステナブル・ロジスティクス（持続可能なロジスティクス），ヒューマニタリアン・ロジスティクス（人道上のロジスティクス）などを含んでいる。[6]

(3) ソーシャル・ロジスティクスの構成

本書において，ソーシャル・ロジスティクスは，従来のビジネス・ロジスティクスと同じように，ロジスティクス・システム［ビジネス活動：1）商取引流通 2）物的流通］と，ロジスティクスのインフラ［基盤：1）施設 2）技術 3）制度］で構成されるものと考えている。[7]

ロジスティクス・システムとは，「ロジスティクスを円滑かつ効率的に行うために，発注から入荷までの間でロジスティクスを管理するシステム」である。このロジスティクス・システムには，商流［1）商取引流通］においては，発注と受注を結ぶ「①受発注システム」がある。物流［2）物的流通］においては，物流施設において受注から出荷までの「②倉庫管理システム（在庫管理，作業管理システムなど）と，出荷から入荷までの「③貨物管理システム」と「④輸送管理システム」がある。これらロジスティクス・システムは，民間企業が業務内容に合わせて構築されている（表5-3-2，図5-3-1）。

ロジスティクス・インフラとは，「ロジスティクス・システムが円滑かつ効率的に運用できるようにシステムを支えるもの」である。このロジスティクスのインフラには，施設［1)］，技術［2)］，制度［3)］の3つのインフラがある。なお，インフラとは，インフラストラクチャー（基盤，Infrastructure）の略である。

(4) ロジスティクスにおけるシステムとインフラ

ビジネス・ロジスティクスをサッカーにたとえるならば，「倉庫管理や輸配送などのシステムがプレイヤー」で，「施設・技術・制度がグラウンド」である。グラウンドという「基盤（インフラ）」が良いほど素晴らしいプレーが生まれるように，ロジスティクス・システムも，インフラ（施設，技術，制度）に大きく影響されている。しかし，ビジネス・ロジスティクスにおけるインフラは，あくまでもビジネス活動を支える基盤だった。

表5-3-2　ソーシャル・ロジスティクスの構成

ロジスティクスのシステム		
1）商流	①受発注システム	物資の品目・数量・納期などの受発注内容を管理する
2）物流	②倉庫管理システム	倉庫全体の作業（在庫，入出荷，作業など）を管理する 在庫管理：保管物資の数量・品質・位置を管理する 作業管理：保管・流通加工・包装のときの作業を管理する
	③貨物管理システム	輸送中の物資の数量・品質・位置を管理する
	④輸送管理システム	物資を輸送する貨物自動車などのモード（輸送手段）の位置や走行状況を管理する

ロジスティクスのインフラ		
1）施設	①ノード（物流施設）	工場，港湾，空港，流通センター，店舗，オフィス，住宅など
	②リンク（交通路）	道路，鉄道，航路，航空路など
	③モード（輸送手段）	貨物自動車，貨車，船舶，航空機，台車，自転車など
2）技術	①人材	公共：行政・手続き遂行，公平性，法令遵守など 民間：品質管理技術，改善意識，機密保持など
	②管理	輸送管理・貨物管理技術，パレット利用，冷蔵・冷凍技術など
	③情報	通信機器，伝票ラベル，標準化・規格化・共有化，ルールなど
	④資源	電力，電話，上下水・工業用水，燃料など
3）制度	①法令	規制と許可の基準，通関・検査・検疫システム，金融税制など
	②慣習・慣行	宗教上の慣習，労働慣行，損害補償システム，契約履行など

出所：著者作成。

　一方で，ソーシャル・ロジスティクスでは，社会的価値を求める以上，公共部門がロジスティクスを誘導する機会が増えることになり，システムとインフラの連携関係が，より強まると考えられる。たとえば，生活弱者の救済には，インフラにおける制度や技術を駆使しながら，ビジネスとしても成り立つような仕組みを考えていく必要があるだろう。

　この意味で，ビジネス・ロジスティクスよりも，ソーシャル・ロジスティクスのほうが，社会的価値の追求という面でも公共部門の役割が大きくなる。

図5-3-1　3つのロジスティクス（ミリタリー，ビジネス，ソーシャル）

【第一世代：ミリタリー・ロジスティクス】

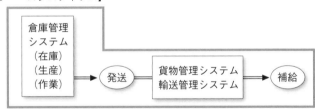

【第二世代：ビジネス・ロジスティクス】

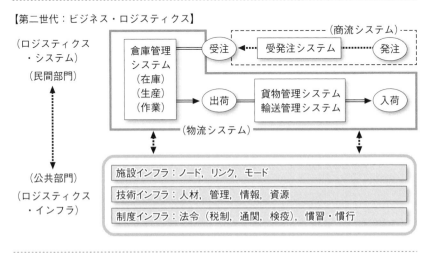

【第三代：ソーシャル・ロジスティクス】

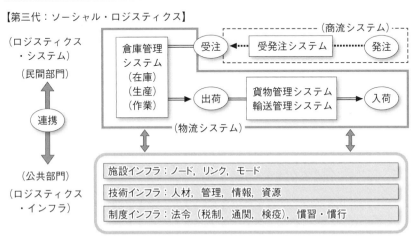

出所：著者作成。

5.3.2　我が国におけるソーシャル・ロジスティクスの系譜

(1) 軍事にもビジネスにもあった社会的価値の意図

　ソーシャル・ロジスティクスという言葉は存在しなかったとしても，ロジスティクス（兵站）という概念には，社会的価値を求める意図があったように思う。ただ，軍事やビジネスという言葉の陰に隠れていたということだったと考えられる。

　たとえば，第1章でも記したように，戦国の武将たちは，軍事とビジネスのロジスティクスとともに，領民の生活の安定や安全を考えていた。城下町で多くの領民の暮らしを維持するためには，生活物資の供給を通じて領民の生活の維持や安全の確保に心を砕いていた。

　ビジネス・ロジスティクスにおいても，企業のロジスティクスを通じて顧客の満足度を高めるという意味で，社会生活を支えている。ただし，ビジネス・ロジスティクスでは，主な目的がコスト削減と利益・付加価値の最大化だったことから，社会的な貢献が目立たなかった。

　これからの時代は，軍事やビジネスのロジスティクスにおいて，陰に隠れていた社会を支えるロジスティクスの部分が表面に出てきて，より重要になると考えられる。

(2) 公共部門に着目したソーシャル・ロジスティクスの先行研究

　ソーシャル・ロジスティクスは，学術用語として定着してはいないが，過去の文献を調べると大きく分けて2つの考え方がある。

　1つは，ソーシャル・ロジスティクスを，民間企業のビジネス・ロジスティクスと対比させて，公共部門が整備すべき社会基盤（インフラ：施設，技術，制度など）に着目する考え方である。もう1つは，私的利益追求型に対比させて，社会的利益の追求に着目する考え方である。

　前者の，ロジスティクスにおける公共部門の意義と役割を示した考え方は，約20年前にさかのぼる。

　平成10年（1998）に開かれた日本物流学会の第15回全国大会の統一テーマは，「ソーシャル・ロジスティクスの課題」だった。学会としてソーシャル・ロジスティクスという用語を使用したのは，このときが初めてだったように思う。その趣旨としては，企業利益を追求するビジネス・ロジスティクスとは一線を画して，「公共部門が，市民や企業などを含む社会全体の利益の向上を目指し，ひいては社会に貢献するロジスティクス」ということだった。[8]

平成11年（1999）3月には，先の学会の全国大会を受けて，ソーシャル・ロジスティクスに関する論文が，日本物流学会誌において発表されている。ここでは「ソーシャル・ロジスティクスの計画と評価」として，その基本的な考え方について，高橋輝男は以下のように記している。[9]

　「国が主導する物流改革のビジョンあるいは道路計画の策定などは，そのプロセスを見れば，まさにシステム設計そのものである。そしてこれらは，公の立場ではあっても企業のロジスティクス活動を支援し，最終的には人々の生活を助けようという目的をもっている。日頃，われわれが主として論じている対象をビジネス・ロジスティクスというなら，このような公的部門主導のシステムをソーシャル・ロジスティクスということができる。」

　著者も，このような公共部門の役割に着目して，当時，いくつかの原稿を書いている。[10][11][12][13]

(3) 社会的価値に着目したソーシャル・ロジスティクスの先行研究

　後者の，社会的価値の追求の視点で，ソーシャル・ロジスティクスの意義と役割を示した代表的な例が，高田富夫による「ロジスティクス管理の方法」と考えている。

　高田は，著者の「はしがき」のなかで，以下のように記している。[14]

　「さてロジスティクスには3つの顔がある。1つには軍事面での後方支援活動，2つには企業の経営管理活動，3つには環境保全や自然ないし人為的なディザスターに備える社会的活動である。言い換えればロジスティクスはミリタリー系，ビジネス系，ソーシャル系の三分野に分類することができる。各分野は根底において輸送，保管，在庫（備蓄）といった共通の課題をもっているが，それぞれに固有の課題も少なくない。本書は，書名にある通り，製造業や流通業のロジスティクスを取り上げて企業の経営管理活動としてのビジネス・ロジスティクスについて論ずるものであり，とりわけ管理の方法について多くの紙幅を割いている。」としている。

　そして，「ソーシャル・ロジスティクスの成立と発展」について，以下のように記している。[15]

　「ソーシャル・ロジスティクスの始まりは公共経済学の外部不経済の議論に端を発するサステナビリティー系である。サステナビリティーすなわち持続可能な成長とは元来，環境，経済，社会の3つの場面で調和のとれた発展を意味する。……もう一方のソーシャル・ロジスティクスはヒューマニタリア

ン系である。……ヒューマニタリアン系はさらに災害対応と高齢者を中心と
する輸送弱者対応のロジスティクスに分かれる」としている。

(4) 本書におけるソーシャル・ロジスティクスの特徴

　本書におけるソーシャル・ロジスティクスは，公共部門の役割と社会的価
値の追求という2つの面を合わせている点に，特徴がある。

　先に（5.3.1），ソーシャル・ロジスティクスとは，「民間部門と公共部門の
連携にもとづき，経済的価値とともに社会的価値をより高めることで，生活
や安全安心を支えるロジスティクス」とした。この趣旨は，「インフラ整備を
通じた社会的価値の向上」と，「ビジネス・ロジスティクスにおける社会的価
値の向上」の，2つの面を持っていることになる。

　具体的なソーシャル・ロジスティクスについては，第6章において，大都
市・都市・中山間地域・離島における持続的な生活を支えるロジスティクス
を記しており，第7章において，環境負荷削減・医療・災害について，人々
の安全安心を支えるロジスティクスを記している。

　この第6章と第7章では，サステナブル・ロジスティクスやヒューマニタ
リアン・ロジスティクスを含め，ロジスティクスのシステムを担う民間部門
（荷主，物流事業者）と，インフラを担う公共部門の役割も示している。

5.3.3　海外における新しいロジスティクスの動向

(1) ソーシャル（Social）の使用事例

　マーケティングの分野では，1970年代にソーシャル・マーケティング（Social
Marketing）という用語が，非営利組織のマーケティング，ないし公衆衛生，
安全，環境，社会，生活の便益をもたらすマーケティングとして登場してい
た。また，2000年代後半になってソサイエタル・マーケティング（Societal
Marketing，社会指向的マーケティング）という用語が，経済的利益を確保
しながら，自然環境や社会への影響を考慮するマーケティングとして登場し
ている。著者は，両者の厳密な違いを把握できていないが，経済的価値の追
求を超えるものであることは確かだろう。

　一方で，ソーシャル・ロジスティクス（Social Logistics）という英単語を
インターネットで検索しても，外国の文献ではあまり見かけない。この理由
として，資本主義（Capitalism）と社会主義（Socialism）の対立を意識すれ
ば，ソーシャルと言う用語がビジネスと対立する概念と受け取られて，使用

が避けられているのかもしれない。

しかし，社会福祉（Social Welfare，社会的弱者への援助）や，社会資本（Social Capital，道路や学校病院など産業や生活の基盤となる公共施設）という言葉もあり，ＳＮＳ（Social Networking Service，インターネットを利用した交流ネットワーク）もある。またマーケティングの分野でも使用されているのだから，ソーシャルという用語を使用することに大きな問題はないだろう。

(2) 社会的価値の重視する世界の潮流

近年の動向として，国連は平成27年（2015）に「持続可能な開発目標（SDGs：Sustainable Development Goals）」を提唱した。これは，地球上の「誰一人取り残さない（leave no one behind）」という趣旨で，17のゴール・169のターゲットから構成されている。このなかにはロジスティクスそのものはないものの，飢餓を救うための食糧供給や，クリーンなエネルギーと気候変動への対応のための輸送機関によるCO_2削減など，ロジスティクスに密接に関連する目標（ゴール）も多い。[16]

また，ESG投資とは，環境（Environment）・社会（Social）・ガバナンス（Governance）を考慮した投資のことであり，従来の財務情報に加えて企業価値を評価する要素である。環境や社会への取り組みを重視するということで，SDGsとともに注目されている。[17]

(3) サステナブル・ロジスティクスの考え方

サステナブル・ロジスティクス（(Sustainable Logistics，持続可能なロジスティクス）とは，「地球環境を保全しつつ産業や開発などを行うとともに，社会や人々の生活も持続可能とするロジスティクス」としてよいだろう。

MIT（マサチューセッツ工科大学）の交通ロジスティクス研究センター（Center for Transportation & Logistics）では，サステナブル・ロジスティクスについて，「環境と社会の持続可能性を考慮しながら成長を促進することを目的とした応用的で革新的な研究により，企業などの組織がロジスティクスとサプライチェーンの運用を改善するのを支援すること」としている。ここでは，①配送先のラストマイルの運用の最適化，②消費者行動と同日配達の環境への影響，③持続可能で費用効果の高い輸送モードの開発，④地域特性とCO_2排出量の変動性，⑤地形を含めた最適ルーティング，⑥輸送中のCO_2

図5-3-2　サステナブル・ロジスティクスの範囲

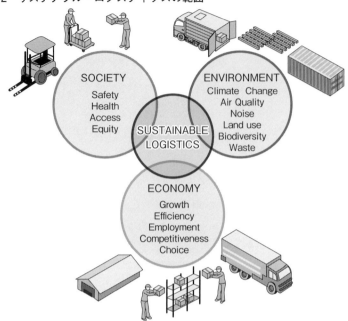

出所：Coventry University, https://www.futurelearn.com/info/courses/sustainability-and-green-logistics-an-introduction/0/steps/60174 より。

排出量とドライバーの行動パターンなど，6つの研究テーマを掲げている。この研究テーマをみてもわかるように，また組織の名称からも想像できるように，ロジスティクスというよりは輸送（Transportation）に近い。[18]

　コベントリー大学（Coventry University）では，輸送よりも対象を広げて，3つの側面からサステナブル・ロジスティクスを説明している。この3つとは，①経済的側面（付加価値の向上，コストの削減)），②社会的側面（労働者の権利の保護，消費者が受け入れること），③環境的側面（製品の順方向と逆方向の管理）の3つである。なお，このとき環境的側面の順方向（Forward）をグリーン・ロジスティクス（Green Logistics）と，逆方法（Reverse）をリバース・ロジスティクス（Reverse Logistics）に相当することになる（図5-3-2)。[19]

(4) ヒューマニタリアン・ロジスティクスの考え方

　ヒューマニタリアン・ロジスティクス（Humanitarian Logistics, 人道主義

的なロジスティクス）とは，人間性を重んじ人々の福祉向上を目指すという意味で，「飢餓や災害にあった人たちへの救援や支援のロジスティクス」が主と考えて良い。ヒューマニタリアン・ロジスティクス協会（Humanitarian Logistics Association）のホームページによると，この協会は「人道的ロジスティクスの専門家や組織のための非営利の国際会員協会であり，世界的な緊急事態の影響を受けた人々を救済し，インフラストラクチャーを構築するために対応しています。英国を拠点とするNGOとして，HLAは，援助機関，民間，公的，学術部門間の理解を深め，提携を築くために活動しています。」としている。[20]

すなわち「人道主義的なロジスティクス」という日本語のニュアンスには，交通弱者や買い物弱者などの救済を含めた福祉の向上という意味も含まれるかもしれないが，諸外国では災害や飢餓などに焦点を絞っていることになる。

（5）海外におけるロジスティクスの動向と本書の特徴

上記に記したように，国連をはじめとする世界的な潮流に加えて，サステナブル・ロジスティクスやヒューマニタリアン・ロジスティクスの普及は，ロジスティクスにおいても社会的な価値を重視すべきという点で，本書のソーシャル・ロジスティクスと共通する部分は多い。

ソーシャル・ロジスティクスは，サステナブルやヒューマニタリアンのロジスティクスの概念も含めて，社会的価値を高めるという点で，より広い概念である。このため，人びとに受け入れられる素地はあると考えている。

5.3.4　ソーシャル・ロジスティクスのシステム

（1）受発注システム（発注→受注）

ソーシャル・ロジスティクスのシステムには，先述のように（5.3.1），商流（商取引流通）においては，「①受発注システム」がある。物流（物的流通）においては，「②倉庫管理システム（在庫管理，作業管理システムなど）と，出荷から入荷までの「③貨物管理システム」と「④輸送管理システム」がある。[21]

受発注システム（①）とは，「企業間において，商品や物資の発注内容を発注者が送付し，受注者が受け付けるシステム」である。たとえば，小売業者が卸売業者に発注したり，消費者がピザの出前を注文したりする。このとき，受発注内容には，商品や物資の品目・数量・納期などがある。

代表的な受発注システムには，EOS（Electronic Ordering System：電子発注システム）やOMS（Order Management System：発注管理システム）などインターネットを利用した情報システムがある。

(2) 倉庫管理システム（受注→出荷）

倉庫管理システム（②）とは，「倉庫や流通センターなどで，保管されている商品や物資の数量と品質と位置を管理するシステムであり，入出庫や保管などの在庫管理と，施設内での作業管理を行うシステム」である。[22]

倉庫管理システムにおける数量管理とは，保管されている商品や物資の数量を適正な範囲に保つことである。品質管理とは，保管されている商品や物資の保管温度帯と消費期限や賞味期限を管理し，品質劣化を防ぐことである。位置管理とは，保管されている商品や物資が，施設の何階のどの棚にあるかを管理することである。

代表的な倉庫管理システムには，在庫管理と労務管理を統合したWMS（Warehouse Management System：倉庫管理システム）がある。

(3) 貨物管理システム（出荷→入荷）

貨物管理システム（③）とは，「輸送中の商品や物資の数量と品質と位置を管理するシステム」である。[23]

貨物管理システムにおける数量管理とは，輸送中の商品の数量を把握するために，積みおろし時に数量を管理することである。品質管理とは，輸送中の温度や湿度，揺れ（振動）を管理することである。位置管理とは，輸送中の商品が地理的にどの位置にあるかを管理することである。

代表的な貨物管理システムには，温度管理システムと貨物追跡システムを統合したFMS（Freight Management System：貨物管理システム）がある。

(4) 輸送管理システム（出荷→入荷）

輸送管理システム（④）とは，「車両の運行状況，運転者の労務状況，走行経路・時刻と集荷配達を管理するシステム」である。[24]

輸送管理システムにおける車両の運行状況の管理とは，割り当てられた配送先に確実に運行しているかを確認することである。運転者の労務状況の管理とは，運転者の運転時間や拘束時間などを管理することである。走行経路・時刻の管理とは，貨物車が配送計画にもとづく経路と時刻の運行を管理する

ものである。集荷配達の管理とは，集荷配達により，貨物が届け先に届いているかを管理するものである。

代表的な輸送管理システムには，運行管理システムと配送管理システムを統合したTMS（Transportation Management System：輸送管理システム）がある。

5.3.5 ソーシャル・ロジスティクスのインフラ

(1) 施設インフラ

ソーシャル・ロジスティクスのインフラには，先述のように［5-3-1（4），表5-3-2］，施設，技術，制度の3つがある。[25]

第1の施設インフラ ［1）］には，施設や倉庫や流通センターなどの「①ノード（Node，交通結節点）施設」と，道路などの「②リンク（Link，交通路）施設」，自動車や船舶などの「③モード（Mode，輸送手段）」の3つがある。ロジスティクスのための道路が整っていたとしても，需要がなければ商品や物資が集まることはないが，需要が生じたときに施設が未整備であれば，運びたくても運べないので，施設は極めて重要である（2.3.1，参照）。

ノード（①）とは，「工場，流通センター・倉庫・配送センター，店舗・オフィスなど」である。ロジスティクスにおいては，発注システムで注文を受けたのちに，倉庫管理システムにもとづき商品や物資を保管し，流通加工をして出荷する施設が必要になる。また，商品の届け先として店舗も必要である。このため広義には，広域物流拠点（港湾，トラックターミナルなど），都市内集配拠点（流通センター，倉庫，配送センターなど），荷さばき施設（オフィスビルの駐車場，商店街の停車場所など）になる。

リンク（②）とは，「道路，鉄道，航路，航空路など」である。流通センターから店舗の商品を配送するためには，道路が必要である。また，鉄道で貨物輸送をする場合にも，線路が接続していることが条件になる。海上輸送や航空輸送においても，航路や航空路が不可欠である。商品や物資が，施設間（港湾や工場から，流通センター・倉庫，店舗・住宅など）へ輸送されていくとき，施設の間を円滑に結ぶ鉄道や道路が重要である。

モード（③）とは，「輸配送に用いる貨物車，貨車，船舶，航空機など」である。また搬送時には，台車，自転車なども使用される。これらの輸送手段や輸送用具がなければ，運びたくても運べなくなったり，極めて非効率な輸送になったりしてしまう。

(2) 技術インフラ

　第2の技術インフラ［2)］には，「①人材」，「②管理」，「③情報」，「④資源」の4つがある。これらが1つでも欠けると，いくら高度なシステムを導入しても活用できない。[26)]

　人材（①）とは，「ロジスティクスを担当する人材の知識レベルや技術レベル」である。公共部門では，手続き遂行能力，不正防止・公平性，法令遵守などを厳守できる人材である。また民間部門では，技術力，勤労意欲，改善意識，機密保持などにかなう人材である。これらは，教育水準，国民性，言語・宗教・民族に大きく影響され，国ごとに異なることが多い。

　管理（②）とは，「受発注・生産・在庫・作業管理技術，輸送管理・貨物管理技術の普及の程度，パレットやコンテナの使用実態，冷蔵・冷凍技術など」である。日本国内での高度な管理技術が，ただちに輸出入相手国に適用できるとは限らないので，その国の実情を正確に把握しておくべきであり，ときには技術移転や教育も必要となる。

　情報（③）とは，「ハードとしての情報通信施設や機器と，ソフトとして伝票ラベルの統一，管理データの収集分析，データ標準化・規格化・共有化，コード共通化，情報利用のルールなど」である。在庫削減や輸送効率化だけでなく，作業指示や荷役効率化も含め，さまざまな場面でスムーズな情報伝達が必要である。

　資源（④）とは，「電力，電話，上下水・工業用水，燃料など」である。通常は，これらの資源やエネルギーが断絶することは少ないが，災害や事故が起きれば途端に操業に差し障ることになる。このため，非常用電源，燃料の備蓄などを検討する必要がある。

(3) 制度インフラ

　第3の制度インフラ［3)］には，「①法令」，「②慣習・慣行」の2つがある。ロジスティクスの競争が同じ土俵の共通したルールのもとで行われるのであれば，それほど不公平ということにはならない。しかし，国によっては，企業ごとにハンディキャップが付けられたり，急に運用方法が変更されたりすることもある。[27)]

　法令（①）のうち，法律とは「人や企業の自由・権利・責任・義務を定めるもの」であり，国会の議決によって制定される。法律以外には，政府が定める政令や地方自治体が定める条例，国が一般に知らせる告示や，国が地方

自治体に伝える通達などもある。

　慣習・慣行（②）とは，「法律によらないものの，地域社会の長年の習慣として行われてきたこと」である。宗教上の慣習，労働慣行，損害補償システム，契約履行などがある。特に物流業界では，契約条項にはない作業を習慣として行うことを商慣行と言うことがある。また，海外の物流施設では，国民性，言語・宗教などによる慣習や慣行に注意を払う必要がある。そして，紛争，為替変動・契約不履行，犯罪・事故，紛争，生活保全などのリスクが大きければ，ロジスティクスにかかる費用も大きくならざるをえない。

5.4　ロジスティクス・システム管理（LSM）

5.4.1　ロジスティクス・システム管理（LSM）の考え方

（1）ロジスティクス・システム管理（LSM）の定義と役割

　ロジスティクスのシステム管理（LSM：Logistics System Management）とは，「ロジスティクスを構成する商流と物流のシステムについて，円滑化と効率化を実現するために，ロジスティクスの需給バランスを維持すること」である。

　このとき，ロジスティクス・システム管理（LSM）の役割は，受発注におけるサービス水準や，生産・在庫需要や，輸配送需要をコントロールすることにより，社会的価値を高めることである。

　つまり，従来のビジネス・ロジスティクスとの大きな相違点は，「企業の経済的価値だけのためではなく，社会的価値を優先して，ロジスティクス・システムを管理する」ということである。

　具体的には，「採算が合わないから事業を中止する」という経済的価値による評価ではなく，「採算が合わないとしても，この事業（例，移動販売）は社会的価値がある。よって事業継続のために，商流システムのサービス水準の変更や価格の調整と，物流システムの輸送保管条件の調整を通じて，生活や安全安心を支えていきたい」ということである（図5-4-1）。

（2）ロジスティクス・システム管理（LSM）の対象

　ロジスティクス・システム管理（LSM）では，ロジスティクスのサイクル「発注→受注→出荷→入荷」における需給バランスを維持する対策として，3つの管理（X：受発注の管理，Y：生産・在庫の需要管理，Z：輸配送の需

図5-4-1　ロジスティクス・システム管理（LSM）

【ロジスティクス・システム】

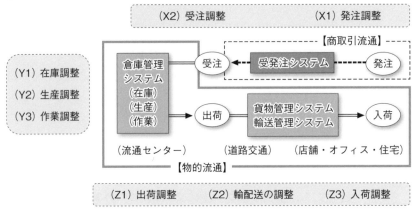

出所：著者作成。

表5-4-1　ロジスティクス・システム管理（LSM）の対策

受発注の管理（X：サービス水準の変更による需要削減）（表5-4-2）
A. サービスの限定（商品限定，サービス限定，地域限定）→限る
B. サービスの抑制（低頻度化，リードタイム長時間化）→抑える
C. 費用の負担（価格上乗せ，会費制度，自治体補助）→負担する
生産・在庫の管理（Y：生産・在庫の需要調整による供給量増加）（表5-4-3）
D. 生産・在庫の分散化（生産在庫地点，生産在庫の平準化）→分ける
E. 生産・在庫の減少（生産平準化，安全在庫見直し）→無駄を減らす
F. 生産・在庫の転換（手段，経路，施設，担当）→換える
輸配送の管理（Z：需要削減と供給確保）（表5-4-4）
G. 輸配送の分散化（空間，時間，手段）→分ける
H. 輸配送量の減少（車両の大型化，運転手の増員）→無駄を減らす
I. 輸配送の転換（手段，経路，施設，担当）→換える

出所：著者作成。

要管理）が対象となる。[28]

　第1の受発注の管理（X）とは，「受発注のサービス水準を変更して，需要を削減すること」であり，3つの対策（A.サービスの限定，B.サービスの抑制，C.費用の負担）がある（**表5-4-1**）。

　第2の生産・在庫の需要管理（Y）とは，「生産・在庫の需要を調整して，

表5-4-2　受発注段階でのロジスティクス・システム管理（LSM）

	（X2）受注調整	（X1）発注調整
サービスの限定 （A. 限る）	①受注品目の限定 ②受注時間・地域の限定 ③受注間隔の限定	①発注品目の限定 ②発注時間・地域の限定 ③発注間隔の限定
サービスの抑制 （B. 抑える）	①最小受注量の設定 ②受注回数の抑制 ③受注の平準化	①最小発注量の設定 ②発注回数の抑制 ③発注の平準化
費用の負担 （C. 負担する）	①受注量別の費用負担 ②受注回数別の費用負担 ③在庫割増の費用負担	①発注量別の費用負担 ②発注回数別の費用負担 ③在庫割増の費用負担

出所：著者作成。

供給量を増加させること」である。これには，3つの対策（G.生産・在庫需要の分散化（分ける），H.生産・在庫需要の減少（減らす），I.生産・在庫需要の転換（換える））がある。

　第3の輸配送の需要管理（Z）とは，「輸配送の需要を調整して，供給量を増加させること」である。これには，3つの対策（D.輸配送の分散化（分ける），E.輸配送の減少（減らす），F.輸配送の転換（換える））がある。

5.4.2　受発注段階でのロジスティクス・システム管理（LSM）

(1)　発注調整（X1）

　受発注段階において，発注者が検討すべきロジスティクス・システム管理（LSM）の具体的な2つの対策（発注調整（X1），受注調整（X2））を，サービスの限定（A.），サービスの抑制（B.抑える），費用の負担（C.負担する）で示すと以下のようになる（**表5-4-2**）。

　発注調整（X1）において，サービスの限定（A.限る）の対策には，①発注品目の限定，②発注時間・地域の限定，③発注間隔の限定などがある。たとえば，発注する品目の数を減らせば，品目ごとの発注量が増えて仕分けなどの物流作業が容易になる可能性がある。発注時間を限定すれば作業が円滑になり，近隣の地域にある企業に発注すれば輸送の効率化につながる可能性がある。発注間隔を長くすれば一回当たりの物流作業量が多くなり，効率的な

物流作業を実現できる可能性がある。

　サービスの抑制（B.抑える）の対策には，①最小発注量の設定，②発注回数の抑制，③発注の平準化などがある。たとえば，最小発注量を設定したり，発注回数を抑制したりすれば，過剰な多頻度小口配送を回避できる可能性がある。また，月初めや月末などの発注量の増加を見越して，発注を平準化できれば，無駄な配送を減らせる可能性がある。

　費用の負担（C.負担する）の対策には，①発注量別の費用負担，②発注回数別の費用負担，③在庫割増の費用負担などがある。たとえば，発注量が少ない場合や発注回数が多くて手間がかかる場合には，発注者が物流にかかわる費用の一部を負担することが考えられる。また，発注者が在庫を割り増しすれば，自らの在庫費用は増えたとしても輸送にかかる費用と相殺できる可能性がある。

(2) 受注調整（X2）

　受注調整（X2）において，サービスの限定（A.限る）の対策には，①受注品目の限定，②受注時間・地域の限定，③受注間隔の限定などがある。たとえば，受注する品目の数を減らせば，品目ごとの受注量が増えて物流作業が容易になる可能性がある。受注時間を限定すれば作業が集約でき，受注を近隣の地域に限定すれば，遠距離の配送を減らすことができる。受注間隔を長くしたり受注日時を限定したりすれば，一回当たりの受注量が多くなり，効率的な物流を実現できる可能性がある。

　サービスの抑制（B.抑える）の対策には，①最小受注量の設定，②受注回数の抑制，③受注の平準化などがある。たとえば，最小受注量を設定したり，受注回数を抑制したりすれば，過剰な多頻度小口配送を避ける可能性がある。また，月初めや月末などの受注量の増加を見越して，顧客に発注の平準化を依頼できれば，無駄な配送を減らす可能性がある。

　費用の負担（C.負担する）の対策には，①受注量別の費用負担，②受注回数別の費用負担，③在庫割増の費用負担などがある。たとえば，受注量が少ない場合や受注回数が多くて手間がかかる場合には，発注者に物流にかかわる費用の一部を負担してもらう方法が考えられる。また，発注者が在庫を割り増しすれば，自らの在庫費用は増えたとしても輸送にかかる費用と相殺できる可能性がある。

表5-4-3　生産・在庫段階でのロジスティクス・システム管理（LSM）

	（Y1）在庫調整	（Y2）生産調整	（Y3）作業調整
生産・在庫の分散化 （D. 分ける）	①在庫拠点の分散化 ②在庫期間の調整	①生産拠点の分散化 ②生産時期の調整	①作業場所の分散化 ②作業時間の調整
生産・在庫の減少 （E. 無駄を減らす）	①在庫割増で納入回数減 ②在庫拠点の大型化	①生産計画の平準化 ②生産品目の調整	①作業計画の平準化 ②作業項目の調整
生産・在庫の転換 （F. 換える）	①製品から原材料在庫 ②在庫商品の絞り込み	①生産時期の変更 ②生産地と輸送手段 の変更	①作業計画の変更 ②作業方法の変更

出所：著者作成。

5.4.3　生産・在庫段階でのロジスティクス・システム管理（LSM）

（1）在庫調整（Y1）

　生産・在庫段階のうち，受注者が検討すべき具体的な3つの対策（在庫調整（Y1），生産調整（Y2），作業調整（Y3））を，生産・在庫の分散化（D.分ける），生産・在庫の増加（E.無駄を減らす），生産・在庫の転換（F.換える）で示すと以下のようになる（表5-4-3）。

　在庫調整（Y1）において，生産・在庫の分散化（D.分ける）の対策には，①在庫拠点の分散化や，②在庫期間の調整などがある。たとえば，在庫拠点を分散化することで，結果的に在庫の割り増しや，地域別の在庫拠点による短距離配送などの対応が可能になる。また。分散化した在庫拠点で地域ごとに適切な在庫を持つことも可能となる。

　生産・在庫の減少（E.無駄を減らす）の対策には，①在庫割増で納入回数減や，②在庫拠点の大型化などがある。たとえば，在庫割増や在庫拠点の大型化をすれば，在庫費用は増加するものの，配送費用を削減できる可能性がある。この場合，常に在庫費用と配送費用のトレードオフを考慮しながら，考えていく必要がある。

　生産・在庫の転換（F.換える）の対策には，①製品在庫から原材料在庫への変更や，②在庫商品の絞り込みなどがある。たとえば，製品在庫から半製品や原材料在庫に変更すれば，注文を受けてから製品化までの時間はかかるが，

在庫は減らすことができる。また，商品数そのものを絞り込むことで，在庫品目も減らすことができる。

(2) 生産調整（Y2）

　生産調整（Y2）において，生産・在庫の分散化（D.分ける）の対策には，①生産拠点の分散化や，②生産時期の調整などがある。たとえば，生産拠点を消費地の近傍に設ければ輸配送費用は削減できる。また，分散化して消費動向に合わせて生産すれば，適切な在庫を持つことも可能となる。

　生産・在庫の減少（E.無駄を減らす）の対策には，①生産計画の平準化や，②生産品目の調整などがある。たとえば，生産計画の平準化すれば，在庫費用は増加しても生産時の無駄の削減が可能になる。また，生産品目を調整して少量多品種の生産を減らせば，生産や物流の効率化につながり，商品や物資の安定供給につながる。

　生産・在庫の転換（F.換える）の対策には，①生産時期の変更や，②生産地と輸送手段の変更などがある。たとえば，生産時期を容易に変更できれば，在庫を削減できる可能性がある。また，生産地を物流の労働力に余裕のある地域に移転したり，モーダルシフトのように輸送手段の変更をしたりすることで，物流の供給量を増加できる可能性がある。

(3) 作業調整（Y3）

　作業調整（Y3）において，生産・在庫の分散化（D.分ける）の対策には，①作業場所の分散化や，②作業時間の調整などがある。たとえば，流通センターなどの作業場所を分散化すれば，従業員も集めやすくなり，結果として作業容量を増やすことができる。また，作業時間を調整することで，昼夜作業を含めて物流の供給量を増やすことができる。

　生産・在庫の増加（E.無駄を減らす）の対策には，①作業計画の平準化や，②作業項目の調整などがある。たとえば，作業計画を平準化すれば，作業量のピークを減らすことができる。また，作業項目を調整して少量多品種の作業を減らせば，作業の効率化につながる。

　生産・在庫の転換（F.換える）の対策には，①作業計画の変更や，②作業方法の変更などがある。たとえば，仕分けやピッキングの作業方法を変えることで，一人当たりの作業量が増えれば，物流の供給量が増えたことになる。

5.4.4　輸配送段階でのロジスティクス・システム管理（LSM）

(1)　出荷調整（Z1）

　輸配送（貨物・輸送管理）段階において，受注者及び輸配送業者が検討すべきロジスティクス・システム管理（LSM）の具体的な3つの対策（出荷調整（Z1），輸配送の調整（Z2），入荷調整（Z3））を，輸配送の分散化（G.分ける）輸配送の減少（H.無駄を減らす），輸配送の転換（I.換える）で示すと以下のようになる（**表5-4-4**）。

　出荷調整（Z1）において，輸配送の分散化（G.分ける）の対策には，①事前検品による分散化や，②出荷場所の分散化がある。たとえば，事前検品を行うことで積み込み作業を前倒ししたり，作業人員を分けたりすることができる。また，配送量に合わせて出荷場所を複数の拠点に分けておくと，出荷作業の集中を避けることができる。

　輸配送の減少（H.無駄を減らす）の対策には，①事前納品による平準化や，②納品予約と時間管理などがある。たとえば，事前納品による仕分け作業の平準化が可能であれば，作業効率を上げることができる。また，納品予約や時間管理ができれば，待機時間の解消などにつながり，物流の無駄を減らすことになる。

　輸配送の転換（I.換える）の対策には，①出荷拠点の変更や，②出荷手段・業者の変更などがある。たとえば，流通センターなどの出荷拠点を人材の豊富な場所に移転できれば，パートや運転手などの労働力不足を解消できる可能性がある。また，出荷方法や物流事業者を変更することにより，物流の人手不足を解消できる可能性がある。

(2)　輸配送の調整（Z2）

　輸配送の調整（Z2）において，輸配送の分散化（G.分ける）の対策には，①配送時間の分散化や，②配送日の分散化などがある。たとえば，交通渋滞の激しい昼間の時間帯を避けることができれば，配送時間の短縮を図ることができる。また，配送日を地域ごとに曜日で決めれば，結果として輸送効率や積載率を上げることも可能である。

　輸配送の減少（H.無駄を減らす）の対策には，①配送回数の削減や，②配送量の平準化などがある。たとえば，配送地域を曜日ごとに分けて回数を削減すればより広い地域への配送も可能になり，物流の容量を増やすことが可能となる。また，配送量の平準化ができれば，高い積載率の配送も可能となる。

表5-4-4　輸配送段階でのロジスティクス・システム管理（LSM）

	（Z1）出荷調整	（Z2）輸配送の調整	（Z3）入荷調整
輸配送の分散化 （G. 分ける）	①事前検品による分散化 ②出荷場所の分散化	①配送時間の分散化 ②配送日の分散化	①納品時間の分散化 ②配送手段の分散化
輸配送の減少 (H. 無駄を減らす)	①事前納品での平準化 ②納品予約と時間管理	①配送回数の削減 ②配送量の平準化	①入荷量・回数の調整 ②在庫割増し
輸配送の転換 （I. 換える）	①出荷拠点の変更 ②出荷手段・業者変更	①輸送手段・担当の 　転換 ②夜間配送への転換	①納品手段の転換 ②納品予約と館内配送

出所：著者作成。

　輸配送の転換（I.換える）の対策には，①輸送手段・担当の転換や，②夜間配送への転換などがある。たとえば，モーダルシフトなどにより輸送手段を変更できれば，物流の容量を増やすことが可能である。また，担当する輸送事業者の選定にあたり，配送需要の変動に柔軟に対応できる輸送業者を選ぶことも効果がある。さらに，夜間の輸配送が可能であれば，渋滞を避けることで物流の供給量を増加できる。

（3）入荷調整（Z3）

　入荷調整（Z3）において，輸配送の分散化（G.分ける）の対策には，①納品時間の分散化や，②配送手段の分散化などがある。たとえば，午前中が多い配送時間の指定であるが，前日の夕方などに納品時刻を移動できれば，車両の運用効率が上がる。また，多様な配送手段を利用することで，輸配送の容量を増やすことができる。

　輸配送の減少（H.無駄を減らす）の対策には，①入荷量・回数の調整や，②在庫割増などがある。たとえば，入荷量・回数の調整では，1回当たりの入荷量を多くすることで配送回数の削減や，入荷回数の削減が可能となる。また，在庫割増により，緊急配送・緊急納品を避けることができる。

　輸配送の転換（I.換える）の対策には，①納品手段の転換や，②納品予約と館内配送などがある。たとえば，納品手段の転換とは，小型配送車から大型貨物車への転換などがある。また，納品予約と館内配送については，都心の

大型ビルなどで実施しているように，納入業者ごとに納品時間を指定して館内では共同配送を取り入れれば，短時間の駐車や荷さばきが可能となり，効率的な運用ができる。

5.5 ロジスティクス・インフラ管理（LIM）

5.5.1 ロジスティクス・インフラ管理（LIM）の考え方

(1) ロジスティクス・インフラ管理（LIM）の定義と役割

ロジスティクスのインフラ管理（LIM：Logistics Infrastructure Management）とは，「安定した社会生活の維持や都市と産業の活性化のために，環境にやさしく効率的なロジスティクスの実現」を目指し，「物流施設計画（ノード），道路交通計画（リンク）」を対象に，「官民協力，規制誘導，施設整備の対策」を組み合わせて「都市の物流の総合的な管理をすること」である。[29]

このとき，ロジスティクス・インフラ管理（LIM）の役割は，施設・技術・制度のインフラを整備することで，間接的にロジスティクス・システムの社会的な価値を高めることである。

(2) ロジスティクス・インフラ管理（LIM）の対象

インフラ管理の対象は，施設と技術と制度の3つである。ここでは，流通センター，道路交通，配送先（店舗・オフィスなど）という配送を事例に考えることにする（**図5-5-1**）。

第1の施設インフラの対象は，物流施設の整備（流通業務団地の整備，インターチェンジや港湾空港の周辺での広域物流拠点の整備）と，道路整備（重要物流道路，幹線道路整備など）と，駐車荷さばき施設（駐車施設，搬入通路の整備など）がある。

施設には，港湾や流通業務団地のように公共部門が整備するものもあれば，流通センターや倉庫など民間部門が整備するものもある。特に，物資が到着する店舗やオフィスや住宅などは，民間部門が整備することが多い。このように民間部門が整備するときには，法制度による規制やガイドラインを設けることがある。そして道路整備については，基本的に公共部門が整備している。

第2の技術インフラの対象は，センター内技術（搬送ロボット，事前出荷情報など）と，貨物・運行技術（貨物マッチング，交通情報，通行規制など）

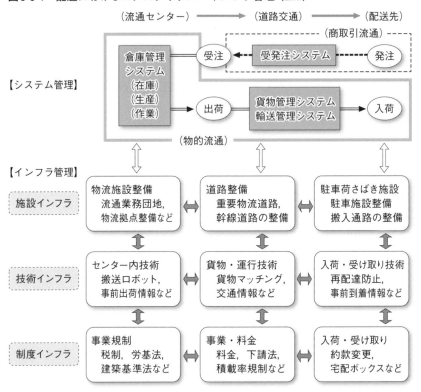

図5-5-1　配送におけるロジスティクス・インフラ管理（LIM）

（流通センター）　　　　（道路交通）　　　　（配送先）

【システム管理】

倉庫管理システム（在庫）（生産）（作業）　受注　　受発注システム　　発注（商取引流通）

出荷　貨物管理システム輸送管理システム　入荷

（物的流通）

【インフラ管理】

施設インフラ
- 物流施設整備　流通業務団地，物流拠点整備など
- 道路整備　重要物流道路，幹線道路の整備
- 駐車荷さばき施設　駐車施設整備　搬入通路の整備

技術インフラ
- センター内技術　搬送ロボット，事前出荷情報など
- 貨物・運行技術　貨物マッチング，交通情報など
- 入荷・受け取り技術　再配達防止，事前到着情報など

制度インフラ
- 事業規制　税制，労基法，建築基準法など
- 事業・料金　料金，下請法，積載率規制など
- 入荷・受け取り　約款変更，宅配ボックスなど

出所：著者作成。

と，入荷受け取り技術（再配達防止，事前到着情報，荷さばき誘導など）がある。

　技術は，多くの場合，民間部門が新技術を導入していくことになる。たとえば，流通センターにおける搬送ロボットの導入があり，入荷受け取りについては，再配達防止の技術や事前到着情報の提供などがある。これらは民間事業者による技術導入や技術開発が主体となるが，システムの標準化や交通情報の提供などは公共部門の役割になる。

　第3の制度インフラの対象は，事業規制（税制，労基法，建築基準法など）と，事業・料金（標準的運賃，下請法，積載率規制など）と，入荷・受け取り（運送約款の変更，宅配ボックスの設置，共同配送の導入，駐車ルールの設定など）がある。

制度については，原則として公共部門が整備することになる。民間事業者は，この制度のもとで企業活動を行うことになる。

5.5.2 配送を事例としたロジスティクス・インフラ管理（LIM）

(1) 施設・技術・制度ごとのインフラ管理の連携（ヨコ）

公共部門のロジスティクス・インフラ管理（LIM）を，3つのインフラ（施設，技術，制度）と，3つの施設（流通センター，道路交通，配送先）を組み合わせると，具体的な方法が明確になる。

このとき，施設・技術・制度ごとに対策（ヨコ）をみれば，それぞれのインフラ管理の課題が明らかになる。

施設インフラでは，物流施設と道路と駐車荷さばき施設の整備がある。このとき，物流施設や道路の整備が十分であっても，駐車荷さばき施設が不十分で直近に駐車できなければ，荷おろしと搬送に時間がかかり，円滑な配送は望めない。また，駐車荷さばき施設が整備されていても，道路渋滞が激しければ配送に時間がかかる。

技術インフラも同様であり，流通センターで先進的な技術が導入されず，貨物情報や配送先の入荷受け取りの情報にも活用できなければ，企業連携不十分となり，円滑な配送は不可能となる。

制度インフラにおいても，流通センターでの業務が時間通りに進まなければ，出荷時の時間外労働時間も長くなる。さらに配送先で再配達防止制度が実現できなければ，円滑な配送は不可能になる。

(2) 流通センター・道路交通・配送先ごとのインフラ管理の連携（タテ）

次に，公共部門のロジスティクス・インフラ管理（LIM）を，対象（流通センター，道路交通，配送先）ごとに対策（タテ）をみれば，それぞれのインフラ管理の課題が明らかになる。

流通センターは，倉庫管理システムにより運営されている。このとき，どのような施設をどこに設けるか，技術としてどのようなロボット技術や情報システムを導入するか，そして制度として法制度を遵守しつつ補助制度を利用するかが課題となる。

道路交通としては，貨物管理と輸送管理のシステムを利用しながら，流通センターの出荷と配送先での入荷を結び付けることになる。施設としては公共部門が整備した道路を運行計画に従って選択し，技術として貨物マッチン

グや交通情報を利用して，制度として適切な運賃で，労基法や下請法や積載率規制を遵守することになる。

　配送先では，施設として駐車荷さばき施設を整備し，同時に技術としても再配達防止や事前到着情報システムを導入し，制度としても輸送事業者の約款変更やマンションでの宅配ボックスの設置などを検討する必要がある。また，物流に先立つ商品の発注は配送先が行うことから，発注頻度や回数と配送時刻指定などもインフラの状況に合わせて行うことが望まれている。

5.6　ソーシャル・ロジスティクスとしての東京2020大会

5.6.1　東京2020大会の交通輸送対策の特徴と目標

(1) 東京2020大会の2つの特徴

　東京2020大会は，オリンピックが令和3年（2021）7月21日（水）から23日（金）の開会式を経て8月8日（日）の閉会式まで，そしてパラリンピックが8月24日（火）の開会式から9月5日（日）の閉会式まで開催された。

　東京2020大会は，従来の大会と比べて2つの点で特徴があった。

　第1は，「街なか」の大会ということである。従来の大会では，選手村や主要競技会場を都心から少し離れた場所に集約していたが，東京2020大会は，都市の市街地に選手村や競技会場が点在しており，選手や関係者の移動も物資の搬入も，首都高速道路や都市内の一般道路を利用することになった。

　第2は，新型コロナウィルス感染症（以下，新型コロナとする）の影響である。当初，令和2年（2020）に開催される予定だったが，翌年（令和3年，2021）に延期された。加えて，令和3年（2021）3月20日に，海外からの観客の受け入れ断念が決定され，7月8日には，一都三県（東京，神奈川，千葉，埼玉）の会場での無観客開催が決まった。

(2) 東京2020大会における交通量削減の目標

　東京2020大会の交通輸送対策の当初の目的は，「選手や観客などの安全かつ円滑な輸送」と，「競技会場への用具や資機材，選手村への食料品や日用品などの確実な輸送」である。このためには，大会で増える交通量の分だけ，大会に無関係の交通量を減らす必要がある。特に，一般道路も利用する「街なか」での大会だからこそ，都市内の交通混雑の回避が重要だった。

　そこで東京2020大会の組織委員会と東京都は，平成27年（2015）7月に

「第1回，輸送連絡調整会議」，その後平成29年（2017）6月に「第1回，交通輸送技術検討会」を開催して以来，交通輸送対策を検討してきた。[30) 31)]

そして乗用車と貨物車の両方を対象に，交通マネジメントの目標として，①都心部（重点取組地区）について大会前交通量の30％減，②東京圏の広域（圏央道の内側）について，大会前の交通量の10％減，③首都高速道路について，交通量の30％減を，目指すことになった。これにより，休日並みの良好な交通状況を実現することを目標とした。[32) 33) 34)]

東京2020大会の交通輸送対策は，経済的価値の追及を超えて，大会成功という社会的価値を実現するために，多くの人たちの協力があった。この意味で，物流対策はソーシャル・ロジスティクスという一面があったことになる。

5.6.2　東京2020大会における交通輸送対策

(1) 交通需要管理（TDM）

東京2020大会では，人と物の輸送の両方について，第1に民間部門に協力を仰ぐ交通需要管理（TDM），第2に首都高速道路の料金施策，第3に交通規制を含めた交通システム管理（TSM）を，組み合わせることになった（**表5-6-1**）。

第1の交通需要管理（TDM：Transportation Demand Management）とは，「民間部門（荷主，物流事業者など）の自主的な協力によって，交通量や車両台数を削減し，渋滞を避けて円滑な交通輸送を実現するもの」である。TDMは法的規制などの強制力を持つものではないため，あくまでも民間部門の社会的意識に期待して，交通量削減の協力を求めることになる。

TDMの方法には，4つある。①数量の削減（reduce）とは，台数，トン数，回数，時間などの削減を通じて，交通量を削減するものである。②配送の時間変更（re-time）とは，通行時間，到着時間などの変更により，交通量を削減するものである。③配送経路の変更（re-route）とは，輸送ルートの変更により，特定の地域の交通量を削減するものである。④手段の変更（re-mode）とは，舟運・鉄道や台車などを利用することで，道路交通量を削減するものである。

TDMについては多くの理解が得られ，東京2020大会において東京都が進めてきた「2020TDM推進プロジェクト」の参加企業は，910団体，51,689社・事業所（開会直前の7月13日現在）にまで達した。

表5-6-1　東京2020大会における交通輸送対策

TDM：交通需要管理（Transportation Demand Management）

　①数量削減（台数，トン数，回数，時間など）
　②時間変更（通行時間，到着時間，荷役時間など）
　③経路変更（交通規制，料金，人と物など）
　④手段変更（手段，方法など）

料金施策：首都高速道路の料金施策（プライシング，Pricing）

　①昼間（06-22時）は，乗用車のみ1,000円上乗せ
　②夜間（00-04時）は，全車両で料金半額

TSM：交通システム管理（Transportation System Management）

　①進入禁止エリア　（大会関係車両以外の通行不可）
　②通行規制エリア　（通過交通の通行不可，歩行者は原則通行可）
　③迂回エリア　　　（通過交通は迂回，歩行者は原則通行可）
　④専用・優先レーン（関係車両用のレーン）
　⑤高速道路の規制　（首都高速道路の入口閉鎖，高速道路の車線規制）

出所：著者作成。

(2) 首都高速道路の料金施策

　第2の料金施策とは，「首都高速道路などの有料道路において，車種（乗用車，貨物車など），時間帯（昼夜など），地域別（都心，郊外など）に料金を変更することで，交通を誘導するもの」である。

　東京2020大会では首都高速道路で，昼間の交通量を削減し夜間通行に移動させるという趣旨で，①昼間の乗用車などに対する1,000円の増額と，②夜間の全車両に対する割引（料金半額）が実施された（図5-6-1，図5-6-2）。

　貨物車や公共交通機関（タクシーなど）に割増し料金がないことは，従来の乗用車優先の施策に比較すれば，貨物車優先と理解しても良い。[35]

(3) 交通システム管理（TSM）

　第3の交通システム管理（TSM：Transportation System Management）とは，「地区別や時間帯別に交通規制（進入規制，通行規制など）を行うこと」である。東京2020大会では，交通管理者（公安委員会，警察など）が，交通混雑の回避と大会の安全で円滑な運営のために，競技場周辺や選手村周辺において，地域・地区ごとや，道路・通りごとに実施した。[36]

　具体的には，①大会関係車両以外の進入禁止エリア，②競技会場直近の通行規制エリア，③競技会場周辺を迂回させるエリア，④大会関係車両の専用

図5-6-1 東京2020大会における首都高速道路の料金施策

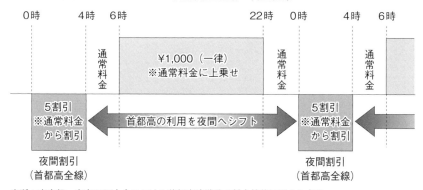

出所：東京都，東京2020大会における首都高速道路の料金施策に関する方針。
https://www.2020games.metro.tokyo.lg.jp/taikaijyunbi/torikumi/yusou/2020shutokosoku/index.html より。

図5-6-2 東京2020大会における首都高速道路の料金施策の対象車種

【夜間割引】　全車種に適用

E T C

【料金上乗せ】　マイカー等を対象に適用
他の交通への転換が困難な公共交通，物流車両，障がい者※1，
福祉車両※2，緊急車両は対象外（障がい者，福祉車両は事前登録制）

※1：身体・知的・精神障がい者
※2：社会福祉事業（第一種・第二種）の用にもっぱら共する車両等

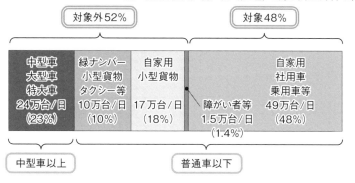

現金車

【夜間割引】　なし
【料金上乗せ】　普通車以下の全てに適用（首都高全線）

出所：東京都，東京2020大会における首都高速道路の料金施策に関する方針。
https://www.2020games.metro.tokyo.lg.jp/taikaijyunbi/torikumi/yusou/2020shutokosoku/index.html より。

図5-6-3 東京2020大会における交通システム管理（TSM）による交通規制の例
（オリンピックスタジアム周辺の，進入禁止・通行規制・迂回エリア）

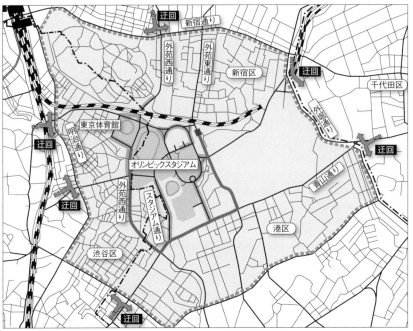

出所：東京都，東京2020オリンピック・パラリンピック競技大会，東京都ポータルサイト，交通対策。
https://www.2020games.metro.tokyo.lg.jp/special/traffic/venue/ より。

レーン・優先レーン，⑤首都高速道路の入口閉鎖と高速道路の車線規制である（図5-6-3）。

5.6.3　東京2020大会における2つの物流（大会物流と一般物流）

(1) 大会運営に不可欠な「大会物流」

　東京2020大会の物流は，「大会物流」と「一般物流」に分けて準備を進めてきた（表5-6-2）。

　大会物流とは，「大会運営に必要な物流」である。このうち，「①組織委員会が担う物流」には，大会運営上必要な物資（競技備品，メダルなど）と，選手役員の携行品だがバスに積載できない別送品としての大型の競技用具など（ヨット，カヌー，馬術競技の馬など）がある。また，「②各国のオリンピック委員会やサプライヤーが担う物流」には，参加各国やメディアの物資（ユニホーム，練習用具，放送機材など）と，サプライヤーによる物資（物販品，

表5-6-2　東京2020大会における大会物流と一般物流

大会運営に必要な「大会物流」（大会運営に直接関係する物流）
　①組織委員会が担う物流：
　　　　大会運営に必要な物資（競技備品，メダルなど）
　　　　選手役員の携行品でバスに積載できない物資（自転車，ポールなど）
　　　　携行品として持ち込めない別送品（馬，ボート，カヌーなど）
　②各国のIOC委員会やサプライヤーなどの物流：
　　　　参加各国やメディアの物資（ユニホーム，練習用具，放送機材など）
　　　　サプライヤーによる物資（物販品，飲食物，生花，医薬品など）

物流TDMの対象となった「一般物流」
　（大会運営に直接関係ないものの，都市内を発着する物流や，競技場周辺や選手
　の移動経路と重なる物流）
　①大会物流や選手などの移動経路などと地域的に重なる物流：
　　　　競技会場など周辺の商店街やコンビニなどへの商品搬入の物流
　　　　繁華街での物流（デパート，スーパー，レストランなど）
　　　　近隣の住宅市街地への宅配便やネット通販の商品配送など
　②大会期間の前後に移動可能な物流：
　　　　建設工事の資機材搬入や引越しなど

出所：著者作成。

飲食物，生花，医薬品など）がある。[37]

　これらの大会物流は，円滑な大会運営のために不可欠なものである。組織委員会や東京都は，スポンサーやサプライヤーとともに，交通が混雑する時間帯や経路を考慮しながら，調達や搬入の計画を立てていた。

(2) TDMの対象となる「一般物流」

　一般物流とは，「大会運営に直接関係ない物流」である。このうち，「①大会物流や選手の移動経路などと地域的に重なる物流」がある。この一般物流こそが，物流TDMとしての貨物車交通量の削減の主な対象である。
たとえば，競技会場など周辺の商店街やコンビニなどへの商品搬入の物流，繁華街での物流（デパート，スーパー，レストランなど），近隣の住宅地への宅配便やネット通販の商品配送などである。これらは，配送時間帯や配送経路を変えることで，交通渋滞を減らすことできる。
　また，「②大会期間中の前後に移動可能な物流」として，建設工事の資機材搬入や引越しなどの貨物車交通量も，削減できる可能性がある。

(3) 物流TDMとロジスティクスのシステム管理（LSM）

物流に関するTDM（物流TDM）の具体的な方法は，多様である。たとえば，数量の削減では「③配送回数を減らす」があるが，在庫増による頻度削減は，受発注システムで調整するものである。また，緊急配送の禁止は，受注者のサービスレベルの変更ということになる。そして，「時間の変更」では「②到着時間を分ける」があるが，荷さばきの予約制は，着荷主が指定すればよいことになる。

このように，民間部門のロジスティクスのシステム管理（LSM）という視点で物流TDMをみると，ロジスティクスのサイクル（発注→受注→出荷→入荷）における「受発注，倉庫管理，貨物管理，輸送管理システム」という4つのシステムを変更改善しながら，交通量を削減することになる（**表5-6-3**）。

そして，ロジスティクスのシステム管理（LSM）は，荷主（メーカー，卸小売業，消費者など）と物流事業者（輸送業者，保管業者など）が担っているからこそ，物流TDMも民間部門の理解と協力がなければ実現できないことになる。

5.6.4 東京都による物流TDMの道のり

(1) 東京都のスムーズビズと，2020TDM推進プロジェクト

物流TDMは，民間部門がロジスティクスのシステム管理（LSM）の変更と改善を通じて実施するものであるから，民間部門の理解と協力が不可欠である。このため，東京都オリンピック・パラリンピック準備局を中心に，物流TDMの実施のために，多くのイベントや広報活動が行われた。

その代表的な事例を，以下に紹介したい。

第1は，「スムーズビズ」である。東京都のスムーズビズは，東京2020大会を契機に，「テレワーク，2020TDM推進プロジェクト，時差ビズ」の3つをレガシーにしようとするものである。物流TDMは，この運動の一環として模範的な事例を表彰することで，多く企業に事例を紹介しつつ協力をお願いすることを考えた。そして，令和元年（2019）にスムーズビズ推進大賞の応募を募り，合計18社（大賞5社，推進賞10社，特別賞3社）を選定して，11月18日にスムーズビズ推進大賞などの表彰を行った。

表彰された取り組みのうち物流TDMについて簡単に紹介すると，ある食品会社では，規制区域の回避と翌々日納品，簡易な検品レスを検討していた。ある飲料メーカーでは，東京港での輸入時期の前倒しなどを含めて，大会期

表5-6-3　東京2020大会での一般物流に対する物流TDMの4つの方法

数量の削減（reduce）：事前配送などによる輸送量の削減 　①台数を減らす（共同配送，高積載車優先通行） 　②トン数を減らす（過度な包装の排除，過積載の排除） 　③配送回数を減らす（在庫増による頻度削減，緊急配送の禁止） 　④時間を減らす（荷さばき機器，動線計画，事前検品）
時間の変更（re-time）：夜間配送などによる配送時間帯の変更 　①通行時間を分ける（通行時間帯の分離，昼間の通行禁止） 　②到着時間を分ける（駐車許可時間帯，荷さばきの予約制）
経路の変更（re-route）：輸送ルートや配送ルートの変更 　①交通規制で換える（通行規制，信号制御，迂回路の設定） 　②料金で換える（時間帯・経路別の料金変更） 　③人と物の経路の分離（貨物車専用道路，建物内動線計画）
手段の変更（re-mode）：舟運・鉄道や台車など輸送手段の変更 　①手段を換える（鉄道・バス・舟運の利用，台車の利用） 　②担当を換える（納品代行業者の利用，建物内館内配送）

出所：著者作成。

間中の大型トラック台数の3割以上の削減・分散を目指していた。ある旅客
鉄道会社は，大会期間中の駅構内の飲料自販機の納品回数削減や，廃棄物回
収の回数削減を検討していた。[38) 39)]

(2) 2020物流TDM実行協議会

　第2は，「2020物流TDM実行協議会」の設立である。令和2年（2020）3月
に設立された実行協議会の目的とねらいは，中小の流通や製造業などの企業
を対象に，物流TDMへの理解と協力を求めて，アドバイスや相談に乗るこ
とだった。協議会のホームページでは，以下のように記述されている。

　「……自動車交通の約半数を担う物流に関しても，流通，物流，出版，製造
等多くの業界において，円滑な道路交通を確保するための取り組みについて，
協力を要請しているところです。……今後の具体的な対応方法として，2020
物流TDM実行協議会が発足し，中小事業者への物流TDMに関する案内やア
ドバイス，相談等について，具体的な対応について検討，実施しています。」

　そして，協議会では，業界別に物流TDMの取り組み事例を紹介し，推奨
すべき事例をまとめている（表5-6-4）。[40)]

表5-6-4　2020物流TDM実行協議会が推奨した事例

製造業・メーカー
- ① （受発注管理）小口発注を見直し，複数日分の一括発注・一括配送へ
- ② （倉庫管理）　配送回数やコスト削減の，他社・他品目との共同配送
- ③ （貨物管理）　在庫切れを防ぐ，事前発注・事前納品
- ④ （輸送管理）　小口発注見直しと回数削減に，納品量と調達量を集約

卸売業
- ① （受発注管理）発注頻度と配送回数を減らす，複数日分の一括発注
- ② （倉庫管理）　在庫切れを防ぐ，事前発注・事前納品
- ③ （貨物管理）　輸送コストの削減につながる，ルート配送の最適化
- ④ （輸送管理）　円滑な走行のための，深夜や早朝など納品時間の見直し

小売業・飲食業
- ① （受発注管理）発注頻度を減らす，複数日分の一括発注
- ② （倉庫管理）　在庫切れを防ぐ，事前発注・事前納品
- ③ （貨物管理）　円滑な走行のための，深夜や早朝など納品時間の見直し
- ④ （輸送管理）　商店街地区などで，共同の荷さばき場や保管庫の設置・利用

運輸業
- ① （貨物管理）　宅配ボックスや置き配で，非対面の受け取り方法の強化
- ② （輸送管理）　ドライバー不足の対応で，共同配送実施に向けた準備
- ③ （輸送管理）　輸送コスト削減につながる，輸送ルートの最適化

出所：著者作成。

(3) 未来につながる物流

　第3は，「未来につながる物流」である。東京2020大会の直前の令和3年（2021）7月7日に，東京都と2020物流TDM実行協議会は，物流TDMについての積極的に取り組んでいる14社の活動を「未来につながる物流」として認定し，そのうちの特に優秀な5社に対して知事表彰を行った。

　表彰された取り組みを簡単に紹介すると，ある飲食店では，自社配送に切り替えて配送回数を約6分の1に削減している。ある商店街振興組合では，納品時間帯の調整により，道路混雑の回避を目指している。ある運送会社は，青果市場からの食品共同配送と，納品店舗からの食品廃棄物の集荷を行い，循環型物流を構築し，交通量削減に寄与している。[41)]

5.6.5　さまざまな人たちによる物流TDMへの協力

(1)　各種の団体や協会による物流TDMへの協力

　物流TDMは，決して強制や規制をするものではなく，社会的な意義を認めてもらうことで，荷主や物流事業者に協力を求めるものである。そして東京2020大会の成功の裏には，物流TDMに対する多くの団体や協会の理解と協力があった。

　たとえば，東京商工会議所は会員企業約8万社に，東京都商店街組合連合会は都内の商店街に，物流TDMへの参加を呼びかけていた。

　また全日本トラック協会は，出荷人や荷受人向けのリーフレットを作成して配布し，物流TDMに協力してきた。この他にも，多くの組織や団体の協力があった（図5-6-4）。

(2)　民間企業や自治体による物流TDMへの協力

　同じように民間企業や自治体においても，多くの協力があった。先に，東京都のキャンペーンのなかでの各社の工夫を紹介したが，これら以外にも，目立たないながらも多くの努力が続けられた。

　たとえば，いくつかのデパートは，お中元セールを前倒しして開会式前に終了するように計画していた。ネット通販のある会社は，例年7月に行うセールを6月に実施して，配送が大会開催期間中に重ならないように工夫していた。また別のネット通販の会社では，交通の混雑や規制により配送ができなくなることを想定して，大会期間中に混雑しそうな地域に限って受注制限が可能か否か検討していた。

　官公庁やオフィスにおいても，大会期間中の配送を減らすために，コピー用紙や文房具を，大会前に事前発注をしていた例がある。また，大会期間中は，建設工事の休止により都内を走行する工事車両が減少し，都内での引越しも減ったようだが，これらも関係者の協力があったことが伺える。

　さらには，小中学校や高校は，開会式の直前に授業が終わるように年間の授業予定表を組みながら，大学も開会式には夏休みに入るようにしていた。こうして人の交通量を減らすことで，その人たちへの物流の削減にもつながった。

図5-6-4　全日本トラック協会による「東京2020大会期間の物流に関するご理解・ご協力のお願い」のリーフレットの一部

出荷人の皆様にお願いしたいこと

日時指定について

❶日時指定は最低限にしてください。とくに荷主から要望のない日時指定はお控えください。
❷日時指定については遅延の可能性があることをご理解ください。
❸お客様（着荷主）へ配送の遅延について事前のご案内をお願いします。

集配について

❶発注から納品までの期間に余裕をもってください。とくに生鮮品・医療品等はご注意ください。
❷お約束の時間に集配に伺えない場合があります。
❸会場周辺では交通規制や観客の移動等により，時間通りの集荷に伺えなくなる場合があります。詳しくは4ページ目のQ&A「交通規制等のお知らせ」をご参照ください。

物流の抑制について

❶関東以外へのお荷物は，競技会場から離れた拠点からの出荷をご検討ください。
❷定期的に出荷しているお荷物が，大会で混み合う期間を避けての発送をご検討ください。

その他

●作業スペースを確保するなど，待機や附帯作業が発生しないよう，スムーズな積込みのための準備をお願いします。

受取人の皆様にお願いしたいこと

日時指定について

❶ご希望の日時指定通りにお届けできない可能性があります。
❷日時を指定して発注する際は遅延の可能性があることをご理解ください。

集配について

❶通常よりも配達までに日数がかかる可能性がありますので，注文から配達までの日数（リードタイム）に余裕をもって注文をお願いします。
❷受付，荷受可能時間の緩和をお願いします。

物流の抑制について

❶在庫調整をして計画的な荷物発注をお願いします。
❷大会直前の駆け込みでの発注はお控えください。
❸発注ロットやラインナップを工夫していただき，トラックの積載効率が上がるようにご協力をお願いします。

その他

❶荷受けスペースを確保するなど，待機や附帯作業が発生しないようスムーズな荷卸しのための準備をお願いします。
❷できるだけ1回で受取りができるよう，在宅時間の調整や配達サービス（宅配BOX・その他の場所での受取り）もご活用ください。

出所：全日本トラック協会，パンフレット。

5.6.6　東京2020大会における物流対策の意義と将来

(1) ロジスティクス・システム管理（LSM）の新たな可能性

東京2020大会において一般物流を対象に行った物流TDMは，大会そのものの成功に貢献しただけでなく，ソーシャル・ロジスティクスの可能性を導き出していた。ここでは，ロジスティクス・システム管理（LSM），物流優先に対する理解，情報ネットワークの活用の3つについて，考えてみることにする。

第1は，社会的価値の追求のもとでの，ロジスティクス・システム管理（LSM）である。従来，物流というと物流事業者（輸送業者，保管業者など）の業務として，荷主（メーカー，卸小売業者，消費者など）が関与することは少なかった。しかし，物流は本源的需要である商流に左右されるので，物流TDMの実施においても，ロジスティクス・システム管理（LSM）に直接関与している荷主の協力が極めて重要である。

東京2020大会は，期間も地域も限られていて，しかも公共部門のサポートが多くあった面もある。とはいうものの，東京商工会議所やトラック協会をはじめ，多くの荷主や物流事業者が物流TDMの趣旨に賛同し協力した。

このことは，従来，経済的価値を求めるビジネス・ロジスティクスを超えて，東京2020大会の開催と成功という社会的価値について，民間部門の荷主や物流事業者が協力を惜しまなかったということでもある。このことは，社会的価値を求めるソーシャル・ロジスティクスを実践したと受け取ることもできるのである。

よって，近い将来，仮に公共部門の後押しが無かったとしても，さまざまな形で経済的価値とともに社会的価値を求めるソーシャル・ロジスティクスが普及していく可能性を示唆していると考えている。

(2) 物流に対する理解の可能性

第2は，物流に対する市民の理解の可能性である。従来は，都市活動や経済活動に不可欠なエッセンシャルワークであるにもかかわらず，物流に対する理解は低かった。特に，発注者や受注者など商取引を行う人たちが，物流問題を物流事業者に押し付けることもあった。

しかし，東京2020大会においては，荷主が物流TDMに協力することが多くなった。しかも，「貨物車は，昼間の割増し料金無し，夜間の割引有り」という料金施策が広く受け入れられたことは，エッセンシャルな業務として物

流を理解する大きな転機になった可能性がある。

　第1章でも記したように，諸外国に比較して我が国では兵站軽視の思想が
ビジネスの世界にも根強く残っているが，今後変わっていく可能性を示した
と考えている。

(3) 情報システムの新たな可能性

　第3は，情報システムの新たな可能性である。東京2020大会では，企業や
市民が物流TDMなどに協力しやすく，かつ民間企業の自らの経済活動にも役
立ててもらうために，インターネットで大会輸送影響度マップなどを公開し
ていた。開会式の約二週間前の7月7日からは，スマホ向けの交通混雑解消の
ための情報提供も，市民や企業など向けに開始された。具体的には，スマホ，
ＷＥＢサイト，カーナビなどで，①各種交通対策の情報，②関係者輸送ルー
トや会場周辺の迂回をお願いするエリアの地図の表示，③関係者輸送ルート
などを回避したルートの検索・案内のサービスである。そして実際の交通対策
は，原則として7月19日から8月9日と，8月24日から9月5日まで行われた。

　今回の東京2020大会というイベントで活躍した交通や輸送にかかわる情報
システムと，物資搬入や在庫管理システムは，平常時もさることながら，災
害時の避難状況や緊急支援物資の供給にも役立つはずである。たとえば，大
会車両の追跡システムを災害時の救援車両や緊急支援物資の車両の追跡シス
テムに応用することや，在庫管理システムを災害時の緊急支援物資の在庫管
理システムにも応用できる可能性がある。

　また，物流TDMで得られた貴重なノウハウは，決して組織員委員会や東
京都など行政部門に留まることなく，スムーズビズや物流TDM実行協議会
に参加した多くの市民や民間企業（大規模商業施設，商店街，中小企業，物
流事業者など）に広く蓄積されているはずである。

　これらの物流にかかわる情報システムのノウハウが，次の行政テーマとし
て，「地域の生活や安全安心を支えるロジスティクス」（第6章，第7章参照）
への理解につながり，ソーシャル・ロジスティクスとして次世代に引き継が
れていくことを期待している。[42]

参考文献

1）苦瀬博仁：「デジタル化による物流のパラダイムシフト」，日立総研，Vol.13-3，pp.16-19，2018

2）苦瀬博仁：「低炭素化実現のための都市物流政策」，BIOCITY，No.73，pp.100-105，2018

3）苦瀬博仁：「新型コロナウイルスによる生活様式の変化と都市物流計画の課題」，pp.20-23，物流問題研究，No.69，流通経済大学物流科学研究所，2020

4）令和3年度年次経済財政報告
　https://www5.cao.go.jp/j-j/wp/wp-je21/index_pdf.html，2021年9月26日

5）苦瀬博仁：「これから起きる3つのパラダイムシフト」，LOGI-BIZ，2020年7月号，pp.20-23，ライノス・パブリケーションズ，2020

6）高田富夫：『ロジスティクス管理の方法』，pp.37-48，（一財）山縣記念財団，2017

7）苦瀬博仁編著：『サプライチェーン・マネジメント概論』，pp.25-28，白桃書房，2017

8）日本物流学会：第15回全国大会，研究報告集，1998

9）高橋輝男：「ソーシャルロジスティクスの計画と評価」，日本物流学会誌，第7号，pp.6-7，日本物流学会，1999

10）苦瀬博仁：「都市計画からみたソーシャルロジスティクスの課題」，日本物流学会誌，第7号，pp.8-9，日本物流学会，1999

11）苦瀬博仁：「ソーシャル・ロジスティクス，事始め」，交通工学，第35巻第3号，p.1，交通工学研究会，2000

12）苦瀬博仁：「21世紀に向けたロジスティクスの展開 —ビジネス・ロジスティクスとソーシャル・ロジスティクスの融合—」，ロジスティクスシステム 第9巻第8号，2000年12月

13）苦瀬博仁：「「少子高齢化社会」と「災害」を見据えた，新たなロジスティクスへの期待」，ダイフクニュース 209，2014

14）前掲6），pp. ii-iii

15）前掲6），pp.37-48

16）外務省HP：国連SDGs，https://www.mofa.go.jp/mofaj/gaiko/oda/sdgs/about/index.html

17）経済産業省HP：ESG投資，https://www.meti.go.jp/policy/energy_environment/global_warming/esg_investment.html

18）MIT，Sustainable Logistics Initiative，https://sustainablelogistics.mit.edu/about-us/20210419

19）Coventry University，https://www.futurelearn.com/info/courses/sustainability-and-green-logistics-an-introduction/0/steps/60174

20）ヒューマニタリアン・ロジスティクス協会，https://ja.janghan.net/wiki/Humanitarian_Logistics

21）苦瀬博仁編著：『増補改訂版，ロジスティクス概論』，pp.135-153，pp.203-217，pp.248-252，白桃書房，2021

22）前掲20），pp.135-153，pp.219-228，pp.252-258

23）前掲20），pp.135-153，pp.229-235，pp.258-265

24）前掲20），pp.135-153，pp.236-153，pp.258-265

25）前掲20），pp.156-158

26）前掲20），pp.158-162

27）前掲20），pp.162-173

28）苦瀬博仁：「東京2020大会の物流の課題とTDM対策」，計画行政第43巻第2号。pp.78-85，日本計画行政学会，2020

29）苦瀬博仁・鈴木奏到監修：『物流と都市地域計画』，pp.89-93，大成出版社，2020

30）苦瀬博仁：「スポーツイベントと物流TDM」，交通工学，第54巻，第4号，pp.51-56，交通工学研究会，2019

31）前掲27）

32）東京都：（料金施策の検討内容）第7回交通輸送技術検討会，会議資料（平成元年10月16日）https://www.2020games.metro.tokyo.lg.jp/taikaijyunbi/torikumi/yusou/gijutsukentou_07/index.html

33）東京都：輸送運営計画V2更新（2021年2月末時点）https://www.2020games.metro.tokyo.lg.jp/082641fb2234050dca3941aef8f2a118.pdf

34）東京都：東京2020大会輸送にかかわる検討状況について（2021年5月21日）

35）東京都：東京2020大会における首都高速道路の料金施策に関する方針，https://www.2020games.metro.tokyo.lg.jp/taikaijyunbi/torikumi/yusou/2020shutokosoku/index.html

36）東京都：東京2020オリンピック・パラリンピック競技大会 東京都ポータルサイト，交通対策，https://www.2020games.metro.tokyo.lg.jp/special/traffic/venue/

37）苦瀬博仁・岡村真理，『みんなの知らないロジスティクスの仕組み』，pp.17-28，pp.116-127，白桃書房，2015

38）東京都都市整備局，スムーズビズのホームページ，https://www.toshiseibi.metro.tokyo.lg.jp/bunyabetsu/kotsu_butsuryu/smooth_biz.html

39）TDM推進プロジェクト，ホームページ，https://2020tdm.tokyo/

40）東京都：2020物流TDM実行協議会，ホームページ，https://tdm-logi-2020.tokyo/

41）東京都：未来につながる物流，ホームページ，https://tdm-logi-2020.tokyo/awards_result.html

42）苦瀬博仁：「日本から始まるロジスティクス技術」，日立評論，Vol.89，No.12，p.45，日立製作所，2007

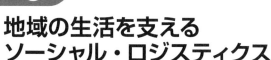

第6章

地域の生活を支える
ソーシャル・ロジスティクス

6.1　大都市の高層ビルにおけるロジスティクス

6.1.1　高層ビルにおけるロジスティクスの実態と将来

(1) 高層ビルにおけるロジスティクスの実態

　現代の快適で便利な都市生活は，住宅やオフィスへの日用品と食料品の宅配，市街地を周回する移動販売など，「消費者自らは移動せずに商品を届けてもらうサービス」に支えられている。これを買い物交通の視点でみると，スーパーや店舗まで出かけて商品を持ち帰る「人の交通」の時代から，人は移動せずにネット通販や移動販売など商品を届けてもらう「物の交通」の時代へと変化していることになる。

　物流施設というと流通センターや倉庫などを思い浮かべがちであるが，サプライチェーンから考えてみると，最終的に商品や物資が届けられる施設は，商業施設（スーパー，商店など）もさることながら，業務施設（オフィス）や居住施設（住宅，マンションなど）などになる。

　東京の都心では公共交通機関（鉄道，地下鉄など）が発達しているために，来街者のうち乗用車で来る人は約5％である。しかし，商品や物資の配送では鉄道やバスを利用できないので，大部分が貨物車になる。このため，東京都心のある高層オフィスビルには，食事やショッピングを含め一日約6万人が訪れているが，ここに来る貨物車は672台にもなり，乗用車の613台を上回っている（**表6-1-1**）。

(2) 高層ビルにおけるロジスティクスの将来（3つの課題）

　大都市の高層ビルへの配送は，貨物車がビル内外で駐車してから貨物をおろし，次にビル内を搬送し，最終的に各フロアーに届けている。[1]

　しかし，駐車場はあっても天井高が低いために，貨物車が駐車場に入れないときには，路上駐車して渋滞を引き起こしたり景観を妨げたりしている。ま

表6-1-1 都心の大規模建築物の駐車実態

ビル名	駐車台数（2014年7月）		
	乗用車	貨物車	合計
Jビル	140台 （27.3%）	372台 （72.7%）	512台
Eビル	134台 （40.6%）	196台 （59.4%）	330台
MPビル	207台 （40.9%）	299台 （59.1%）	506台
MOビル	444台 （42.0%）	614台 （58.0%）	1,058台
Mビル	613台 （47.7%）	672台 （52.3%）	1,285台

出所：苦瀬博仁「大都市戦略と物流施設整備」，国土交通省大都市戦略検討委員会資料，2015。

た，人の動線と物の動線が分離されておらずに，動線が輻輳して危険な建物もある。さらには，荷役用エレベータの少ない高層ビルでは，上層階への搬送に時間がかかることも多い。

以上のことから，高層ビルの課題としては，配送車両の駐車荷さばき施設の確保（課題1），高層ビル内での人と物の動線の分離（課題2），高層ビルにおける配送システム（課題3）などがあげられる。

6.1.2 大規模建築物の貨物車用駐車施設の代表的な制度

(1) 駐車場法にもとづく標準駐車場条例

標準駐車場条例は，「各自治体が定める駐車場条例の雛形として，国土交通省都市局長から各都道府県知事，各政令指定都市の市長宛に技術的助言として通達しているもの」である。

この条例では，荷さばきのための駐車施設の附置が義務づけられており，附置すべき最低限の荷さばき車両の台数，駐車施設の設計基準（幅・奥行き，梁下の高さ）が定められている。附置すべき台数は，第25条の2に示す計算式で算出することとされている。店舗，事務所，倉庫などの用途別の延べ面積に応じて算出するため，延べ面積の大きな建築物ほど台数は多くなる。

ただし，東京都の駐車場条例では，荷さばきのための駐車施設について，その第17条の2により，上記の方法で算出した台数が10台を超える場合には，附置義務の台数を10台とすることができるとされている。すなわち，どんなに大規模なビルでも，荷さばき車両の駐車台数は10台あればよいことになる。しかし，都心の大規模な高層ビルでは，貨物車の駐車需要がこれを大きく上回る事例も多く，条例が実態に合わない面がある。[2) 3)]

表6-1-2　大規模建築物の設計と館内配送の考え方

```
建築設計の考え方
    ①車路
    ②駐車マスの大きさ
    ③車路・駐車マスの高さ
    ④荷さばき施設・荷受けスペース
    ⑤館内動線
    ⑥貨物用エレベータ
    ⑦駐車マスの必要数
------------------------------------------------
館内配送の考え方
    ①館内配送の共同化
    ②納品時間の指定・調整
    ③一括納品
    ④その他
```

出所：著者作成。

(2) 大規模建築物に関する地域ルール（東京，大丸有地区）

　東京の大丸有（大手町・丸の内・有楽町）地区では，高層ビルを建設する際に設計段階から自治体との協議を重ね，需要予測にもとづき適切な数の駐車施設を設けることとしている。具体的には，標準駐車場条例で定められている駐車スペース数と比較しながら，①実態に比較して過剰な乗用車の駐車スペース数の削減，②過少な貨物車の駐車スペースの増加，③荷さばき施設とエレベータなどを含む動線計画，④貨物車が通行できる通路や車路の確保などについて，検討している。[4) 5)]

　現在までに地域ルールを適用した高層ビルの事例は十数棟になっている。これらの高層ビルにおいて，乗用車用の駐車スペースの需要量は，公共交通機関（鉄道など）の利用者が多いために，条例で示されている必要台数を大きく下回る。この一方で，需要量に合わせた貨物車用駐車スペースは，少ないビルで15台程度，多い場合には30台を超えることもある。そして，乗用車分の削減と貨物車分の増加により，過剰で無駄な設計を避けながら，物流にやさしい設計を実現している。

　この結果，この地区で貨物車が路上駐車している例は極めて少なく，景観も優れている。そして，人びとは配送作業に気づくことなく，快適にオフィスの業務やショッピングをしている。

図6-1-1 物流を考慮した建築物の設計基準の例

市街地の集配車両を想定した参考値の提示

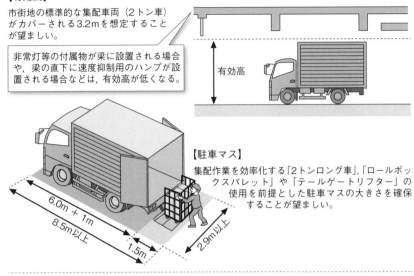

【有効高】

市街地の標準的な集配車両（2トン車）がカバーされる3.2mを想定することが望ましい。

非常灯等の付属物が梁に設置される場合や，梁の直下に速度抑制用のハンプが設置される場合などは，有効高が低くなる。

有効高

6.0m ＋ 1m
8.5m以上
1.5m
2.9m以上

【駐車マス】

集配作業を効率化する「2トンロング車」，「ロールボックスパレット」や「テールゲートリフター」の使用を前提とした駐車マスの大きさを確保することが望ましい。

駐車マスから館内入口までの動線イメージ

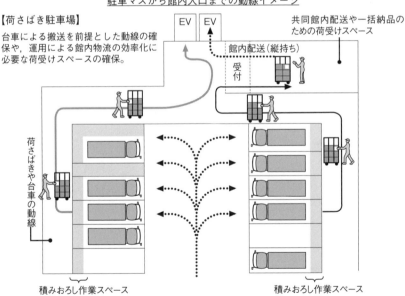

【荷さばき駐車場】

台車による搬送を前提とした動線の確保や，運用による館内物流の効率化に必要な荷受けスペースの確保。

共同館内配送や一括納品のための荷受けスペース

EV　EV

館内配送（縦持ち）

受付

荷さばきや台車の動線

積みおろし作業スペース　　積みおろし作業スペース

手引きの利用により，建築物の基本構想段階から，運用も含めた物流コンセプトを検討し，設計に反映することで，施設オープン後の館内物流を巡る混乱を回避。

出所：国土交通省総合政策局物流政策課「物流を考慮した建築物の設計・運用について～大規模建築物に係る物流の円滑化の手引き～」2017。

図6-1-2 大規模建築物における物流の検討フロー

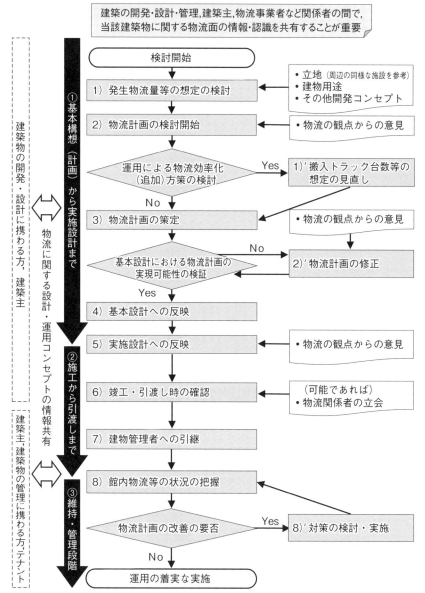

建築の開発・設計・管理，建築主，物流事業者など関係者の間で，当該建築物に関する物流面の情報・認識を共有することが重要

検討開始

1) 発生物流量等の想定の検討
- 立地（周辺の同様な施設を参考）
- 建物用途
- その他開発コンセプト

2) 物流計画の検討開始
- 物流の観点からの意見

運用による物流効率化（追加）方策の検討　Yes → 1)' 搬入トラック台数等の想定の見直し

No

3) 物流計画の策定
- 物流の観点からの意見

基本設計における物流計画の実現可能性の検証　No → 2)' 物流計画の修正

Yes

4) 基本設計への反映

5) 実施設計への反映
- 物流の観点からの意見

6) 竣工・引渡し時の確認
- （可能であれば）
- 物流関係者の立会

7) 建物管理者への引継

8) 館内物流等の状況の把握

物流計画の改善の要否　Yes → 8)' 対策の検討・実施

No

運用の着実な実施

①基本構想（計画）から実施設計まで

②施工から引渡しまで

③維持・管理段階

建築物の開発・設計に携わる方，建築主

物流に関する設計・運用コンセプトの情報共有

建築主，建築物の管理に携わる方，テナント

出所：国土交通省総合政策局物流政策課「物流を考慮した建築物の設計・運用について～大規模建築物に係る物流の円滑化の手引き～」2017。

表6-1-3　大規模建築物の物流の検討チェックリスト

	チェック項目	手引き本文参照箇所
	1）発生物流量等の想定の検討	
	☐ 貨物集中原単位の推計	2．(2) ①
	☐ 用途別の床面積の確認	2．(2) ①
	☐ 貨物車ピーク率の検討	2．(2) ①
	☐ 平均駐車時間の推計	2．(2) ①
	☐ 周辺の道路交通への影響の予測	2．(2) ①
	☐	
	2）物流計画の検討	
①基本構想（計画）から実施設計まで	☐ 車路（駐車場出入口を含む）の検討	3．(1)
	☐ 駐車マスの大きさの検討	3．(2)
	☐ 車路・駐車マスの高さの検討	3．(3)
	☐ 荷さばきスペース，館内受付・一括荷受けスペースの検討	3．(4)
	☐ 館内動線の検討	3．(5)
	☐ 貨物用エレベータの検討	3．(6)
	☐ 駐車マスの必要数の検討	3．(7)
	☐ 運用による館内物流効率化の検討	4．
	☐ 周辺の道路交通への影響への対策の検討	2．(1) ①
	☐ 建築物全体としての物流コンセプトの整理	2．(1) ①
	3）基本設計への反映	
	☐ 荷さばき駐車場の位置の確認	2．(1) ①
	☐ 車路の幅員，車両の回転軌跡等の確認	2．(1) ①
	☐ 駐車マスの配置の確認	2．(1) ①
	☐ 荷さばきスペース等の広さの確認	2．(1) ①
	☐ 貨物用エレベータの配置，附室の広さ等の確認	2．(1) ①，3．(6)
	☐ 館内の物流動線の幅員の確認	2．(1) ①，3．(5)
	☐	
	4）実施設計への反映	
	☐ 車路の勾配や附属物の設置位置等の確認	2．(1) ①，3．(1)
	☐ 館内の物流動線の扉（引き戸・自動扉等）についての確認	3．(5)
	☐ 館内の物流動線の床面素材や巾木の高さ等の確認	2．(1) ①，3．(5)
	☐ 貨物用エレベータのカゴのサイズの確認	2．(1) ①，3．(6)
②施工から引渡しまで	5）竣工・引渡し時の確認／6）建物管理者への引継	
	☐ 貨物車両による車路・駐車マスの実走行検証の検討	2．(1) ②
	☐ 館内物流のルールの策定と建物管理者への引継	2．(1) ③
	☐ 館内物流の運用ルールの物流・直納事業者への説明	2．(1) ③
	☐ 館内物流の運用ルールのテナントへの説明	2．(1) ③
	☐	
③維持・管理段階	7）館内物流等の状況の把握／8）対策の検討・実施	
	☐ 館内配送の共同化の実施状況の確認	4．(1)
	☐ 納品時間の指定・調整の実施状況の確認	4．(2)
	☐ 一括納品の実施状況の確認	4．(3)
	☐ 駐車場運営の状況の確認	4．(4) ①
	☐ 情報管理システムの運用状況の確認	4．(4) ②
	☐ 周辺の道路交通への影響の確認	2．(1) ③
	☐	

出所：国土交通省総合政策局物流政策課「物流を考慮した建築物の設計・運用について～大規模建築物に係る物流の円滑化の手引き～」2017。

(3) 物流を考慮した大規模建築物の設計のガイドライン

　国土交通省は，平成29年（2017）3月に，「物流を考慮した建築物の設計・運用について～大規模建築物に係る物流の円滑化の手引き～」を公表している。ここでの大規模建築物とは，店舗・飲食店及び事務所の用途に供される延床面積の合計が2万㎡以上（ただし，事務所部分はその用途に供される床面積を2分の1倍した上で合算）の建築物と定義している。[6]

　このガイドラインは，高度な物流サービスを継続的かつ効率的に受けるためには物流を考慮した都市計画や建築設計（Design for Logistics）が不可欠と考えて，設けたものである。具体的には，建築物のなかに貨物車専用の駐車スペース，仕分け用の荷さばき施設，貨物用エレベータなどの，設計と運用の方法を示している。そして，より良いビルの計画と設計のために，竣工後にビル内共同配送を担当する業者と，建築設計と館内配送に関する事項を具体的に検討することを勧めている（**表6-1-2, 図6-1-1, 図6-1-2, 表6-1-3**）。[7]

6.1.3　課題1：高層ビルにおける駐車荷さばき施設の確保

(1) 駐車荷さばき施設確保の必要性

　高層ビルにおける駐車荷さばき施設の確保（課題1）とは，「高層ビルでの商品や物資の円滑な搬入を実現するために，駐車・荷さばき施設を整備すること」である。

　大都市の都心の大規模建築物では，多くの配送車両が駐車場に駐車し，そこで荷さばきをしてから，各フロアーにあるテナント（店舗，オフィスなど）に商品や物資を搬送する。しかし，需要量に見合った数の駐車・荷さばき施設が確保されていない建物が多いので，駐車・荷さばきの際に待機時間が発生し，路上に駐車することで交通渋滞の原因にもなっている（**表6-1-3**）。

　このため，高層ビルの駐車荷さばき施設の確保の対策には，建物内の駐車施設の整備（対策1），荷受け施設・館内動線の整備（対策2）がある（**表6-1-4**）。

(2) 建物内の駐車施設の整備（対策1）

　建物内の駐車施設の整備（対策1）とは，「大規模建築物において駐車場を設けるとき，乗用車だけではなく貨物車用の駐車スペースや，駐車後に貨物を仕分ける荷さばき施設を整備すること」である。これには，①駐車スペース数の確保と，②駐車設備の設計基準が必要である。

　駐車スペース数の確保（①）では，駐車需要に応じた駐車スペース数を確

表6-1-4　大規模建築物のロジスティクスにおける課題と対策

```
課題1：高層ビルにおける駐車荷さばき施設の確保（6.1.3）

    対策1：建物内の駐車施設の整備
        ①駐車スペース数の確保
        ②駐車設備の設計基準

    対策2：荷さばき施設と館内動線の整備
        ①荷受け施設の整備
        ②館内動線の整備
        ③貨物用エレベータの設置

課題2：高層ビルにおける人と物の動線の分離（6.1.4）

    対策1：建物への貨物車の進入路の分離と設計
        ①乗用車と貨物車の進入路の分離
        ②貨物車のための通行路の設計

    対策2：建物内での人と物の動線の空間的な分離
        ①駐停車場所の分離
        ②館内での通行路の分離
        ③エレベータの分離

    対策3：建物内での人と物の動線の時間的な分離
        ①納品時間の調整
        ②駐車場・エレベータの利用時間の調整

課題3：高層ビルにおける配送システム（6.1.5）

    対策1：荷さばき施設の整備
        ①作業スペース
        ②仮置きスペース
        ③一時保管庫

    対策2：館内配送の共同化
        ①館内配送の委託
        ②館内共同配送用のスペースの確保
```

出所：著者作成。

保することにより，建物内の駐車・荷さばき施設の不足を解消し，路上駐車を削減する効果がある。

　駐車設備の設計基準（②）では，貨物車の大きさや形状に応じて，駐車スペースの高さや広さを確保することが重要である。特に，建物に出入りする貨物車の大きさ，荷台ドアの開閉，台車への荷おろしなどを考慮した駐車・荷さばき施設の大きさを検討することである。

(3) 荷さばき施設と館内動線の整備（対策2）

　荷さばき施設と館内動線の整備（対策2）とは，「大規模建築物内において搬送のための台車や配達人の通行を円滑に行うための動線を確保すること」である。これには，①荷さばき施設の整備，②館内動線の整備，③貨物用エレベータの設置がある。

　荷さばき施設の整備（①）では，貨物車の駐車スペースとともに，貨物の仕分けや配分するスペースを確保できれば，荷おろし後の作業を円滑かつ迅速に行うことができる。

　建築物内で動線の整備（②）では，荷受け施設から貨物用エレベータまでの円滑な動線を整備することである。これにより，館内での搬送時間を短縮し，搬送時の事故を防止できる。

　貨物用エレベータの設置（③）では，建物に搬入される貨物の重量や容積に合わせて，貨物用エレベータを設置することである。これにより，館内での搬送時間や荷役時間を短くできる。

6.1.4　課題2：高層ビルにおける人と物の動線の分離

(1) 人と物の動線分離の必要性

　人と物の動線の分離（課題2）とは，「物にかかわる駐車・荷さばきや搬送・荷受けと，人の交通を分離すること」である。

　大規模建築物内において，店舗やオフィスに物資を届けるための動線と，人の移動が交錯すると，物資を迅速かつ安全に届けることができなくなる。

　このため，高層ビルにおける人と物の同線の分離の対策には，貨物車の進入路の分離と設計（対策1），建物内での空間的な分離（対策2），建物内での時間的な分離（対策3）がある。

(2) 建物への貨物車の進入路の分離と設計（対策1）

　建物への貨物車の進入路の分離と設計（対策1）とは，「大型貨物車を含め，道路から大規模建築物の駐車・荷さばき施設に至る通路において，乗用車と分離しながら，貨物車が円滑かつ支障のなく通行をできるようにすること」である。これには，①乗用車と貨物車の進入路の分離，②貨物車のための通行路の設計がある。

　乗用車と貨物車の進入路の分離（①）とは，駐車場の入り口が同じであっても，乗用車と貨物車の進入路を分けることである。たとえば地下2階を貨

物車用として天井高さも確保し，地下3階を天井が低くても良い乗用車用として，両者の動線を分ける方法である。

　貨物車のための通行路の設計（②）とは，道路から大規模建築物の駐車・荷さばき施設までの通行路を，高さ，勾配，幅，曲率半径などを含めて進入可能なように整備をすることである。

(3) 建物内での人と物の動線の空間的な分離（対策2）

　建物内での人と物の動線の空間的な分離（対策2）とは，「荷受け施設からオフィスなどの届け先までの貨物専用の動線を整備すること」である。これにより，事故の危険を回避しながら，館内での搬送時間を短縮できる可能性がある。これには，①駐停車場所の分離と，②館内での通行路の分離，③エレベータの分離がある。

　駐停車場所の分離（①）とは，大きさや役割が異なる乗用車と貨物車だからこそ，駐停車場所を分けることである。特に，貨物車は荷受け施設や貨物用エレベータの近傍に設ける必要がある。

　館内での通行路の分離（②）とは，人と物の館内での通行路を分離することである。特に，貨物搬送のためのバリアフリーという点では，通行路の十分な幅員や右左折のスペースの確保とともに，段差の解消が重要である。

　エレベータの分離（③）とは，貨物用のエレベータを設置することである。建物に搬入される貨物の重量や容積に合わせて，貨物用エレベータを設置することである，これにより，館内での搬送時間が短縮できる可能性がある

(4) 建物内での人と物の動線の時間的な分離（対策3）

　建物内での人と物の動線の時間的な分離（対策3）とは，「納品時間の調整や，駐車場・エレベータの利用時間帯を人と分離すること」である。これには，①納品時間の調整，②駐車場・エレベータの利用時間の調整がある。

　納品時間の調整（①）とは，関係者（発荷主，着荷主，物流事業者，ビル管理者）の間で作業手順を調整して，「納品時刻を指定ないし調整すること」である。これにより，ピーク時の貨物車集中台数を平準化し，納品時の待ち時間を短くできる可能性がある。

　駐車場・エレベータの利用時間の調整（②）とは，「同じ駐車場・エレベータを時間帯で人（乗用車）と物（貨物車）で使い分けること」である。これにより，限られた容量や数の駐車場やエレベータを無駄なく利用できる。

6.1.5　課題３：高層ビルにおける配送システム

(1) 高層ビルにおける配送システムの必要性

　高層ビルにおける配送システム（課題3）とは，「高層ビルにおける各階への配送について，セキュリティを確保しながら，短時間で人手をかけない配送システムを導入すること」である。

　大規模建築物には，多くの商品や貨物が運び込まれるため，納入業者が個別に搬入していると荷さばき施設が混雑し，上層階に荷物を運ぶためのエレベータの待ち時間が長くなってしまう。

　このため，配送システムの対策には，荷さばき施設の整備（対策1）や，館内配送の共同化（対策2）がある。

(2) 荷さばき施設の整備（対策1）

　荷さばき施設の整備（対策1）とは，「駐車場の近くに，貨物を仕分けたり，仮置きしたり，一時的に保管する施設を整備すること」である。これには，①作業スペース，②仮置きスペース，③一時保管庫がある。

　作業スペース（①）とは，駐車場や荷受け施設の近くで，配送の貨物を搬送先の仕分け作業や伝票整理などを行うスペースである。

　仮置きスペース（②）とは，貨物車から大量の貨物を荷おろしする場合に，貨物を一時的に仮置きするスペースである。

　一時保管庫（③）とは，駐車場の近傍に一時的に商品や物品を保管するスペースや冷蔵庫のことである。高層階の店舗（小売店，飲食店など）に十分な保管スペースがない場合には，地下に店舗別の保管庫を設けることで，結果的に搬送回数を減らしている例がある。

(3) 館内配送の共同化（対策2）

　館内配送の共同化（対策2）とは，「多くの物流事業者により建物に持ち込まれた貨物を，特定の物流事業者が一括して荷受けして，最終届け先のオフィスやテナントごとに仕分けし，まとめて搬送すること」である。物流事業者にとっては，館内共同配送を利用することで駐車時間も短縮でき，ただちに次の配送先に向かうことができる。また建物内では，共同配送で貨物をまとめることから，館内における搬送回数を削減できる（図6-1-3）。

　これには，①館内配送の委託，②館内共同配送用のスペースの確保が必要である。

図6-1-3　大規模建築物における館内共同配送システム

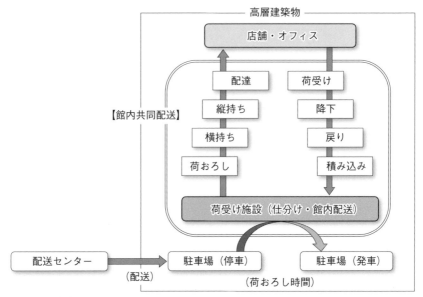

出所：著者作成。

　館内配送の委託（①）とは，館内共同配送を担当する物流事業者を選ぶことである。館内配送業務には，貨物の荷受け方法，一時保管の方法，料金設定，駐車スペースの予約方法，館内配送のスケジュール，エレベータの効率的な運用など，さまざまなノウハウが必要になる。このため，担当する事業者の選定は重要である。

　館内共同配送用のスペースの確保（②）とは，館内共同配送を行うときに必要な，荷受けスペース，一時保管スペース，仕分けスペースなどの確保である。これらのスペースが確保できなければ，共同配送は実施できないので，建築物の設計に先立って，館内共同配送の実施の有無を決定しておかなければならない。現実に，建物の設計後に館内配送を無理に導入した高層ビルでは，駐車場で台車が遠回りしなければならない事態や，駐車スペースを荷さばきに転用することで渋滞を招く事態などが起きている。

6.2　都市のコンパクト化・スマート化とロジスティクス

6.2.1　都市におけるロジスティクスの実態と将来

(1)　都市のコンパクト化の実態

　本格的な少子高齢化社会を迎えることで，公共投資や行政サービスの効率化や，公共施設の維持管理の合理化などを進めるために，都市のコンパクト化が必要とされている。そしてコンパクト化された市街地がネットワークで結ばれることで，日常生活の利便性を確保しながら環境にやさしい都市を実現できるとされている。

　このとき都市のコンパクト化とは，「都市の市街地を小さくすることで，道路や供給ネットワーク（水道，電気，ガスなど）の整備と維持をより効率化すること」である。コンパクト化を進めることにより，都市のドーナッツ化（都市郊外部の人口が多くなり，都心部が空洞化すること），スプロール化（都市郊外部で，虫食い状に市街地開発が進むこと），スポンジ化（都市内全域で居住人口が減少して，都市の密度が小さくなること）などを避けることができるとされている。

　そして，コンパクト化のメリットとしては，人の交通において移動距離が短縮し，物の輸送における輸送距離が短縮し，道路や供給ネットワーク（水道，ガス，電気など）のインフラの整備費用の削減が可能となる。一方で，デメリットとしては，都心型居住に画一化され居住地が集中することで，地域によっては災害のリスクが増加することもある。

(2)　都市のコンパクト化とロジスティクスの将来（3つの課題）

　都市のコンパクト化が実現すれば，配送においても走行距離や配送時間の短縮とともにCO_2排出量も削減でき，効率化が進むことになる。現在人手不足が深刻化しており，効率的で無駄のない配送の実現には，都市のコンパクト化は歓迎すべきものでもある。

　このため，ロジスティクスの面からも都市のコンパクト化を後押しすることが必要になっている。

　以上のことから，都市のコンパクト化を進めるための課題としては，コンパクト化とスマート化の相互関係の解明（課題1），スマート化にともなう輸配送システムの改善（課題2），サービス・料金の是正による都市のコンパクト化（課題3）などがある。

6.2.2　都市のコンパクト化とスマート化の代表的な政策

(1) 国土交通省によるコンパクトシティ

　国土交通省が進めているコンパクトシティとは，「将来の本格的な少子高齢化社会に備えて，都市のあり方を示すもの」である（図6-2-1，図6-2-2）。

　コンパクトシティの目的と対策は，以下のように示されている。[8)][9)][10)]

　第1の目的は，持続可能な都市経営（財政，経済）の実現である。このための対策として，①公共投資，行政サービスの効率化，②公共施設の維持管理の合理化，③住宅，宅地の資産価値の維持，④ビジネス環境の維持・向上，⑤知恵の創出，⑥健康増進による社会保障費の抑制などがあげられている。

　第2の目的は，高齢者の生活環境・子育て環境の維持確立である。このための対策として，①子育て，教育，医療，福祉の利用環境向上，②高齢者・女性の社会参画，③高齢者の健康増進，④仕事と生活のバランス改善，⑤コミュニティ力の維持などがあげられている。

　第3の目的は，地域環境や自然環境の維持保全である。このための対策として，①CO_2排出削減，②エネルギーの効率的な利用，③緑地，農地の保全などがあげられている。

　第4の目的は，防災や減災である。このための対策として，①災害危険性の低い地域の重点利用，②集住による迅速，③効率的な避難などがあげられている。

　コンパクトシティは，極端な一極集中を目指すものではない。この点で，以下のような留意点がある。

　第1の留意点は，多極型という点である。中心的な拠点だけではなく，旧町村の役場周辺などの生活拠点も含めた，多極ネットワーク型のコンパクト化を目指すものである。

　第2の留意点は，すべての人口の集約を図るものではないことである。たとえば農業などの従事者が農村部に居住することは当然であり，集約で一定エリアの人口密度を維持することもある。

　第3の留意点は，誘導による集約化である。コンパクト化のためにインセンティブを講じながら，時間をかけながら居住の集約化を推進することである。

(2) 国土交通省によるスマートシティ

　国土交通省は「スマートシティ」を「都市が抱える諸問題に対して，ICT

図6-2-1　コンパクトシティの概念

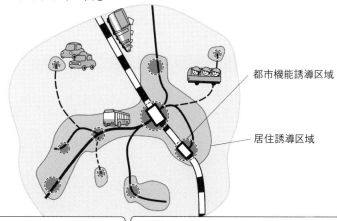

都市機能誘導区域

居住誘導区域

<table>
<tr><td>

🔵 **都市機能誘導区域**

生活サービスを誘導するエリアと当該エリアに誘導する施設を設定

◆都市機能（福祉・医療・商業等）の立地促進

○誘導施設への税財政・金融上の支援
・外から内（まちなか）への移転に係る買換特例 **税制**
・民都機構による出資等の対象化 **予算**
・交付金の対象に通所型福祉施設等を追加 **予算**
○福祉・医療施設等の建替等のための容積率等の緩和
・市町村が誘導用途について容積率等を緩和することが可能
○公的不動産・低未利用地の有効活用
・市町村が公的不動産を誘導施設整備に提供する場合、国が直接支援 **予算**

◆歩いて暮らせるまちづくり
・附置義務駐車場の集約化も可能
・歩行者の利便・安全確保のため、一定の駐車場の設置について、届出、市町村による働きかけ
・歩行空間の整備支援 **予算**

◆区域外の都市機能立地の緩やかなコントロール
・誘導したい機能の区域外での立地について、届出、市町村による働きかけ

</td><td>

⬭ **居住誘導区域**

居住を誘導し人口密度を維持するエリアを設定

◆区域内における居住環境の向上
・区域外の公営住宅を除却し、区域内で建て替える際の除却費の補助 **予算**
・住宅事業者による都市計画、景観計画の提案制度（例：低層住居専用地域への用途変更）

◆区域外の居住の緩やかなコントロール
・一定規模以上の区域外での住宅開発について、届出、市町村による働きかけ
・市町村の判断で開発許可対象とすることも可能

⬭ ◆区域外の住宅等跡地の管理・活用
・不適切な管理がなされている跡地に対する市町村による働きかけ
・都市再生推進法人等（NPO等）が跡地管理を行うための協定制度
・協定を締結した跡地の適正管理を支援 **予算**

┅┅ **公共交通**
🚃 維持・充実を図る公共交通網を設定

◆公共交通を軸とするまちづくり
・地域公共交通網形成計画の立地適正化計画への調和、計画策定支援（地域公共交通活性化再生法）
・都市機能誘導区域へのアクセスを容易にするバス専用レーン・バス待合所や駅前広場等の公共交通施設の整備支援 **予算**

</td></tr>
</table>

出所：国土交通省。https://www.mlit.go.jp/common/001083358.pdf（平成27年3月）をもとに著者作成。

図6-2-2 コンパクトシティ＋ネットワークの概念

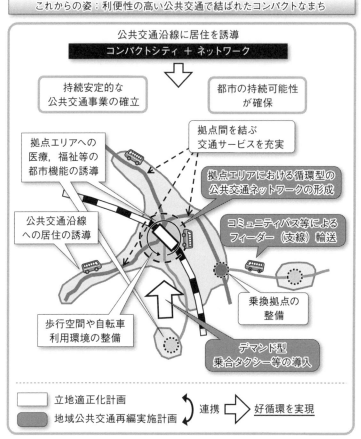

> これからの姿：利便性の高い公共交通で結ばれたコンパクトなまち

公共交通沿線に居住を誘導
コンパクトシティ ＋ ネットワーク

持続安定的な
公共交通事業の確立

都市の持続可能性
が確保

拠点間を結ぶ
交通サービスを充実

拠点エリアへの
医療，福祉等の
都市機能の誘導

拠点エリアにおける循環型の
公共交通ネットワークの形成

公共交通沿線
への居住の誘導

コミュニティバス等による
フィーダー（支線）輸送

乗換拠点の
整備

歩行空間や自転車
利用環境の整備

デマンド型
乗合タクシー等の導入

☐ 立地適正化計画
■ 地域公共交通再編実施計画　　連携　　好循環を実現

出所：国土交通省。

等の新技術を活用しつつ，マネジメント（計画・整備・管理・運営）が行われ，全体最適化が図られる持続可能な都市または地区」としている。

以前のスマートシティは，省エネルギーを中心とした対策とする傾向があったが，現在ではIoT・AIやビックデータの活用により，交通・観光・防災・健康・医療・エネルギー・環境など，複数分野を連携するサービスも含める傾向にある（**図6-2-3**）。[11]

そして，複数分野を1つのプラットフォームで統括管理・運営することで，交通・電力・通信など公共インフラとともに，防災，健康・医療などの安全

図6-2-3　スマートシティの概念

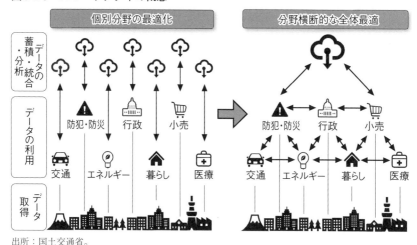

出所：国土交通省。

安心の確保や，さらには観光・地域活性化，商業や物流サービスの高度化などを含めて，快適で安全安心な都市生活を実現することが求められている。

　この意味では，スマートモビリティ（コネクテッドカーなど）や，スマートグリッド（次世代送電網）などもスマートシティの一分野である。

(3) 内閣府によるスーパーシティ構想

　政府（内閣府）が推進する「スーパーシティ構想」は，「AI（人口知能）及びビッグデータを活用して，民間事業者と国や地方自治体が一体となり，先進的な暮らしを可能とする都市を実現するもの」である。[12]

　この「スーパーシティ構想」を実現するために，令和2年（2020）5月27日，「国家戦略特別区域法の一部を改正する法律案」（いわゆる，スーパーシティ法案）が国会で成立した（図6-2-4）。

　スーパーシティが提供する「先端サービス」としては，①行政手続き，②物流，③交通，④観光，⑤防災，⑥社会福祉，⑦教育，⑧金融，⑨環境保全の9つがあげられている。「データ提供者」には，都市共通のインフラ（地理・空間データ）とデータホルダー（固有データ）がある。先端サービスとデータ提供者をつなぐ「データ連携基盤」がある。この連携基盤には，情報，建築物，交通網，インフラなどが想定されている。

　具体的には，①上記の領域のうち少なくとも5つの領域をカバーして，生

図6-2-4　スーパーシティの概念

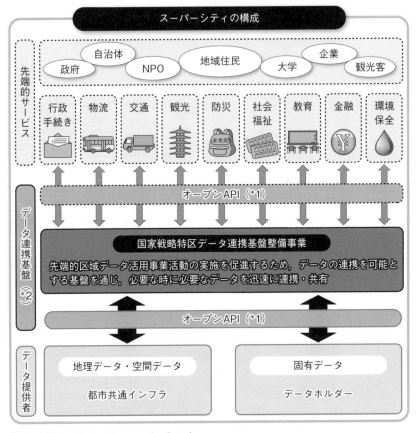

注*1：API :Application Programming Interface。
注*2：データ分散方式を推奨。必要に応じてデータ蓄積も許容。
出所：内閣府。https://www.kantei.go.jp/jp/singi/tiiki/kokusentoc/supercity/supercity.pdf（2020
年8月）。

活全般にまたがること，②2030年頃に実現される未来社会での生活を加速実
現すること，③住民が参画し，住民目線でより良い未来社会の実現がなされ
るよう，ネットワークを最大限に利用すること，などがあげられている。
　このとき，スーパーシティ構想の構造としては，「情報系と都市インフラ系
を統合的に最適設計」するために，6つのレイヤー（サービス，情報，建築
物，交通網，地上インフラ，埋設インフラ）に区分している。そして，より
前者に近い部分をデジタル（情報系），より後者に近い部分をフィジカル（イ

ンフラ系）としている。

　そして「実際のサービス＆インフラ」の例として，①行政サービス（各種行政手続き），②環境管理系（治安・清掃・自然），③公共生活サービス系（上下水・ゴミ・エネルギー），④公共情報サービス系（天候・防災・交通），⑤交通系（自動運転・配送），⑥流通系（ショッピング・配送），⑦情報系（エンタメ・教育），⑧健康・スポーツ系（医療・未病・スポーツ）をあげている。

6.2.3　課題1：都市のコンパクト化とスマート化の相互関係の解明

（1）コンパクト化とスマート化の相互関係解明の必要性

　コンパクト化とスマート化の相互関係の解明（課題1）とは，「コンパクト化とスマート化が物流に与える影響と，それらの相互関係を明らかにすること」である。すなわち，スマート化がコンパクト化を後押しすることになるのか否かが最大の関心事となる。

　このため，都市のコンパクト化とスマート化の相互関係の解明には，コンパクト化がロジスティクスに与える効果の解明（対策1），スマート化がロジスティクスに与える効果の解明（対策2），スマート化とコンパクト化の相互関係の解明（対策3）が必要となる（**表6-2-1**）。

（2）コンパクト化がロジスティクスに与える効果の解明（対策1）

　物流のうち輸送に限って考えてみると，都市のコンパクト化の効果には，①配送距離の短縮，②貨物車台数の削減，③輸送手段の変更などがある。

　輸送距離の短縮（①）では，都市がコンパクト化することで配送エリアの面積が小さくなり，相対的に配送距離が短くなることで，排出物資の削減も可能である。

　貨物車台数の削減（②）では，都市がコンパクト化することで配送距離が短くなれば，配送できる貨物の個数や世帯数が増えて，貨物車台数が削減できる可能性がある。また，配送先が集約されることで1個当たりの配送時間の短縮化が図られ，貨物車の台数削減や走行距離の短縮の可能性がある。

　輸送手段の変更（③）では，都市のコンパクト化により，貨物車から台車や自転車の配送に転換できれば，結果としてCO_2などの排出物資を削減できる。

表6-2-1　都市のコンパクト化・スマート化とロジスティクスの課題と対策

課題1：コンパクト化とスマート化の相互関係の解明（6.2.3）
　　対策1：コンパクト化がロジスティクスに与える効果の解明
　　　　①配送距離の短縮
　　　　②貨物車台数の削減
　　　　③輸送手段の変更
　　対策2：スマート化がロジスティクスに与える効果の解明
　　　　①商流（受発注）システムの進歩
　　　　②物流システムの省力化
　　　　③輸配送の効率化
　　対策3：スマート化とコンパクト化の相互関係の解明
　　　　①配送システムの差別化
　　　　②サービス・料金の是正

課題2：スマート化にともなう輸配送システムの改善（6.2.4）
　　対策1：配送先での駐停車場所の確保
　　　　①路上荷さばき施設の確保
　　　　②路外・建物内荷さばき施設の確保
　　対策2：商品や物資の受け取り方法の多様化
　　　　①宅配ボックス・置き配の普及
　　　　②受け取り場所の指定
　　対策3：配送手段の多様化
　　　　①既存の配送手段の応用（電動カートなど）
　　　　②新しい配送手段の利用（配送ロボット，ドローン）
　　対策4：市街地の街路計画の多様化
　　　　①空間分離（車道と歩道，駐車帯，配送車の通行許可）
　　　　②時間分離（時間帯別通行・駐車，時間・車種別駐車）

課題3：サービス・料金の是正による都市のコンパクト化（6.2.5）
　　対策1：サービスの差別化（高需要ほど安く速く）
　　　　①配送頻度の調整
　　　　②配送品目の限定
　　対策2：適正な料金負担（低需要ほど高く遅く）
　　　　①商品価格の上乗せ
　　　　②配送の追加料金
　　　　③会費制度

出所：著者作成。

(3) スマート化がロジスティクスに与える効果の解明（対策2）

　都市のスマート化とは，「都市が抱える諸問題に対してICT等の新技術を活用して，都市をマネジメント（計画・整備・管理・運営）すること」である。

　物流のうち輸送に限って考えてみると，都市のスマート化の効果には，①

商流（受発注）システムの進歩，②物流システムの省力化，③輸配送の効率化などがある。

商流（受発注）システムの進歩（①）では，情報端末機器の進歩が消費者の購買行動（受発注行動）に大きな変化をもたらし，ネット通販が急増している。

物流システムの省力化（②）では，ピッキングや仕分けなど作業の短時間化などがある。これにより，在庫削減と効率上昇や，物流活動の効率化につながっている。

輸配送の効率化（③）では，貨物車の運行方法の改善によって，輸送距離の短縮化や，運行時間の短時間化を実現できる。ただし，都市がスマート化して情報ネットワークが進展すれば，先述（4.2）したように，受発注システムと物流システムの両方に大きな影響を与えるだろう。これについては，次（④）に詳述する。

(4) スマート化とコンパクト化の相互関係の解明（対策3）

都市政策として，スマート化とコンパクト化が相反する可能性があるのであれば，これを回避しつつスマート化を進めながらコンパクト化を推進することが重要となる。

ロジスティクスにおいてスマート化が進み受発注システムが進歩すると，先述したように，情報と物流の間の相乗効果によって，配送需要が増加すると考えられる（先出，4.2，**図4-2-2**参照）。

このとき，①配送システムの差別化，②サービス・料金の是正を考える必要がある（**図6-2-5**）。

配送システムの差別化（①）とは，大都市の中心部と，郊外地域や中山間地域では，配送システムを変えることである。たとえば，需要の大きい都心部では再配達も可能だが，中山間地域では難しいことも多い。このため中山間地域では，配送頻度や配送間隔などのサービスレベルを差別化（低下）していくことで，低いサービスレベルであっても採算性を確保しながら配送を継続することが重要である。

サービス・料金の是正（②）も同様であり，需要の小さい中山間地域や離島などでは，配送そのものの継続のために，商品価格の割増料金などを認める傾向にある。

このように，もしも配送のサービスレベルの差別化や，サービス・料金が

図6-2-5 スマート化を考慮した都市のコンパクト化の考え方

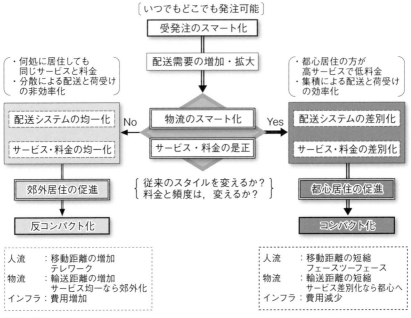

〔 いつでもどこでも発注可能 〕

受発注のスマート化

配送需要の増加・拡大

・何処に居住しても
　同じサービスと料金
・分散による配送と荷受け
　の非効率化

・都心居住の方が
　高サービスで低料金
・集積による配送と荷受け
　の効率化

配送システムの均一化　No　物流のスマート化　Yes　配送システムの差別化

サービス・料金の均一化　　サービス・料金の是正　　サービス・料金の差別化

郊外居住の促進　　　　　　　　　　　　　　都心居住の促進

反コンパクト化　　　　　　　　　　　　　　コンパクト化

{ 従来のスタイルを変えるか？ }
{ 料金と頻度は，変えるか？ }

人流　：移動距離の増加
　　　　テレワーク
物流　：輸送距離の増加
　　　　サービス均一なら郊外化
インフラ：費用増加

人流　：移動距離の短縮
　　　　フェースツーフェース
物流　：輸送距離の短縮
　　　　サービス差別化なら都心へ
インフラ：費用減少

出所：著者作成。

是正されれば（図6-2-5の右方向（Yes→），「物流も受発注も，差別化が進む」ことになる。この場合，都心では郊外よりも質の高いサービスを享受できるので，サービスレベルの差別化により物流に関しては都心居住の方が便利ということになる。このため，コンパクト化を助長することになる。そして，人の交通では移動距離が短縮し，物流でも輸送距離が短縮し，インフラの整備費用も減少して住民の費用負担も少なくなる。

　しかし，もしもサービスレベルの差別化もなく，サービス・料金が是正されなければ（図6-2-5の左方向（←No）），「物流も受発注も，従来のスタイルを維持すること」になる。この場合，都心でも郊外でも均一のサービスが維持されるので，配送をしてもらう市民にとっては郊外居住であっても不便を感じない。このため，反コンパクト化を助長することになる。そして，人の交通では移動距離が増加し，物流でも輸送距離が増加し，インフラの整備費用も増加して住民の費用負担も多くなる。

6.2.4　課題2：スマート化にともなう輸配送システムの改善

(1) スマート化と輸配送システム改善の必要性

　都市のスマート化にともなう輸配送システム改善（課題2）とは，「スマート化にともない増大する配送需要を適切に処理するための改善」である。

　情報化の進展が物流活動を促し，都市のスマート化が商業や物流サービスを進化させるだろう。また，新型コロナウイルスでの外出自粛やテレワークの実施が，いずれ部分的に定着する可能性もある。ちなみに，外出自粛の時期だった令和2年（2020）5月には，生協の宅配が約17％増加し，ヤマト運輸の宅配が約20％増加した。

　このため，都市のスマート化にともなう輸配送システムの改善には，配送先での駐停車場所の多様化（対策1），荷おろし後の受け取り方法の多様化（対策2），配送手段の多様化（対策3）がある。

(2) 配送先での駐停車場所の確保（対策1）

　配送先での駐停車場所の多様化（対策1）とは，「配送先のオフィスビルや集合住宅や住宅市街地において，配送車両の駐停車場所の確保を多様な方法で進めること」である。これには，①路上荷さばき施設の確保と，②路外・建物内の荷さばき施設の確保がある。

　路上荷さばき施設の確保（①）とは，商店への商品搬入に備えて商店街などでパーキングメーターなど，路上で貨物車専用の駐車施設を設けることである。商店には，販売する商品を納品するために貨物車がやってくる。このために，路上の一部に貨物車用の駐車施設を設けたり，午後からは歩行者天国となる商店街であっても，午前中に限って貨物車による荷さばきを許可するような工夫が必要になる。

　路外・建物内の荷さばき施設の確保（②）とは，高層ビルのような大規模建築物やマンションにおいて，敷地内に貨物車の駐車場所を設けることである。都心の高層ビルについては先述したが，同じようにマンションにも貨物車はやってくる。仮に200戸のマンションにおいて，各戸に週に2個の宅配便が届くとなると400個／週で，毎日約60個の宅配貨物が届くことになる。駐車して荷おろししてから1個の搬送に2分かかるとして2時間（120分）となる。もちろん，配送車両を運転してきた人と各戸に配達する人が別のこともあるが，もしもドライバーは配達するとなれば，2時間駐車していることになる。このように，マンションであっても駐停車場所を確保しなければ，結

果として長時間の路上駐車を招き，交通事故の危険を増幅させることになるので，建築設計のなかで配送貨物車の駐停車場所を確保する必要がある。

(3) 商品や物資の受け取り方法の多様化（対策2）

　商品や物資の受け取り方法の多様化（対策2）とは，貨物を受け取る人の事情に合わせて，さまざまな受け取り方法を用意することである。つい最近まで，商品や物資の配送で最大の問題の1つに，受け取りには直接手渡して印鑑やサインが必要なことがあったが，現在では緩和されている。そして近年では，宅配便の約2割にも及ぶとされている再配達問題が話題となり，受け取り方法が多様化してきている。これには，①宅配ボックス・置き配の普及，②受け取り場所の指定がある。

　宅配ボックス・置き配の普及（①）は，再配達を防ぐために必要である。不在時の「宅配ボックス」を，また重い荷物ならば自宅の玄関に「置き配」などを，貨物によって使い分ける工夫が必要である。

　受け取り場所の指定（②）は，受け取り場所を自宅以外の，オフィス，コンビニ，駅などに指定することである。軽い荷物であれば，通勤途中に受け取るための「駅の宅配ボックス」，家のそばでの「コンビニ受け取り」などがある。

　これらに共通する課題としては，初期投資や運用費用を含めて費用負担があるが，いずれは利用者による料金負担が必要になると考えられる。

(4) 配送手段の多様化（対策3）

　配送手段の多様化とは（対策3）とは，「配送における商品特性や需要に応じて，多様なシステムのなかから適切な配送手段を設定すること」である。これには，①既存の配送手段の応用と，②新しい配送手段の利用がある。

　既存の配送手段の応用（①）としては，すでに実用化されているゴルフ場の電動カートや倉庫内の自動走行台車（AGV，Automatic Guided Vehicle）の応用が考えられる。中山間地域で道路交通が閑散としていれば，低速の電動カートなども実用可能だろう。一部の建物で導入されている小型搬送機器で商品を詰めた箱を，ビルの各フロアーに届けても良い。

　新しい配送手段の利用（②）としては，配送ロボットやドローンなどの開発が話題になっている。これらは，離島や中山間地域において少量軽量の物資を緊急輸送するときには，最適な輸送手段の1つである。さらに，大都市

の再開発地区や大規模ビルでは，建物間の地下通路を動き回るカートや，各フロアーまで行き来する配送ロボットも導入可能かもしれない。

(5) 市街地の街路計画の多様化（対策4）

　市街地の街路計画の多様化（対策4）とは，「市街地における配送需要の増加に対応した街路空間の計画の多様化」である。

　従来，人々の買い物行動は，乗用車や自転車でスーパーなどに買い物に出かけて，自ら商品を持ちかえることが主だった。このため，住宅市街地に配送車両が走行することも少なく，市街地の街路計画も，乗用車や自転車や歩行者などの人々の交通行動に合わせて立てていた。

　しかし近年では，ネット通販やデリバリーサービスが増えたために，配送車両が市街地を走行し住宅の前に路上駐車することが多くなっている。このため，従来の人の交通を中心とする計画に加えて，物の交通（配送車両の通行，駐停車など）も含めた計画が必要とされている。

　配送車両を前提とした市街地の街路計画には，①空間分離と②時間分離がある。

　空間分離（①）とは，限られた道路空間を複数の交通手段ごとに，空間そのものを使い分ける方法である。従来の道路空間は，自動車用の車道と歩行者用の歩道の区分が主であった。しかし，これからは，配送車両用の駐停車帯の設定，配送車両の進入規制の設定方法が重要となることだろう。さらに将来は，配送用ロボットが普及した際の通行部分の設定も課題になるだろう。

　時間分離（②）とは，同じ道路空間を，車と歩行者，人と物の交通などに区分して，時間帯で使い分ける方法である。車と歩行者であれば，スクールゾーンとして小中学校の通学時間帯に車両の通行規制をしている例がある。人と物の交通であれば，午前中は配送車両の通行を許可し，午後からは歩行車天国にしている商店街の例は多い。また，午前中のある時間帯のみ，諸品の積みおろしのための貨物車の駐停車を認めている問屋街の例もある。さらには路上駐車帯を設けて，昼間の時間帯は貨物車専用，夜間はタクシー専用とする例もある。このように，時間分離の考え方が有効なことは多い。

6.2.5　課題3：サービス・料金の是正による都市のコンパクト化

(1) 都市のコンパクト化とサービス・料金の是正の必要性

　サービス・料金の是正によるコンパクト化の推進（課題3）とは，「宅配便

の配送頻度の変更や，郊外での付加料金の徴収などにより，都市のコンパクト化を進めること」である。

　情報化やスマート化が本格的に進むとき，都市のコンパクト化を実現できるか，もしくは逆の方向に向かい居住地の分散化が進むのかは，大きな分かれ道になる。このとき，物流におけるサービスや料金の変更が，都市のコンパクト化を後押しすることになる。

　このため，サービス・料金の是正による都市のコンパクト化の対策には，サービスの差別化（対策1），適正な料金負担（対策2）がある。

(2) サービスの差別化（高需要ほど安く速く）（対策1）

　サービスの差別化（対策1）とは，「都心と郊外の間，配送頻度や配送間隔などのサービスの差別化を導入すること」である。つまり，中心市街地でも郊外でも，まったく同じ料金と頻度で再配達が可能あれば，郊外居住を選択しても不便はない。逆に，差別化により中心市街地のサービスレベルが高ければ，中心市街地の居住を選ぶことになるだろう。現に，郊外居住の高齢者が買い物の利便性や通院を考慮して中心市街地に移住する例は多い。

　これには，サービスの差別化として，①配送頻度の調整，②販売品目の限定がある。

　配送頻度の調整（①）としては，郊外の地域によって配送の曜日を限定するものである。たとえば，ある集落では月曜日と木曜日，別の集落では火曜日と金曜日というように，配送頻度を低くすれば積載率も向上し，採算が合う可能性もある。すべての地域に同じサービスレベルで配送しなくても良いはずである。

　販売品目の限定（②）としては，移動販売車のように「多様な商品だが，メーカーは限定するようなこと」である。豆腐は一種類しかありません，醤油はこの品のこのサイズしか売っていません，などと選択の自由を狭めることでもある。これにより，移動販売車の積載量に合わせて品目を調整したりして，売れ残りを避けることになる。

(3) 適正な料金負担（低需要ほど高く遅く）（対策2）

　適正な料金負担（対策2）とは，「郊外居住者への配送費用の増加分を，居住者にも一部負担してもらうもの」である。この費用負担が商店や移動販売店の採算性に寄与して事業継続が可能になれば，買い物弱者の救済にもなる。

これには，①商品価格の上乗せ，②配送の追加料金，③会費制度がある。

商品価格の上乗せ（①）とは，価格に配送料金を上乗せすることで，事業者の採算性を確保しようとすることである。すでに，移動販売などでは，商品ごとに一律10円を料金としている例がある。

配送の追加料金（②）とは，宅配などで通常の料金で採算が合わない場合には，離島や中山間地域において，追加料金を徴収することである。すでに，離島などで，配送費の追加料金を徴収している例がある，

会費制度（③）とは，消費者が移動販売業者や店舗の会員となって，業者の負担を減らすことである。中山間地域において集落の人々が会員となっている例がある。

6.3　中山間地域の生活弱者とロジスティクス

6.3.1　中山間地域におけるロジスティクスの実態と将来

(1) 中山間地域におけるロジスティクスの実態

人々が生活していくためには，食料，飲料水，生活物資などを，必ず手に入れなければならない。このことは，そこに生活がある限り，都市であっても中山間地域や離島であっても変わらない。

しかし近年では，少子高齢化や人口減少にともなう公共交通機関の廃止や，商店の撤退や廃業など起きているため，通勤通学や通院などの交通弱者と買い物弱者が増えている。このような生活弱者に対する生活支援として，物を届けるというロジスティクスの役割が重要となる。[13]

(2) 中山間地域におけるロジスティクスの将来（3つの課題）

中山間地域に住む人々に生活支援をするとき，採算性が低い場合には，販売業者は出店をしにくいだろうし，移動販売業者も事業を継続できないこともある。また郵便や宅配などの配送も，大都市と同じサービスを要求されても実現不可能に近い。

すなわち，将来において中山間地域の人々の生活支援を確実に継続していくためには，配送サービスレベルの見直しや，配送料金の設定も含めて，物流（輸配送システム）と商流（サービス，料金）の両面から，対策を考える必要がある。

以上のことから，中山間地域に関する課題としては，生活弱者の移動支援

（課題1），買い物弱者への配送支援（課題2），買い物弱者の利便性向上（課題3）などがある。

6.3.2　中山間地域に対する代表的な政策

(1)　内閣府による小さな拠点づくり

　内閣官房まち・ひと・しごと創生本部・内閣府地方創生推進室によると，小さな拠点づくりとは，「中山間地域等の集落生活圏（複数の集落を含む生活圏）において，安心して暮らしていく上で必要な生活サービスを受けられる環境を維持していくために，地域住民が，自治体や事業者，各種団体と協力・役割分担しながら，各種生活支援機能を集約・確保したり，地域の資源を活用し，しごと・収入を確保する取り組み」である。

　そして，同室では，「住み慣れた地域で暮らし続けるために〜地域生活を支える『小さな拠点』づくりの手引き〜」を策定している。[14]

(2)　国土交通省による小さな拠点

　国土交通省によると，小さな拠点とは，「小学校区など，複数の集落が集まる基礎的な生活圏のなかで，分散しているさまざまな生活サービスや地域活動の場などを「合わせ技」でつなぎ，人やモノ，サービスの循環を図ることで，生活を支える新しい地域運営の仕組みをつくろうとする取り組み」である。

　また国土交通省は，「小さな拠点と周辺集落とをコミュニティバスなどの移動手段で結ぶことによって，生活の足に困る高齢者なども安心して暮らし続けられる生活圏（ふるさと集落生活圏）が形成される」としている。

　このようなことから，国土交通省では，「集落地域の大きな安心と希望をつなぐ『小さな拠点』づくりガイドブック」，「【実践編】「小さな拠点」づくりガイドブック」を発行している（図6-3-1，図6-3-2）。[15] [16]

6.3.3　課題1：中山間地域における生活弱者の移動支援

(1)　生活弱者の移動支援の必要性

　中山間地域における生活弱者の移動支援（課題1）とは，「中山間地域に住みながらも自ら自動車を運転できない人や，公共交通手段が不足している人たちに，買い物や通勤通学などのための移動手段を提供すること」である。これらは，中山間地域の人々が日常生活を維持していくために，極めて重要な課題である。

図6-3-1　小さな拠点の概念

例 道の駅に農家レストラン，特産品販売所，コミュニティスペースなどを設置

例 コミュニティバスやデマンドタクシーなどにより集落から拠点へのアクセスを確保。

例 旧役場市庁舎を公民館や図書館などに活用

例 小さな拠点同士を結び相互に機能保管

例 小学校の空きスペースや廃校舎を活用して保育所やミニデイサービス，体験宿泊などを実践

例 スーパー撤退後の施設を活用して集落コンビニや農産物出荷拠点を運営

例 都市部の拠点とのアクセスを確保し機能補完

集落

郵便局

道の駅

診療所

ガソリンスタンド

ATM

スーパー跡地

小学校

旧役場庁舎

中心都市へ

注：「小さな拠点」は で囲んだエリア，「ふるさと集落生活圏」は のエリアです。
出所：国土交通省「【実践編】「小さな拠点」づくりガイドブック」。

　このため，中山間地域における生活弱者の移動支援対策には，公共交通機関の利用補助（対策1）と，小売業者による交通手段の提供（対策2）がある（表6-3-1）。

(2) 公共交通機関の利用補助（対策1）

　公共交通機関の利用補助（対策1）とは，「生活弱者のために，バスやタクシーなどの利用をしやすくすること」である。これには，①公共事業者への運行費用の補助，②地方公共団体によるバスの運行，③タクシー料金の補助の3つがある。

　公共交通（バス，鉄道など）事業者への運行費の補助（①）とは，地方公共団体が公共交通事業者に対して補助をすることである。地方部や人口減少が進む地域では，乗客が確保できず赤字になる路線があり，事業者が事業から撤退することもある。このような地域では，路線の維持やサービス水準の確保のために，地方公共団体が，公共交通事業者に対して赤字路線の運行費

図 6-3-2　買い物弱者の対策

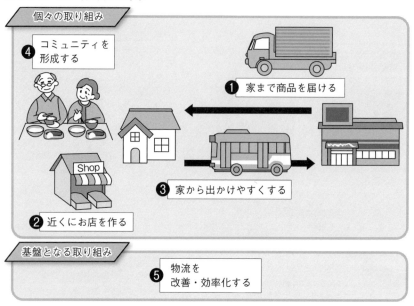

個々の取り組み

❹ コミュニティを
　形成する

❶ 家まで商品を届ける

❸ 家から出かけやすくする

❷ 近くにお店を作る

Shop

基盤となる取り組み

❺ 物流を
　改善・効率化する

出所：経済産業省「買物弱者応援マニュアル」p.1，2015年3月。

　の補助をしている。国は，このように公共交通の運行維持のために費用を負担する地方公共団体に対して，特別地方交付税によって措置をしている。

　地方公共団体（市町村）によるバスの運行（②）とは，乗合形態の自動車を運行することである。具体的には，地方公共団体が交通事業者に運行を委託する場合と，地方公共団体が自ら有償旅客運送（市町村運営有償運送）をする場合がある。たとえば，デマンドバス，乗合タクシーなどの需要に応じた運行サービスを提供する例が増加している。このとき，利用者を確保するためには，居住地や施設などへの近接性を考慮したバス停の配置，運行ルートなどの工夫，特定区間で自由に乗り降りできるフリー乗降の導入などのきめ細かなサービスが求められている。

　タクシー料金の補助（③）とは，地方公共団体が高齢者や住民に対してタクシー料金を補助することである。地方公共団体が住民にタクシー利用券を配布するときは，配布対象者を，身体障害者手帳の保有者や75歳以上の高齢者で運転免許を保有していない人に限定している事例が多い。地方公共団体によっては，タクシーの他に，バスや電車の運賃を補助する例もある。

表6-3-1　中山間地域におけるロジスティクスの課題と対策

課題1：中山間地域における生活弱者の移動支援（6.3.3）
　対策1：公共交通事機関の利用補助
　　①公共交通事業者への運行費の補助
　　②地方公共団体によるバスの運行
　　③タクシー料金の補助
　対策2：小売業者による交通手段の提供
　　①無料の送迎サービス
　　②有料の送迎サービス

課題2：中山間地域における買い物弱者への配送支援対策（6.3.4）
　対策1：宅配事業の多様化
　　①生協の宅配
　　②小売業の宅配
　　③食材・弁当などの宅配
　対策2：配送方法の多様化
　　①貨客混載
　　②新たな技術の導入
　対策3：受け取り方法の多様化
　　①宅配ボックスの設置
　　②置き配

課題3：中山間地域における買い物弱者の利便性向上（6.3.5）
　対策1：近隣店舗の設置
　　①地元住民の出資による店舗の設置
　　②公共施設などを利用した店舗の設置
　対策2：移動販売
　　①移動販売専門業者による移動販売
　　②小売業者などによる移動販売
　対策3：買い物・出前代行
　　①店舗による買い物代行
　　②デリバリーサービスによる出前代行

出所：著者作成。

(3) 小売業者による交通手段の提供（対策2）

　小売業者による交通手段の提供（対策2）とは，「商業施設や商店街，社会福祉法人，NPOなどが，買い物客を居住地から店舗まで送迎するサービス」である。これには，①無料の送迎サービスと，②有料の送迎サービスがある。

　無料の送迎サービス（①としては，商業施設（スーパーマーケットなど）や商店街が運行する買い物バスなどがある。

有料の送迎サービス（②）としては，過疎地域などの交通が著しく不便な地域において，道路運送法にもとづきNPOなどが行う「公共交通空白地域有償運送」，NPOなどが身体障害者など及びその付添人に限って運送する「福祉有償運送」がある。サービスを維持継続するためには，採算性が確保できるように，居住地，施設などへの近接性を考慮したバス停の配置，運行ルートなどの工夫，最低限の運行頻度の確保，運行時間の工夫などが必要である。

6.3.4　課題2：中山間地域における買い物弱者への配送支援

(1) 買い物弱者への配送支援の必要性

中山間地域における買い物弱者の配送支援（課題2）とは，「中山間地域に住む人々に商品や物資を届けること（配送すること）により生活を支援すること」である。交通弱者にとっても買い物弱者にとっても，自らが移動せずに商品や物資が届くことは，極めて有効かつ重要な対策である。

このため，中山間地域における買い物弱者への配送支援対策には，宅配事業の多様化（対策1），配送方法の多様化（対策2），受け取り方法の多様化（対策3）がある。

(2) 宅配事業の多様化（対策1）

宅配事業の多様化（対策1）とは，「電話，インターネットなどにより商品を販売し，自宅に届ける事業の多様化のこと」である。これには，①生協の宅配，②小売業の宅配，③食材・弁当の宅配などがある。近年では，地方公共団体が民間事業者と協定を結び，宅配時に高齢者の見守りなどのサービスを付加する事例もある。

生協の宅配（①）では，週1〜2回程度，会員から注文された商品を各戸の玄関先まで配達することが一般的である。主に，青果，鮮魚，精肉の生鮮食料品，総菜，加工品，日用品などを扱っている。

小売業の宅配（②）では，スーパーマーケットなどの小売業が注文された商品を各戸の玄関先まで配達している。近年，消費者がインターネットで注文する「ネットスーパー」という業態が増加している。

弁当・食材などの宅配（③）では，調理された弁当やカット済みの食材を各戸まで配達している。高齢化の進展や共働きの増加から利用者が増加している。

(3) 配送方法の多様化（対策2）

配送方法の多様化（対策2）とは，「従来の貨物車による自宅までの配送に代わって，さまざまな配送手段を利用すること」である。これには，①貨客混載と，②新たな技術の導入がある。

貨客混載（①）とは，鉄道や路線バスやタクシーなどの旅客用の車両に貨物の収納スペースを設けて，貨物車の代わりに輸配送することである。

平成29年（2017），国土交通省は，過疎地域を対象に，旅客自動車運送事業，貨物自動車運送事業を兼業することを認可できるようにした。具体的には，最低車両台数や積載できる貨物の重量の上限などの許可の基準を設けるとともに，同一事業者が旅客自動車運送事業，貨物自動車運送事業を兼業する場合において，運行管理者や補助者の兼務を可能とした。

貨客混載による旅客運送事業者（鉄道，バス，タクシー）には，新たな収入源の確保などのメリットがあり，貨物運送事業者には，ドライバーの削減や採算性の向上などのメリットがある。特に，過疎地域では，公共交通や貨物輸送サービスの維持に貢献できる。一方で，貨客混載が旅客輸送の安全性や貨物輸送の品質の低下につながらないように注意する必要がある。

新たな技術の導入（②）とは，新しい技術を活用した配送として，自動運転車両による配送，ドローンによる配送などである。

自動運転車両やドローンによる無人配送は，住宅が少なく輸送需要が少ない中山間地域や離島などにおいて，実証実験が開始されている。今後の実現のために，新技術に適した貨物の選定，移動中の安全確保，荷物の荷おろしと受け取りの確認などの，課題解決が待たれている。

(4) 受け取り方法の多様化（対策3）

受け取り方法の多様化（対策3）とは，「住民が不在でも再配達を抑制するため商品や物資を受け取る多様な方法のこと」である。近年，通信販売が増加して宅配便の需要も増加する一方で，住民の不在による再配達も増えているために，①宅配ボックスの設置と，②置き配などが進められている。

宅配ボックスの設置（①）とは，宅配便を受け取るための箱型の収納設備を設置することである。マンションなどの集合住宅だけでなく，戸建て住宅にも設置されつつある。さらに将来は，オフィスビルの各フロアーやマンションの各戸の玄関まで搬送する設備に進化する可能性もある。

置き配（②）とは，利用者があらかじめ指定する場所（玄関先など）に非

対面で配達することである。置き配は、玄関先などに配達した荷物を置くため、鍵のかかる専用バッグを活用するなどの盗難や紛失への対策が必要となる。

6.3.5　課題3：中山間地域における買い物弱者の利便性向上

(1)　買い物利便性向上の必要性

　買い物弱者の利便性の向上（課題3）とは、「中山間地域に住む人々に商品や物資の購入や受け取りの機会を増やすということ」である。

　このため、中山間地域における買い物弱者の利便性向上の対策には、近隣型の店舗の設置（対策1）、移動販売（対策2）、買い物・出前代行（対策3）がある。

(2)　近隣型店舗の設置（対策1）

　近隣型店舗の設置（対策1）とは、「買い物弱者の徒歩圏内に商品や物資の販売施設を設けること」である。これには、①地元住民の出資による店舗の設置、②公共施設などを利用した販売の仕組みなどがある。

　地元住民の出資による店舗の設置（①）では、民間の店舗が採算性を確保することが難しいため、地域住民やNPOなどによって運営される例も多い。このとき、比較的加盟料が安価なボランタリーチェーンに加盟する事例がある。

　公共施設などを利用した店舗の設置（②）では、廃校となった小学校を利用してコミュニティの核にするとともに商品の販売を行う例や、JA（農協）のガソリン販売所と店舗を併設する例がある。

(3)　移動販売（対策2）

　移動販売（対策2）とは、「食料品や日用品などの商品を積んだ車両で、消費者の近くまで移動して販売すること」である。遠出のできない高齢者でも、住宅の近くに移動販売車が来れば、直接商品を手に取って購入することができる。これには、①移動販売専門業者による移動販売と、②小売業者などによる移動販売がある。

　移動販売専門業者による移動販売（①）では、近隣に商店のない中山間地域などを対象に、週1〜2回程度、青果や鮮魚などの限定された商品を販売する例が多い。近年では、青果、鮮魚、精肉の生鮮食料品だけでなく、総菜や日用品などを含め、住民の需要に応えて多くの品目を扱う移動販売もみられる。

　小売業者などによる移動販売（②）では、大手コンビニエンスストアチェ

ーンが，移動販売に参入している例がある。さらに，高齢者が多い地域では，移動販売の事業者が高齢者の安否確認，見守りなどのサービスも行っている。

(4) 買い物・出前代行（対策3）

買い物・出前代行（対策3）とは，「買い物ができない消費者に代わって，指定された商品を購入して届けること」である。

いままで，外出が困難な高齢者向けのサービスとして，NPOや社会福祉法人などが行ってきたが，今後は，ライフスタイルの多様化による新たな需要を見込み，民間企業が買い物代行に参入する事例もみられるだろう。

これには，①店舗による買い物代行，②デリバリーサービスによる出前代行がある。

店舗による買い物代行（①）とは，スーパーなどの店舗に発注することで，消費者の代わりに店員が商品を売り場の棚から取り出して自宅に届けることである。これは通常の店舗で行う場合もあるが，近年では，買い物代行専用に商品を保管する施設を設けて運営している場合もある。

デリバリーサービスによる出前代行（②）とは，消費者が発注しておき，店舗の人に代わって出前の配達のみを代行することである。新型コロナによる外出自粛もあって，近年では急速に普及している。これは，従来からある出前と異なる点は，出前する人が店舗の人ではない点である。

6.4 離島の生活支援とロジスティクス

6.4.1 離島におけるロジスティクスの実態と将来

(1) 離島におけるロジスティクスの実態

人々が生活を続けていくためには，どのような土地であれ，周囲との交流が不可欠であるから，陸続きでない離島では，本土と結ぶ海路を確保しなければならない。しかし，この海路の存在が，離島の生活や産業振興において物流費用の増加を招き，ハンディキャップとなっているのであれば，これを取り除くことが重要な課題となっている。現に，離島の年間収入額と消費支出額が全国平均に比較して低く，主要生活物資の価格も全国平均に比較して高いものが多い（表6-4-1，表6-4-2，図6-4-1）。

これについてロジスティクスの視点から考えてみると，離島の生活を安定させ，産業振興を図るためには，離島だからこそ生じる輸送費用を削減して，

本土に比べて割高な生活物価の低廉化を図り，生産品の付加価値や競争力を高めることに尽きる。[17) 18) 19)]

(2) 離島におけるロジスティクスの将来（4つの課題）

　離島は，恵まれた自然のなかで，固有の歴史と文化をはぐくんでいる。そして離島の物流政策は，人々の生活や経済基盤の確保という点で，極めて重要な国家政策の1つである。

　とりわけ国境に位置する離島や海洋に孤立している離島は，排他的経済水域を確定し貴重な資源を我が国にもたらしている。少なくとも離島の生活と産業を支える物流政策が私的交通とみなされて，国益を損なうような事態を招くことは避けたいものである。

　このためには，企業活動としてのロジスティクスの工夫もさることながら，公共部門による離島へのさまざまな支援が不可欠である。現在も多くの制度が用意されているが，将来は，より制度の充実が期待されている。

　以上のことから，離島のロジスティクスの課題としては，生活物資の輸送費と交通費の補助（課題1），島内産業の輸送費に対する補助（課題2），離島の流通構造の改善（課題3），島内産業の生産販売体制の改善（課題4）などがある。

6.4.2　離島のロジスティクスの代表的な支援事業

(1) 離島ガソリン流通コスト支援事業

　離島ガソリン流通コスト支援事業とは，「本土に比べて割高な離島のガソリン小売価格の実質的引き下げを目的に，平成23年度より開始された経済産業省資源エネルギー庁の補助事業」である。

　揮発油税の軽減措置がとられている沖縄県を除き各離島へのガソリン流通形態に応じた輸送コスト分（1リットル当たり7円～30円）を販売店が離島の消費者などに値引きして販売した場合，その値引き分を国が販売店に補助している。平成24年度（2012）に，各島への輸送距離などに応じた補助単価の見直しがなされ，現在1リットル当たり7円～70円の補助がなされている。

　なお，沖縄県では前述の軽減措置を前提に，揮発油1キロリットル当たり1,500円（リットル当たり1.5円）の石油価格調整税（県税）を課税し，その税収を実質的な財源として，沖縄本島から県内離島へ輸送される石油製品について輸送コストを補助する「石油製品輸送等補助事業」を実施している。

表6-4-1　離島の年間収入額と消費支出額の全国比較（全国平均＝1.00）

（収入・支出）		（食費住居費など）		（交通通信費など）	
年間収入	0.80	食費	0.76	交通費	1.35
消費支出	0.92	住居費	1.03	通信費	1.39
		光熱水道費	1.46	教育費	1.11
		保険医療費	1.07		

出所：国土交通省「平成21年度離島の生活構造改善に関する調査報告書」，2010年。

表6-4-2　離島の主要生活物資の価格の全国比較（全国平均＝1.00）

（主食類）		（食費）		（日用品等）	
米	1.06	牛肉	1.40	ティッシュ	1.58
食パン	1.17	牛乳	1.35	洗剤	1.47
小麦粉	1.19	食用油	1.25	灯油	1.24

出所：国土交通省「平成21年度離島の生活構造改善に関する調査報告書」2010年。

図6-4-1　本土内と離島における輸送の違い

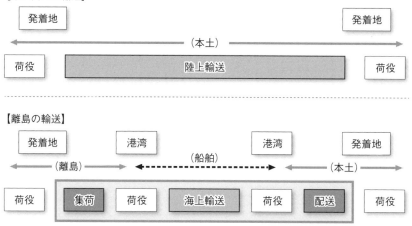

出所：著者作成。

(2) 輸送費の低減や離島流通効率化のための各種支援事業

離島振興法では，離島振興対策実施地域の活性化を推進し，定住促進など
を図るために平成25年（2013）4月に創設された「離島活性化交付金」の事
業メニューのなかで，産業活性化事業として，戦略産品（5品目まで）の移
出や原材料などの移入に係る輸送費支援（補助率1/3〜1/2で実施主体により
異なる）を実施している。また，流通効率化関連施設整備等事業として，流
通効率化に効果のある施設（倉庫・加工場など）の整備や機材（コンテナ・
冷凍庫など）の導入に対する補助を行っている（補助率1/2）。事業実施主体
は都道県，市町村，民間団体（農協，漁協，生産組合など。共同でも可）。事
業実施にあたっては事業計画を作成し，国土交通大臣の承認を受ける必要が
ある。令和2年度の同交付金の予算総額は14億円である。

離島振興対策実施地域のうち，平成29年（2017）4月に施行された有人国
境離島法にもとづく特定有人国境離島地域（15地域〈都道県29市町村71島〉）
では，「特定有人国境離島地域社会維持推進交付金」により，農水産物全般
（加工品以外）の移出や原材料など（飼料，氷，箱など）の移入に係る輸送コ
ストの軽減が図られている（補助率6/10）。事業実施にあたっては事業計画
を作成し，内閣総理大臣の承認を受ける必要がある。令和2年度の同交付金
の予算総額は50億円である。

(3) 奄美群島及び沖縄県を対象とした各種支援事業

奄美群島振興開発特別措置法では，平成26年度（2014）に創設された「奄
美群島振興交付金」の事業メニューのなかで，「奄美群島農林水産物輸送コ
スト支援事業」として農水産物全般及び黒糖焼酎などの加工品の移出や原材
料など（飼料，肥料，箱など）の移入に係る輸送コスト支援がなされている。
また，農業の生産性向上や水産業の振興に関する支援メニューもあり，高付
加価値化に向けた施設整備やコンテナの導入などに対する補助を実施してい
る。事業実施にあたっては事業計画を作成し，国土交通大臣の承認を受ける
必要がある。令和2年度（2020）の同交付金の予算総額は24億円である。

沖縄県では，沖縄振興一括交付金を活用し「農林水産物流通条件不利性解
消事業」として，本土出荷される県産農林水産物（野菜，果実，花き，水産
物など）の輸送コストを，発着地・輸送品目・輸送方法などに応じて基準額
を設け支援している。

6.4.3 課題1：離島における生活物資の輸送費と交通費の補助

(1) 生活物資輸送と費用削減の必要性

　離島における生活物資の輸送費と交通費の補助（課題1）とは，「離島の生活を維持していくために，必要不可欠な生活物資の輸送費や交通費を，公共部門が補助すること」である（表6-4-3）。

　離島に限らず生活を維持するために生活物資の供給は不可欠であるが，離島では，本土に比較して生活物資や各種サービスの価格が割高になっており，物流費用も割高になっている。

　この物流費用が高い理由として，離島は一般的に人口規模が小さく消費量も少ないために，大量購入や大量輸送できずに，必然的に商品価格が高くなる傾向がある。次に，本土内の陸路のみの輸送とは異なり，陸上と海運の複数の輸送手段を利用し，しかもフェリー以外の一般的な船舶を利用するときには，荷役による積み替えが生じて輸送費用が増加することがある。さらに，運航時刻に合わせるためや，荒天による欠航に備えるために製品在庫を増やせば，費用も増加することがある。たとえば宅配便会社でも，「運送を引き受けた場所または配達先が離島や山間部などにあるときには，荷物受取日から相当の日数を経過した日」として，到着日を約束していない。

　このため，離島における生活物資の輸送費と交通費の補助については，ガソリン販売価格の低減のための補助（対策1），生活物資の輸送費の補助（対策2），本土への渡航のための交通費・宿泊費補助（対策3），島外からの訪問診療・介護のための交通費の補助（対策4）がある（表6-4-4）。

(2) ガソリン販売価格の低減のための補助（対策1）

　離島での石油製品（ガソリン）の価格低減のための補助（対策1）とは，鉄道のない離島での交通手段であるバスや自動車にガソリンは必要不可欠なので，「バスや自動車の利用に不可欠なガソリンを円滑に手に入れられるように，ガソリンの価格補助をすること」である。これには，①価格補助，②流通の補助がある。

　価格補助（①）とは，石油製品の価格低減のための補助である。経済産業省の「離島ガソリン流通コスト支援事業」がある。これは，輸送費用がかかる分だけ高くなるガソリンの購入に際して補助を行うものである。

　流通の補助（②）とは，石油製品の備蓄を含め，流通上で石油不足にならないための事業への補助である。たとえば，経済産業省資源エネルギー庁は，

表6-4-3　離島におけるロジスティクスの課題と対策

課題1：離島における生活物資の輸送費と交通費の補助（6.4.3）

　対策1：ガソリン販売価格の低減のための補助

　　①ガソリン販売価格の低減のための価格補助
　　②政府による石油タンク更新などの流通の補助

　対策2：生活物資の輸送費の補助
　　①食料品・日用品，燃料などの輸送費の補助
　　②医薬品などの輸送費の補助

　対策3：本土への渡航のための交通費・宿泊費の補助
　　①通院の交通費と宿泊費の補助
　　②買廻り品購入のための交通費の補助

　対策4：島外からの訪問診療・介護のための交通費の補助
　　①訪問診療の交通費の補助
　　②訪問介護の交通費の補助

課題2：島内産業の輸送費に対する補助（6.4.4）

　対策1：島外からの資機材調達にかかる輸送費の補助
　　①政府による機材導入・施設整備の資金補助
　　②地方公共団体による輸送費の補助

　対策2：島内産品の島外輸送にかかる費用の補助
　　①倉庫などの物流施設整備の補助
　　②島内産品の島外への輸送費の補助

課題3：離島の流通構造の改善（6.4.5）

　対策1：出荷形態の見直しによるコスト削減
　　①輸送容器の変更
　　②出荷商品の高付加価値化

　対策2：輸送手段の変更によるコスト削減
　　①大型フェリーの導入
　　②フェリーによる積み替えの解消

　対策3：物流施設や輸送の共同化
　　①冷凍冷蔵施設の共同利用
　　②共同仕入れによるコスト削減

課題4：島内産業の生産販売体制の改善（6.4.6）

　対策1：新商品の開発と商品の高付加価値化
　　①新商品の開発
　　②商品の高付加価値化

　対策2：マーケティング戦略（島外への販売力強化と販路拡大）
　　①島外への販売力の強化と単価の向上
　　②島外への販路拡大や通販の導入

出所：著者作成。

石油タンク整備の補助をしている。これは，台風などの荒天による欠航で離島にガソリンが届かずに在庫が底をついてしまうと，発電もできず自動車で移動することもできなくなるため，石油タンクの容量を大きくする事業に補助し，増加した保管分を自治体の備蓄用に充てている。

(3) 生活物資の輸送費の補助（対策2）

生活物資の輸送費の補助（対策2）とは，「離島における生活物資が高価格になることを避けるために，生活必需品の輸送費を補助すること」である。これには，①食料品・日用品，燃料などの輸送費補助，②医療用品の輸送費の補助などがある。

食料品・日用品，燃料などの輸送費補助（①）とは，生活必需品の輸送費の補助である。東京都は，「伊豆諸島海上貨物運賃補助」として，プロパンガスなどの4品目については輸送費の100％補助，野菜や果物などの15品目については50％補助をしている。北海道は，「離島振興対策事業費補助金（プロパンガス価格安定事業）」として，道内離島のプロパンガス運送経費の一部を助成している。鹿児島県は，「特定離島ふるさとおこし推進事業」を活用し，十島村が飲食物にかかる輸送コストを支援する「十島村飲食物海上輸送費支援事業」を実施している。このように，小規模離島でも生活必需品などの輸送費の一部を補助している事例もある。

医薬品などの輸送費の補助（②）とは，医療施設や医薬品の価格の高くなりがちな離島に対して，医薬品や医療材料などを対象に，輸送費用を補助ないし負担することである。

(4) 本土への渡航のための交通費・宿泊費の補助（対策3）

本土への渡航のための交通費・宿泊費の補助（対策3）とは，「島民が本土に出かけるときの交通費に対する公的補助」である。これには，①本土に通院するときの交通費補助や，②買い廻り品購入のための交通費補助がある。

通院の交通費・宿泊費の補助（①）とは，慢性疾患の患者が，本土の病院に定期的に出かけるような場合に，離島から本土への通院のための交通費や宿泊費を補助することである。救急患者はドクターヘリを利用することが多いが，離島に住む慢性疾患の患者は，船しか交通機関がないため中山間地域以上に通院しにくい。このために，輸送費を補助している例がある。

買い廻り品購入のための交通費の補助（②）とは，島内で購入できない生

表6-4-4　生活物資の輸送費と交通費の補助の例（課題1に対応）

（対策1）ガソリン販売価格の低減のための補助 　　エネ庁，離島ガソリン流通コスト支援事業 　　沖縄県，石油製品等輸送補助事業
（対策2）生活物資の輸送費の補助 　　伊豆諸島海上貨物運賃補助制度 　　　　プロパンガス，小麦粉など4品目は，100%補助 　　　　野菜，果物など15品目は，50%補助 　　今治市津島生活貨物航走援助金 　　　　2名以上の要請による輸送費，1人当たり3,000円
（対策3）本土への渡航のための交通費・宿泊費の補助 　　新潟県離島患者通院交通費軽減事業費補助金 　　　　75歳以上，15歳以下，妊産婦に，片道分補助 　　大島町当該機関通院交通費等支援対策事業補助金 　　　　交通費：一人当たり1回，船賃の4割程度 　　　　宿泊費：一人当たり1回（往復分）3,000円 　　鳥羽市離島における高齢者などへの在宅サービスに係る船賃補助 　　　　離島からデイサービス施設などを利用時に船賃半額補助
（対策4）島外からの訪問診療・介護のための交通費の補助 　　長崎県介護サービス小離島渡航費助成事業費補助金 　　　　渡航費の50%，介護事業者に補助 　　観音寺市離島介護サービス提供促進事業 　　　　伊吹町への離島介護サービス事業者に1回3,000円 　　三原市離島介護サービス提供促進事業補助金 　　　　佐木島と小佐木島で介護保険サービス提供に渡船費用補助

出所：苦瀬博仁「ロジスティクスからみた離島の物流政策」季刊しま，第58巻第1号，pp.23-33，
　　　日本離島センター，2012。

活必需品を買う際の交通費の補助である。生活必需品の購入と認められれば，
交通費を補助してもらえる。

(5) 島外からの訪問診療・介護のための交通費の補助（対策4）

　島外からの訪問診療・介護のための交通費の補助（対策4）とは，「本土な
どから，離島に出かける訪問診療や訪問介護などへの交通費の補助」である。
離島の住民が本土に出かける場合とは逆で，本土から離島に出かける場合に
ついてである，これには，①訪問診療の交通費の補助や，②訪問介護の交通

費の補助がある。

訪問診療の交通費の補助（①）とは，私立病院や町立病院の医師が，定期的に離島を巡回するときにかかる交通費の補助である。慢性疾患を持つ高齢者が多い離島では，安全と安心を維持するために重要な補助である。

訪問介護の交通費の補助（②）では，離島の高齢者に対する介護サービスを充実させるために，介護事業者に対して，自治体が交通費の補助をしている例がある。

6.4.4　課題2：島内産業の輸送費に対する補助

(1) 島内産業の輸送費補助の必要性

島内産業の輸送費に対する補助（課題2）とは，「産業の育成のために，本土よりも割高となる物資の調達や販売の費用のうち，輸送費などについて公的部門が補助すること」である。

離島で生活を送るには，そこに生業がなければ定住できない。そこで，島内産業の輸送費の補助を通じて，離島での産業の育成を図ることが重要となる。

しかし離島では，島外から資材を調達したり，島外に商品を輸送したりしようとすると，本土への交通事情（出航時刻）や物流事情（温度管理の設備，包装設備，保管設備など）の影響を受けるため，価格が割高になる傾向がある。

たとえば，仮に製品の原材料は島内で調達できたとしても，包装のための発泡スチロールのトレイや輸送用の段ボールを島外から買い求めるのであれば，輸送費用がかさんで本土よりも購入価格が高くなることが多い。これを安価に調達しようとして大量一括購入をすれば，保管費用がかかってしまう。

また，生産した商品を島外に販売するときも，輸送費が割高になることが多い。また，輸送費用だけでなく，出港待ちや欠航に備えた生産品の保管費用や倉庫の建設費用もかかる。さらには，欠航により本土の顧客に商品が届かなければ，販売そのものの機会を失うことになる。

このため，島内産業の輸送費に対する補助には，島外からの資機材調達にかかる輸送費の補助（対策1），島の産品の島外輸送にかかる費用の補助（対策2）がある（**表6-4-5**）。

表6-4-5 島内産業の輸送費に対する公的補助の例（課題2に対応）

（対策1）島外からの資機材調達にかかる輸送費の補助
離島流通効率化事業，離島活性化交付金，など 　　原材料の移入に関する輸送コストの支援
十島村畜産振興対策事業補助金 　　畜産組合が購入する飼料，20kg当たり50円以内
（対策2）島の産品の島外輸送にかかる費用の補助
伊豆諸島海上貨物運賃補助 　　島しょ移出の魚介類に，50％の輸送費補助
柳井市離島農漁業振興事業費補助金 　　農産物・水産物，柳井港までの運賃の1/3以内

出所：苦瀬博仁「ロジスティクスからみた離島の物流政策」季刊しま，第58巻第1号，pp.23-33，
日本離島センター，2012。

(2) 島外からの資機材調達にかかる輸送費の補助（対策1）

　島外からの資機材調達のための補助（対策1）とは，「離島で産業振興のため
に，高価になりがちな資機材の購入費を補助すること」である。これには，
①政府による機材導入・施設整備の資金補助や，②地方公共団体による輸送
費の補助がある。

　政府による機材導入・施設整備の資金補助（①）とは，離島で，本土から資
機材を輸送するとき，政府による輸送費や施設整備の補助である。国土交通
省の「離島流通効率化事業」では，離島での流通の効率化に資する機材（コ
ンテナ，冷凍冷蔵庫など）の導入，施設（倉庫，作業所など）の整備を支援
により，本土との価格差の是正や離島産品の売上高の増大を目指すものであ
る。また，「離島活性化交付金」「特定有人国境離島地域社会維持推進交付金」
「奄美群島振興交付金」などにおいて，原材料の移入に関する輸送コスト支援
がなされている。

　地方公共団体による輸送費の補助（②）とは，上記と同じ趣旨であるが，地
方公共団体による輸送費の補助である。畜産が主要産業の離島では，自治体
が畜産組合の購入する飼料の輸送費を補助する例がある。

(3) 島内産品の島外輸送にかかる費用の補助（対策2）

　島内産品の島外輸送にかかる費用の補助（対策2）とは，「本土での販売競
争力を維持するために，離島から本土までの輸送費を補助すること」である。

これには，①倉庫などの物流施設整備の補助や，②島内産品の島外への輸送費補助がある。

　倉庫などの物流施設整備の補助（①）とは，荒天による欠航に備えて島内産品を保管するための補助である。「離島活性化交付金」「特定有人国境離島地域社会維持推進交付金」「奄美群島振興交付金」などにおいて，原材料の移出に関する輸送コスト支援がなされている。

　島内産品の島外への輸送費の補助（②）とは，島内産品を島外に移出する場合に，販売価格を抑えて競争力を高めるために，輸送費を補助することである。東京都「伊豆諸島海上貨物運賃補助」では，島外に移出する魚介類の輸送費の50%補助されるなどの事例がある。

　なお現在，国の交付金を使って多くの自治体が産品の移出・資機材の移入コスト支援を行っている。ちなみに「離島活性化交付金」の場合，令和元年度において，移出支援28件，移入支援16件が採択されている。

6.4.5　課題3：離島の流通構造の改善

(1) 離島の流通構造改善の必要性

　離島の流通構造の改善（課題3）」とは，「本土に比較して離島が不利な状態にある物流（輸送，保管，包装など）について，補助によって不利を解消すること」である。

　島内産品を島外に輸送するとき，本土への交通事情（出航時刻）や物流事情（温度管理の設備，包装設備，保管設備など）の影響を受けることになる。このとき，せっかく離島の特産品を生産できたとしても，島内の流通構造を改善できずに，交通や物流の実態に対応できなければ，販売につながらない。

　このため，離島の流通構造の改善の対策には，島外からの出荷形態の見直しによるコスト削減（対策1），輸送手段の変更によるコスト削減（対策2），物流施設や輸送の共同化（対策3）がある（**表6-4-6**）。

(2) 出荷形態の見直しによるコスト削減（対策1）

　出荷形態の見直しによるコスト削減（対策1）とは，「販売先の事情に合わせて出荷の方法や出荷単位を変更すること」である。これには，①輸送容器の変更や，②出荷商品の高付加価値化と軽量化などがある。

　輸送容器の変更（①）とは，輸送容器の見直しにより物流コストを削減することである。マグロの輸送にあたって輸送容器をプラスチック性に変更し

表6-4-6　離島の流通構造の改善の例（課題3に対応）

（対策1）出荷形態の見直しによるコスト削減
対馬島：マグロ出荷で段ボールからプラスチック容器 　　　　　これにより本数が多くなりコスト削減
八丈島：観葉植物を鉢から切り花に変更 　　　　　貨物の軽量化と，荷役しやすさの向上
佐渡島：フェリーに積載できる蓄冷式冷蔵コンテナ導入 　　　　　温度管理と品質保持で農産物の販売力強化
（対策2）輸送手段の変更によるコスト削減
対馬島　　：小売店配送物資増に合わせ大型貨物フェリー就航 　　　　　　積み替えのないトラック輸送で積載量が5倍
大島（萩市）：定期旅客船からフェリー化 　　　　　　　トラックの一貫輸送により荷役の効率化
相島（萩市）：トラック及び仕分け用フォークリフトも導入 　　　　　　　運送コスト削減と，積み込み作業などの軽減
（対策3）物流施設・輸送の共同化
八丈島　　：共同の冷凍冷蔵倉庫の設置で，非常時の在庫確保 　　　　　　　島後（五島列島）：小売業者の共同仕入れでコストの削減
宝島（十島村）：加工品の製造施設の改修と，加工機械導入 　　　　　　　　トビウオなどの魚介類の安定的な出荷と加工

出所：苦瀬博仁「ロジスティクスからみた離島の物流政策」季刊しま，第58巻第1号，pp.23-33，日本離島センター，2012。

て荷扱いを容易にしつつ輸送本数を増加させてコストを削減した例がある。

　出荷商品の高付加価値化（②）とは，島内産品をより加工度の高い商品にすることで，付加価値を高め販売価格を高くすることである。観葉植物の移出を，鉢植えから切り花に変更することで軽量化した例がある。

(3) 輸送手段の変更によるコスト削減（対策2）

　輸送手段の変更によるコスト削減（対策2）とは，「大型化による経費削減や，フェリーによる積み替え解消などにより，コストを削減すること」である。これには，①大型フェリーの導入と，②フェリーによる積み替え解消がある。

　フェリーの大型化（①）とは，貨物車の大型化が可能となって，輸送コスト削減を図ることである。離島の小売店舗への配送について積み替え不要のトラック輸送に変更することで，コストを削減した例がある。

フェリーによる積み替えの解消（②）とは，小規模離島で，従来の積み替えながら物資を輸送する小型船舶から，積み替えが不要な小型トラックを使用できるようになることである。これにより，島内を容易に移動できるようになりコストを削減した例がある。

(4) 物流施設や輸送の共同化（対策3）

物流施設や輸送の共同化（対策3）とは，「物流施設を重複して設けることを避け，共同使用することで費用削減を図ること」である。これには，①冷凍冷蔵施設の共同利用や，②共同仕入れによるコスト削減などがある。

冷凍冷蔵施設の共同利用（①）とは，島内産品を冷凍品として保管できれば，荒天による欠航などに備えるとともに，安定的な生産を可能にすることである。このため，島内における冷凍冷蔵倉庫の整備とともに，クール便など物流事業者のコールドチェーンシステム（低温や冷温状態で保管かつ輸送できる方法）を利用できれば，販路拡大の可能性がある。

共同仕入れによるコスト削減（②）とは，島内の小売店が共同で仕入れることにより，購入価格の低下や輸送コストの削減をすることである。

6.4.6　課題4：島内産業の生産販売体制の改善

(1) 島内産業の生産販売体制の改善の必要性

島内産業の生産販売体制の改善（課題4）とは，「離島の産業を育成する方法として，高付加価値商品を創出すること」である。

近年の流通における最大の特徴は，原材料主体の低付加価値商品から，手の込んだ高付加価値商品への変化である。たとえば，先述（3.4.3）したように，商品が「米→ごはん→おにぎり→弁当」と変化していくように，より付加価値の高い商品が登場している。つまり現代の物流は，高付加価値の商品が，高付加価値の物流のもとで，店舗や消費者に届けられている。このことは，離島の産業においても当てはまる。

このため，離島における島内産業の生産販売体制の改善には，新商品の開発と商品の高付加価値化（対策1）と，マーケティング戦略（島外への販売力強化と販路拡大）（対策2）がある（表6-4-7）。

(2) 新商品の開発と商品の高付加価値化（対策1）

離島の特殊性を克服した上での，高付加価値商品の開発とは，「原材料や素

表6-4-7　島内産業の生産販売体制の改善の例（課題4に対応）

（対策1）新商品の開発と商品の高付加価値化
八丈島　　　　　　　：観葉植物の栽培と，市場に合わせた出荷
猿江島　　　　　　　：島外資本と提携し，ブロッコリーの栽培
福江島　　　　　　　：島内で，漬物用野菜の一次加工
粟島　　　　　　　　：夏の観光需要に合わせ，魚介類の急速凍結加工
中ノ島（海士町）　　：イカとカキの急速冷凍で通年販売
八丈島　　　　　　　：くさやチーズの商品化と販売体制の整備
甑島（薩摩川内市）　：刺身用キビナゴのプロトン凍結の出荷
沖之島（土庄町）　　：ハモのブランド化とネット通販の導入
（対策2）マーケティング戦略（島外の販売力強化と販路拡大）
答志島　　　：漁港の衛生管理と施水の徹底による魚価の向上
福江島　　　：漁協独自の販路開拓で魚価の向上
十島村　　　：畜産組合の結成による中央卸売市場への出荷
粟島　　　　：インターネット直販による販路拡大
対馬島　　　：最低価格の取り決めによる安定供給の実現
十島村　　　：特産品開発と販売促進のNPO設立と，村の支援
海士町ほか：離島産品（食材）を使った離島キッチンの展開

出所：苫瀬博仁「ロジスティクスからみた離島の物流政策」季刊しま，第58巻第1号，pp.23-33，日本離島センター，2012。

材が豊富な離島において，加工度を高めることで商品の付加価値を高めること」である。これには，①新商品の開発と，②商品の高付加価値化がある。

　新商品の開発（①）とは，島内でしか得られないような原材料を活かした商品開発である。個々の離島で特産品（魚介類，キノコなど）は，多くが商品化されて大都市で販売されている。

　商品の高付加価値化（②）とは，島内で生産する商品について，より加工度を高めて，商品価格も高くしていくことである。高付加価値化の方法には，組み合わせ，詰め合わせ，セット化などがある。特に，生鮮素材を加工し組み合わせ，ただちに料理のできる鮮魚の加工による切り身やセット化などは，離島にとって適した商品開発であり，高付加価値化である。

　このとき，船の出航時刻に合わせて特産品の製造時間帯を変えることや，商品を傷めない包装技術，鮮度を保つ温度管理技術などの工夫も重要である。

(3) マーケティング戦略（島外への販売力強化と販路拡大）（対策2）

　マーケティング戦略（島外への販売力強化と販路拡大）（対策2）とは，「島内の産品の本土の消費者に向けた販売力強化」である。ここでは，①島外へ

の販売力の強化と単価の向上，②島外への販路拡大や通販の導入がある。

島外への販売力の強化と単価の向上（①）とは，島内製品の品質管理や衛生管理を向上させながら，販売価格の向上も目指すものである。離島の特産品には農産物や水産物や畜産物が多いので，農協や漁協や畜産組合が島内の事業者をまとめながら，進めていくことが重要である。

島外への販路拡大や通販の利用（②）とは，島内の原材料・生産技術・輸送技術を前提にして，通販などの販路拡大をすることである。このとき，生産から流通販売にいたるまでの商品開発や，コールドチェーンなどによる品質管理技術の向上が不可欠である。

参考文献

1）苫瀬博仁・鈴木奏到監修：『物流と都市地域計画』，pp.241-262，大成出版社，2020
2）東京都標準駐車場条例：「東京都駐車場条例の改正について」，東京都駐車場条例（抄）（昭和33年10月1日条例第77号・最終改正平成25年12月20日 条例第130号）
3）苫瀬博仁監修：『物流からみた道路交通計画』，pp.163-199，大成出版社，2013
4）高田邦道監修：『駐車施策からみたまちづくり－地域ルールの先がけ大丸有モデル－』，大手町・丸の内・有楽町地区駐車対策協議会，成山堂書店，2019
5）東京都市圏交通計画協議会：「端末物流対策の手引き～まちづくりと一体となった物流対策の推進～【本編】」，2015年
6）国土交通省総合政策局物流政策課：「物流を考慮した建築物の設計・運用について～大規模建築物に係る物流の円滑化の手引き～」，2017年
　　http://www.mlit.go.jp/common/001198147.pdf
　　http://www.mlit.go.jp/common/001088113.pdf
7）苫瀬博仁：「配送にやさしい「建物づくり」の考え方と方法－物流を考慮した建築物の設計・運用について－」，日本物流団体連合会会報 Grow，No.80，pp.4-7，日本物流団体連合会，2017
8）日本交通政策研究会自主研究プロジェクト報告書：A-813，『コンパクトシティとスマートシティの相互連携に関する研究』，「第4章，物流からみた情報化と都市のコンパクト化」，pp.40-54，日本交通政策研究会，2021
9）国土交通省都市局都市計画課：「「安全なまちづくり」・「魅力的なまちづくり」の推進のための都市再生特別措置法等の改正について」，2020
　　国土交通省都市局都市計画課：「改正都市再生特別措置法について」，2015
　　https://www.mlit.go.jp/toshi/city_plan/toshi_city_plan_tk_000070.html
10）国土交通省都市局都市計画課：「改正都市再生特別措置法について」，2015
　　https://www.mlit.go.jp/toshi/city_plan/content/001406990.pdf
11）国土交通省，スマートシティ
　　スマートシティの実現に向けて，中間報告 2018年7月
　　https://www.mlit.go.jp/common/001255687.pdf

12) 内閣府，スーパーシティ
「スーパーシティ」構想の実現に向けて，最終報告，2019年2月14日
「スーパーシティ」構想の実現に向けた有識者懇談会
https://www.chisou.go.jp/tiiki/kokusentoc/supercity/saisyu_houkoku.pdf
https://www5.cao.go.jp/keizai-shimon/kaigi/special/reform/wg6/190418/pdf/shiryou3-3.pdf
13) 前掲1)，pp.263-280
14) 内閣府：「小さな拠点づくりの手引き」
https://www.cao.go.jp/regional_management/case/index.html
https://www.cao.go.jp/regional_management/case/cao/index.html
15) 国土交通省：【実践編】小さな拠点ガイドブック
https://www.mlit.go.jp/kokudoseisaku/kokudoseisaku_tk3_guidebook.html
16) 経済産業省：買い物弱者応援マニュアル ver.3
https://www.meti.go.jp/policy/economy/distribution/150427_manual_2.pdf
17) 苦瀬博仁：「ロジスティクスからみた離島の物流政策」，季刊しま，第58巻第1号，pp.23-33，日本離島センター，2012
18) 苦瀬博仁：「物流対策による住民生活維持・産業振興・防災の実現を」，季刊しま，第66巻第4号，pp.60-67，日本離島センター，2021
19) 苦瀬博仁：「我が国の物流政策の現状とこれからの課題」，運輸と経済，第77巻第11号，pp.10-17，交通経済研究所，2017

第7章

人々の安全安心を支える
ソーシャル・ロジスティクス

7.1　環境負荷削減とロジスティクス

7.1.1　環境負荷削減のための排出物資削減対策の実態と将来

(1) ロジスティクスにおける環境負荷削減の実態

　ロジスティクスにおける環境負荷削減対策には，包装材の過剰使用の排除などの省資源対策もあるが，最大の課題は輸配送時における貨物車の排出物質の削減対策である。

　このため，環境負荷削減対策も，ロジスティクスのサイクル「受注→発注→出荷→入荷」のなかの「輸配送システム（発送→納品）」を対象に「発生源対策」として始まった。その後，生産・在庫システムを含めた「物流システム対策」となり，いまでは受発注システムを含めた総合的な「ロジスティクス対策」へと拡大している（図7-1-1）。[1) 2)]

(2) ロジスティクスにおける環境負荷削減の将来（3つの課題）

　将来の環境負荷削減対策は，発生源対策だけでなく，物流事業者による物流システム対策や受発注対策までも含めておく必要がある。特に，ロジスティクスの本源的需要が商取引にある以上，最終的には受発注対策によって大きく左右されるはずである。

　以上のことから，環境負荷削減の課題として，物流事業者による発生源対策（課題1），発荷主を含めた物流システム対策（課題2），受発注を含めたロジスティクス対策（課題3）などがある。

7.1.2　排出物資の削減に関する代表的な法制度

(1) 発生量の削減のための「規制対策」

　貨物車の排出物資の削減対策のうち，発生源対策とは「貨物車のエンジンや走行に限定した対策」である。そして，公共部門による発生源対策の法制

図7-1-1　ロジスティクスにおける排出物資削減対策

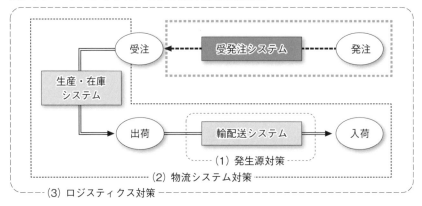

出所：著者作成。

表7-1-1　公共部門による排出物資の削減対策

発生量削減のための「規制対策」の例
①「自動車から排出される窒素酸化物及び粒子状物質の特定地域における総量の削減等に関する特別措置法（自動車NOx・PM法）」（制定は平成4年（1992）） 制定対象区域の拡大（平成13年（2001）） 流入車対策の導入（平成19年（2007））
②「エネルギー使用の合理化に関する法律」の改正 （改正省エネ法）（平成17年（2005）） 大規模事業者に対する省エネの報告義務
排出源転換のための「支援制度」の例
①「流通業務の総合化及び効率化の促進に関する法律（物流総合効率化法）」の改正（平成28年（2016）） 流通業務の総合化・効率化で，環境負荷低減・省力化に資する事業への補助
②「モーダルシフト等推進事業」（平成22年（2010）） CO_2排出原単位の小さい輸送手段への転換の補助

出所：著者作成。

度には，「規制対策」と「支援制度」がある。[3] [4]

　このうち，「規制対策」には，自動車NOx・PM法と省エネ法がある（**表7-1-1**）。

　自動車NOx・PM法（平成13年（2001））は，窒素酸化物（NOx）と粒子状物質（PM）の削減を目的に制定された。ここでは，①自動車から排出されるNOx及びPMに関する総量削減基本方針と総量削減計画を定めること，②

車種規制として，三大都市圏（首都圏，愛知・三重圏，大阪・兵庫圏）において，トラック，バス，ディーゼル乗用車などの使用規制を行うこと，③事業者の排出抑制対策として，一定規模以上の事業者の自動車使用管理計画作成などによりNOx及びPMの排出抑制を求めること，となっている。

改正省エネ法（エネルギー使用の合理化に関する法律）（平成17年（2005）改正，平成18年（2006）施行）は，エネルギーの使用に関して新たに運輸部門に関する措置が追加され，一定規模以上の荷主と輸送事業者に，①省エネ計画の策定と，②エネルギー使用量（CO_2排出量など）の定期報告を義務付けたものである。これにより，輸送事業者だけでなく荷主にまで排出責任が及ぶようになった。

(2) 発生源の転換のための「支援制度」

発生源の転換のための「支援制度」には，物流総合効率化法とモーダルシフト等推進事業がある。

物流総合効率化法（平成28年（2016）改正）は，流通業務の総合化・効率化を図る事業で，環境負荷低減や省力化に資する事業に対して，事業の経費の一部を補助するものである。

モーダルシフト等推進事業（平成22年（2010））は，CO_2排出量の小さい輸送手段への転換を図るモーダルシフトなどを推進し，温室効果ガスの削減による地球温暖化の防止及び低炭素型物流体系の構築のために，事業の経費の一部を補助するものである。

7.1.3　課題1：物流事業者による発生源対策

(1) 発生源対策の必要性

発生源対策（課題1）とは，「物流事業者が，輸配送時に使用する貨物車の使用方法を改善することで排出物質の削減を行うこと」である。

排出源対策のうち，貨物車の設計製造にあたって排出物資の少ないエンジンなどの開発や，水素などの燃料の使用なども検討されている。しかし，これらは自動車メーカーの範囲である。

このため，物流事業者による発生源対策には，適切かつ無駄のない貨物車の運行やモーダルシフトなどがある（**図7-1-2，表7-1-2**）。

図7-1-2 3つのシステムと排出物資削減対策（輸配送・生産在庫・受発注）

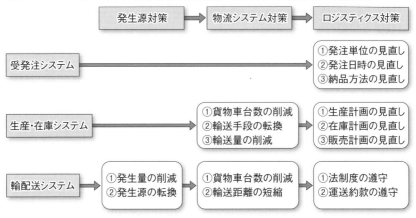

出所：著者作成。

(2) 物流事業者による「輸配送システム」の改善（対策1）

　物流事業者による輸配送システムの改善（対策1）とは，「物流事業者が行う発生源対策」である。これには，①発生量の削減，②発生源の転換がある。これらは，公共部門が進めてきた対策とも一致する。

　発生量の削減（①）では，低公害車の導入がある。ガソリン自動車にも低公害車はあるが，近年ではハイブリッド車や電気自動車が低公害車として注目されている。

　発生源の転換（②）では，幹線輸送においてはトラックから鉄道や船舶へと転換するモーダルシフトがある。また，配送については，貨物車から自転車や台車への転換がある。

7.1.4　課題2：発荷主を含めた物流システム対策

(1) 物流システム対策の必要性

　物流システム対策（課題2）とは，「発荷主による生産・在庫システムと，物流事業者による輸配送システムによる対策」である。これは，メーカーや卸小売業者などの荷主の役割が重要との考え方であり，省エネ法による荷主責任の考え方と共通している。

　このため，発荷主を含む物流システム対策には，発荷主の生産・在庫システムの改善（対策1）と，物流事業者の輸配送システムの改善（対策2）がある。

表7-1-2　環境負荷削減の課題と対策

課題１：物流事業者による発生源対策（7.1.3）

　対策１：物流事業者による「輸配送システム」の改善

　　①発生量の削減（低公害車の導入）
　　②発生源の転換（電気自動車，鉄道や船舶）

課題２：発荷主を含めた物流システム対策（7.1.4）

　対策１：物流事業者による「輸配送システム」の改善
　　①貨物車台数の削減（物流事業者による共同配送）
　　②輸送距離の短縮（最短ルートの設定）
　対策２：発荷主による「生産・在庫システム」の改善
　　①貨物車台数の削減（荷主による共同配送）
　　②輸送手段の転換（モーダルシフト）
　　③輸送量の削減（過度な包装の排除）

課題３：受発注を含めたロジスティクス対策（7.1.5）

　対策１：物流事業者による「輸配送システム」の改善
　　①法制度の遵守（改善基準告示，下請法）
　　②運送約款の遵守（運賃と料金の区分，契約内容）
　対策２：発荷主による「生産・在庫システム」の改善
　　①生産計画の見直し（生産方式，生産ロット）
　　②在庫計画の見直し（在庫数量，在庫品目）
　　③販売計画の見直し（受注単位，出荷時間）
　対策３：発注者による「発注システム」の改善
　　①発注単位の見直し（ピースから，箱・パレット）
　　②発注日時の見直し（余裕あるリードタイム）
　　③納品方法の見直し（納品時間平準化，事前検品）

出所：著者作成。

(2) 物流事業者による「輸配送システム」の改善（対策1）

　物流事業者による輸配送システムの改善（対策1）とは，「物流事業者の自助努力として，輸配送システムを改善して排出量削減を行うこと」である。これには，①貨物車台数の削減，②輸送距離の短縮がある。

　貨物車台数の削減（①）とは，積載率を向上させて，貨物車の台数を削減することである。物流事業者間での帰り荷の斡旋や共同配送を行うことで，配送先や積み替える中継センターの位置などの条件に左右されるものの，貨物車台数の削減が可能な場合がある。全日本トラック協会が開発し日本貨物運送協同組合連合会（日貨協連）に運営を委託している求荷求車情報ネットワーク（WebKIT）などが普及している。また，長距離輸送において物流事業

者が往路と復路を共同で運行している例も多い。

輸送距離の短縮（②）とは，無駄な走行を減らすことにより，最適な輸送経路を選択して，排出物質の削減を可能にすることである。輸配送システムのパッケージを導入することで，最適な配車計画や運行計画を立てることができる。

(3) 発荷主による「生産・在庫システム」の改善（対策2）

発荷主による生産・在庫システムの改善（対策2）とは，「輸配送システムの改善のために，生産・在庫システムを改善すること」である。これには，①貨物車台数の削減，②輸送手段の転換，③輸送量の削減がある。

貨物車台数の削減（①）とは，発生源の貨物車を，生産・在庫計画と連動させて削減することである。共配センターの位置などの条件次第ではあるが，荷主による共同配送の導入により可能なことである。また，在庫削減のために毎日少量配送していたものを，一日おきに変更することで，在庫は多少増えるが配送回数を減らすことができる。

輸送手段の転換（②）とは，環境負荷の高い貨物車から，負荷の小さい輸送手段に換えることである。長距離輸送であれば，モーダルシフトとして鉄道や船舶の利用によって輸送時間はかかることもあるが，貨物車の利用台数を減らすことができる。

輸送量の削減（③）とは，商品の小型化，包装の簡素化などにより，輸送貨物の大きさや重量を減らすことである。包装簡素化や配送ロットの大口化によって実現可能である。これは，荷主の改善が不可欠である。

7.1.5　課題3：受発注を含めたロジスティクス対策

(1) ロジスティクス対策の必要性

ロジスティクス対策（課題3）とは，「輸配送，生産・在庫，発注の3つを総合した排出物質の削減対策」である。

物流は「商取引への期待，ないし商取引の結果」で生じる。このため，本源的な需要である商取引が優先され，物流は商取引に従属する派生的需要となることが多い。よって，物流を改善するためには，受発注システムを含めた対策が極めて重要となる。

このため，受発注システムを含むロジスティクス対策には，物流事業者による輸配送システム（対策1）と，受注者による生産・在庫システム（対策2）

と，発注者による発注システム（対策3）がある。

(2) 物流事業者による「輸配送システム」の改善（対策1）

物流事業者による輸配送システムの改善（対策1）とは，「物流事業者が自ら輸配送システムを改善して排出物質の削減を行うこと」である。これには，①法制度の遵守，②運送約款の遵守などがある。

法制度の遵守（①）とは，駐停車時のアイドリングストップや走行速度の順守などである。特に，運転手の労働時間や休憩などについて示している改善基準告示を遵守し，公正取引や下請法を遵守することで，無駄や無理な運行を避けることができる。

運送約款の遵守（②）とは，労働基準法や運送約款などを守ることで，排出物質を削減することである。運賃と料金を区分したり，契約内容を明確化したりすることで，作業時間や駐車時間を減らし，結果的に効率よい運行が可能となる。

(3) 発荷主による「生産・在庫システム」の改善（対策2）

発荷主による生産・在庫システムの改善（対策2）とは，「輸配送を発注する発荷主が自らの生産・在庫システムの改善を通じて，間接的に排出物質の削減を行うこと」である。これには，①生産計画の見直し，②在庫計画の見直し，③販売計画の見直しなどがある。

生産計画の見直し（①）とは，生産計画を平準化し，原材料の調達も平準化して，貨物車の運行を改善することである。このとき，多少在庫は増えたとしても，受注生産から見込み生産に変更して，生産や出荷の平準化が実現できれば，環境負荷削減に通じる。

在庫計画の見直し（②）とは，発荷主の在庫計画を見直すことで，在庫不足による緊急調達や少量の追加調達を減らすことである。在庫を増やすことにはなるが，環境負荷削減に通じる。このとき，すべての品目の対応が難しければ，品目を限定することもできる。

販売計画の見直し（③）とは，受注総量，受注単位，出荷時間などの平準化である。受注ロットの総量を貨物車の積載容量に合わせれば，積載率の向上につながる。また，受注単位を決めておき小分け商品をなくせば箱詰めで積載率が上がる。さらには，出荷時間を変更して，交通渋滞を避けることができれば運行時間が短縮できる。

(4) 発注者による「受発注システム」の改善（対策3）

発注者による受発注システムの改善（対策3）とは、「商品や物質の発注者が、排出物質の削減を考慮しながら発注を行うこと」である。これには、①発注単位の見直し、②発注日時の見直し、③納品方法の見直しなどがある。

発注単位の見直し（①）とは、発注単位の変更による積載率の向上である。発注者がピース（バラ、ないし個数）単位の発注を避けて、パレットや箱単位の発注になれば、積みおろし作業や荷役作業も容易になり、積載率を上げることができる。

発注日時の見直し（②）とは、在庫費用と輸送費用のバランスを考慮しながら、発注日時を設定することである。翌日配送などを避けるために余裕のある発注を行えば、小口多頻度の配送が減り、走行車両台数を減らせる可能性がある。

納品方法の見直し（③）とは、納品時間の調整により、納品車両の到着を平準化して、効率的に搬入することである。また、事前検品を行えば、実際の納入時の搬入時間も短縮でき、貨物車の効率的な運用が可能となる

7.2　地域と医療をつなぐロジスティクス

7.2.1　病院のロジスティクスの実態と将来

(1) 病院におけるロジスティクスの実態

病院のロジスティクスとは、「医療看護に必要な物品と、患者や病院のスタッフに必要な物品の、調達・加工・使用・廃棄の活動」である。

病院のロジスティクスの目的は、「安全で信頼性の高い医療をサポートし、病院の経営競争力を強化するとともに病院の価値と信頼性を高めること」である。そしてロジスティクスの対象には、医療看護のためのロジスティクスと、患者やスタッフなどのためのロジスティクスがあり、医薬品、医療材料（診療、治療に用いる機材や包帯などの資材）、患者給食、など、さまざまな物品がある（**表7-2-1**）。

病院におけるロジスティクスの管理項目とは、「病院内の物品（医療材料、医療機器、リネンなど）や患者給食などについて、短時間化や省力化を目指すための項目」である。このうち、医薬品・医療材料などの物品を例にとれば、調達・商品・在庫・荷役・配送管理などがある（**表7-3-2**）。[5) 6) 7)]

表7-2-1　病院のロジスティクスの対象

医療看護のためのロジスティクス

1）医薬品（薬剤部保管→調剤→病棟→投与・持ち帰り）
2）医療材料・器具（SPD倉庫→セット化→配送→処置→洗浄）
3）医療機器（MEセンター保管→配送→使用→消毒）
4）カルテ・フィルム（保管室→配送→診察室→返却）
5）検体（採血室→検査室または外部検査会社）
6）医療廃棄物（病棟での使用→廃棄物倉庫に回収→廃棄）

入院患者や病院スタッフのためのロジスティクス

1）事務用品（SPD倉庫→セット化→配送→診察室・病棟）
2）日用品（自宅・売店→病室→自宅）
3）食料品（栄養管理室・レストラン→調理→配送→病室）
4）リネン類（外部工場・倉庫→病棟→外部工場・倉庫）
5）郵便・宅配便（郵便局・宅配便センター→配送→病室）
6）入院患者の荷物（自宅→病棟・病室→自宅）

注：SPD→供給加工配送センター（Supply Proessing Distribution Center）。
　　ME→医療機器センター（Medical Equipment Center）。

表7-2-2　医薬品・医療材料の管理項目

調達管理：医薬品・医療材料などの，治療や手術と連携した調達と供給の管理
　　　　　（治療や術式に対応したセット化など）
商品管理：医薬品・医療材料などの，温湿度管理や危険物管理（劇薬など）
　　　　　（安全管理との連携）
在庫管理：医薬品・医療材料などの，入庫・保管・出庫の管理
　　　　　（効率的な在庫管理）
荷役管理：医薬品・医療材料などの，ピッキングやセット化の管理
　　　　　（手術や処置に使用する医薬品・医療材料のセット化）
配送管理：医薬品・医療材料などの，手術室・病棟のフロアーへの配送管理
　　　　　（病院内搬送の機械化や省力化）

出所：著者作成。

（2）病院におけるロジスティクスの将来（3つの課題）

　病院には，医薬品や医療材料，食料品や日用品などが毎日のように運ばれているが，これらが滞ると医療行為に差し障りが出てしまうほど，ロジスティクスは病院にとって重要である。このため，病院にかかわるロジスティクスを品目別（医薬品，医療材料，食料品など）にわけて，それぞれを改善していくことが重要である（図7-2-1，図7-2-2）。

　一方で，地域との結びつきから考えると，病院と患者のネットワークとい

図7-2-1　病院を中心としたサプライチェーンとロジスティクス

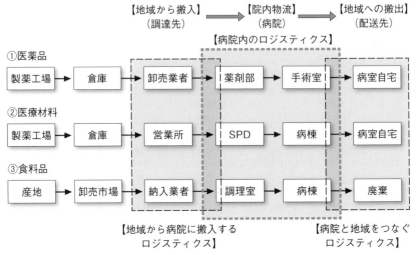

注：SPD→供給加工配送センター（Supply Proessing Distribution Center）。
出所：著者作成。

う点で，移動支援や患者サービスの向上が不可欠である。

　以上のことから，病院のロジスティクスの課題としては，病院におけるロ
ジスティクスの改善（課題1），通院患者・救急患者の移動支援（課題2），患
者サービス向上のためのロジスティクス（課題3）などがある。

7.2.2　地域医療に関する代表的な法制度

（1）地域包括ケアシステム

　地域包括ケアシステムとは，「地方自治体による高齢者に対する包括的な
支援・サービス提供体制」である。厚生労働省は，団塊の世代が75歳以上と
なる2025年を目途に，重度な要介護状態となっても，住み慣れた地域で自分
らしい暮らしを人生の最後まで続けることができるよう，住まい・医療・介
護・予防・生活支援が一体的に提供される地域包括ケアシステムの構築を目
指している。

　この地域包括ケアシステムは，概ね30分以内に必要なサービスが提供され
る日常生活圏を単位とすることが想定されている。

　そして，個々の高齢者が抱える課題に合わせて，ケアマネジメントが作成
され，これにもとづき，「介護・リハビリテーション」「医療・看護」「保健・
予防」が有機的に連携して提供されることが想定されている。[8) 9)]

図 7-2-2　病院における物品別のロジスティクス

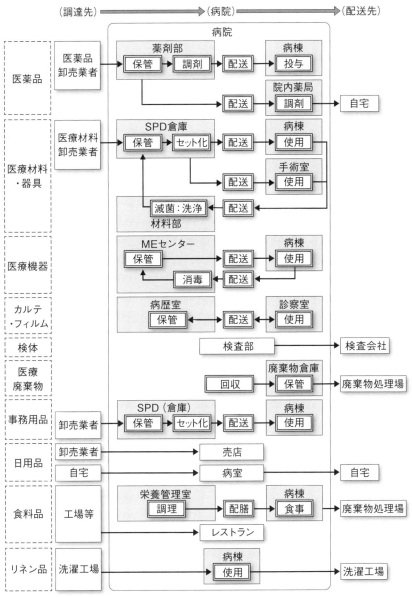

注：SPD →供給加工配送センター（Supply Proessing Distribution Center）。
　　ME →医療機器センター（Medical Equipment Center）。
出所：苦瀬博仁編『病院のロジスティクス』p.44，白桃書房，2009。

(2) 介護保険法（介護保険制度の運営）

　介護保険法（平成9年（1997）制定）の目的は，「加齢にともなって生ずる心身の変化に起因する疾病等により要介護状態となり，……（中略）……，これらの者が尊厳を保持し，その有する能力に応じ自立した日常生活を営むことができるよう，必要な保健医療サービス及び福祉サービスに係る給付を行うため，国民の共同連帯の理念にもとづき介護保険制度を設け，その行う保険給付等に関して必要な事項を定め，もって国民の保健医療の向上及び福祉の増進を図ること」（同法第1条）である。[10]

　高齢者医療や福祉については，これまで高齢者の福祉に関する「老人福祉法（昭和38年（1963））」，高齢者の医療を確保するための「高齢者の医療の確保に関する法律（旧老人保健法）（昭和57年（1982））」があった。これに加えて，平成9年（1997）に「介護保険法」が制定された。

　介護保険法では，基本的に65歳以上の高齢者は，要支援1〜2，要介護1〜5のいずれかの認定を受けることにより，介護保険制度にもとづく介護保険サービスを利用することができる。

　介護保険サービスには，大きく次の5つがある。すなわち，①訪問系サービス（訪問介（看）護，居宅介護支援など），②通所系サービス（通所介護（デイサービス）など），③短期滞在系サービス（短期入所生活介護など），④居住系サービス（特定施設（有料老人ホームなど）入居者生活介護など），⑤入所系サービス（介護老人福祉施設（特別養護老人ホーム）など）である。

(3) オンライン診療の指針

　平成30年（2018）3月に，厚生労働省は，「オンライン診療の適切な実施に関する指針」を公表した。この指針では，「今後，更なる情報通信技術の進展にともない，情報通信機器を用いた診療の普及がいっそう進んでいくと考えられるが，その安全で適切な普及を推進していくためにも，情報通信機器を用いた診療に係るこれまでの考え方を整理・統合し，適切なルール整備を行うことが求められている。本指針は，こうした観点から，オンライン診療に関して，最低限遵守する事項及び推奨される事項並びにその考え方を示し，安全性・必要性・有効性の観点から，医師，患者及び関係者が安心できる適切なオンライン診療の普及を推進するために策定するものである。」としている。

　この指針では，遠隔医療を「情報通信機器を活用した健康増進，医療に関

する行為」とし，オンライン診療を「遠隔医療のうち，医師－患者間において，情報通信機器を通して，患者の診察及び診断を行い診断結果の伝達や処方等の診療行為を，リアルタイムにより行う行為。」としている。

　そして，オンライン診療は「①患者の日常生活の情報も得ることにより，医療の質のさらなる向上に結び付けていくこと，②医療を必要とする患者に対して，医療に対するアクセシビリティ（アクセスの容易性）を確保し，よりよい医療を得られる機会を増やすこと，③患者が治療に能動的に参画することにより，治療の効果を最大化することを目的として行われるべきものである。」としている。[11]

　なお，厚生労働省は，新型コロナウイルス感染症の拡大を防ぐため，令和3年（2021）4月に，初診からのオンライン診療とオンライン服薬指導を認めた。これにより，患者は宅配便などを利用して，処方薬を受け取ることができるようになった。[12]

(4) ドローンによる医薬品配送に関するガイドライン

　内閣官房・厚生労働省・国土交通省は，令和3年（2021）6月に，「ドローンによる医薬品配送に関するガイドライン」を公表した。[13]

　これは，「ドローンの実証事業において，薬局開設者または医療機関の開設者がドローンを用いて処方箋により調剤された薬剤を患者に配送する場合（薬局開設者及び店舗販売業者が一般用医薬品を販売する場合を含む。）及び卸売販売業者がドローンを用いて医薬品を医療機関等に配送する場合を対象とする。」としている。特に，「へき地等の患者に薬剤を提供する手段については，当該へき地等における医療提供の観点から十分に検討を行うこと」としている。

　その上で，留意事項（事業計画の策定，運行主体の特定と責任主体の明確化，服薬指導の実施，品質の確保，患者に対する確実な授与及び紛失の防止，事故発生時の対応）が示され，医療機関による薬剤の配送と，卸売販売業者による医薬品の配送について，記している。

7.2.3　課題1：病院におけるロジスティクスの改善

(1) 病院におけるロジスティクス改善の必要性

　病院におけるロジスティクスの改善（課題1）とは，「病院内における医薬品・医療材料などのロジスティクスの改善」である。もしも，病院における

表7-2-3　病院と地域をつなぐロジスティクスの課題と対策

課題1：病院におけるロジスティクスの改善（7.2.3）
　対策1：物品の発注・調達の改善
　　①発注の改善（在庫管理の厳密化，計画的調達）
　　②配送の改善（共同購入と統合納品，巡回集荷）
　　③荷受けの改善（SPDや倉庫での一括保管など）
　対策2：院内物流の改善
　　①流通加工の改善（仕分けセット化，院内搬送）
　　②在庫管理の改善（物品物流管理システム）
　　③委託在庫の改善（検査委託，在庫削減）
　　④院内配送と物流動線の改善（バリアフリー）
　対策3：病院・診療所間の地域連携
　　①患者や傷病者の相互受け入れ体制
　　②病歴などの患者情報の共有
　　③医薬品や医療材料の在庫情報の共有

課題2：通院患者・救急患者の移動支援（7.2.4）
　対策1：公共交通機関による通院患者の移動支援
　　①公共交通事業者への運行費の補助
　　②地方公共団体によるバス運行
　　③タクシー料金の補助
　　④医療施設・介護施設による送迎バス
　対策2：救急患者の救急搬送
　　①救急車による救急搬送
　　②ドクターヘリによる救急搬送
　対策3：往診・オンライン診療と服薬指導
　　①医師の往診
　　②遠隔（オンライン）診療
　　③遠隔（オンライン）服薬指導

課題3：患者サービス向上のためのロジスティクス（7.2.5）
　対策1：入院時の患者サービス
　　①入退院時の荷物の宅配サービス（手ぶら入退院パック）
　　②入院・介護用品のセット（必要物品のセット化）
　対策2：入院中の患者サービス
　　①物品調達サービス（日用品など調達代行）
　　②生活サービス（衣料品の洗濯サービス）
　対策3：退院後の患者サービス
　　①医薬品の宅配サービス
　　②療養食の宅配サービス

出所：著者作成。

ロジスティクスが非効率でサービスが不十分であれば，地域の患者に対する医療サービスへも不十分になるので極めて重要である。

このため，病院におけるロジスティクスの改善には，物品の発注・調達の改善（対策1）と，院内物流の改善（対策2）がある（**表7-2-3**）。

(2) 物品の発注・調達の改善（対策1）

物品の発注・調達の改善（対策1）とは，「円滑な医療看護が可能なように，適切に医薬品や医療材料を発注・調達すること」である。これには，①発注の改善，②配送の改善，③荷受けの改善がある。

適切な在庫管理にもとづく発注の改善（①）では，病院に医薬品や医療材料などを届けてもらうとき，病院が適正在庫を維持して緊急配送や多頻度納品を排除できれば，欠品を防ぐとともに在庫コストも抑制できる。

配送の改善（②）とは，物品の配送方法の改善により，納入時の積載率向上や台数の削減を行うことである。近隣の病院や系列の病院と協調して荷受け時間を調整できれば，可能な対策である。

荷受けの改善（③）とは，SPD（Supply Processing Distribution Center：供給加工配送センター）や倉庫などへの納品物品を一括で荷受けることで，作業の効率化を図ることである。たとえば，大都市の高層ビルにおいて効率化とセキュリティ確保のために，納入業者が持ち込む多様な物品を荷さばき場で一括して受け取る方法が，参考になる。

(3) 院内物流の改善（対策2）

院内物流の改善（対策2）とは，「院内で使用する医薬品や医療材料の在庫・配送・流通加工などの物流管理を改善すること」である。これには，①流通加工の改善，②在庫管理の改善，③委託在庫の改善，④院内配送と物流動線の改善がある。

流通加工（仕分け，セット化）の改善（①）とは，SPDなどでの作業（在庫管理，仕分け・セット化・配分，箱詰め）を，省力化・機械化することである。このような複雑な作業の省力化と機械化は，在庫管理の適正化だけでなく，看護師などによる物品管理業務の軽減を図ることができる。

在庫管理の改善（②）とは，物品物流管理システムを導入することで，在庫管理・品質管理・作業管理の改善を図ることである。特に，医薬品や医療材料の在庫管理，温湿度管理や使用期限管理などを含めた品質管理，病棟へ

の配送管理などの業務の改善などは，作業そのものの軽減とともに，診療報酬の入力作業軽減などの効果がある。

　東大病院では，「処置オーダにもとづく物品物流管理システム」を開発し運用している。医師は，処置実施日と必要な処置を選択して，使用する医療材料をオーダする。システムには処置ごとの基本セットがあらかじめ登録されており，それ以外の物品は個々に入力する。加えて医師は，患者の病状に合わせて処置に必要な物品も発注できる。この発注オーダがSPDに届くと，患者ごとにオーダされた物品をピッキングし，トレイにセットする。トレイには，ガーゼやシリンジ，さらにピンセットやペアンなどといった鋼製小物も含め，患者の処置に使用するすべての物品一式がパッケージされ，前日までに患者別セットが病棟や診療科別にまとめて病棟に届けられる。そして，処置当日は，医師ないし看護師がそのトレイを持ち，患者のベッドサイドに行く。処置終了後は，医師や看護師が端末から処置内容を入力すると，物品消費管理及び医事会計請求情報となる。[14)]

　委託在庫の改善（③）とは，所有権が納入業者のままの物品を病院で保管することである。使用するまで所有権が移転せず，販売したことにならない。これらは，循環器や脳神経外科などで使用される特定保険医療材料と呼ばれる医療材料が多く，高額なものが多い。

　病院としての委託在庫のメリットは，手術などで使用するまでコストを負担しなくてよい。しかしデメリットは，院内の保管スペースをとることである。また滅菌有効期限切れなどの場合に納入業者がコストを負担したとしても，結果として病院への納入価格に含まれることもある。よって医療看護に差し支えない範囲に限り，委託在庫は少ないことが望まれる。

　院内配送と物流動線の改善（④）とは，病院内での，「荷受け場所→SPD・倉庫・調理室→手術室・病棟」という動線のなかで，円滑な移動を確保することである。調達時には，トラックが駐車できる広さと高さのある駐車場が必要である。病院内では，荷役用エレベータの設置，段差の解消など，物流バリアフリーを確保し円滑な物流動線を設定しておく必要がある。これにより，トラック駐車後の貨物の搬入から，SPDなどから手術室や病室まで配送の円滑化が実現できる。

(4) 病院・診療所間の地域連携 (対策3)

病院・診療所間の地域連携 (対策3) とは，「災害や事故などの緊急事態などの医療体制を維持するために，地域の主要病院と診療所の間で，受け入れ体制・患者情報・医薬品等の在庫情報の共有化などを進めること」である。これには，①患者や傷病者の相互受け入れ体制，②病歴などの患者情報の共有，③医薬品や医療材料の在庫情報の共有がある。

患者や傷病者の相互受け入れ体制 (①) とは，災害により急増する患者や傷病者を，医師や看護師の人数，ベッド容量，病気やけがの程度に合わせ，地域の病院や診療所で協力して受け入れる体制のことである。さらには遠隔地の病院と連携し，どちらかが被災したときに医薬品や医療材料を融通しあうことや，医師や看護師などのスタッフを派遣しあうことが考えられる。

患者情報の共有 (②) とは，地域における病院や診療所と介護施設の間でのカルテや病歴などの情報の共有である。医療機器やカルテでIT化が進んでいるため，病院で電源を喪失して患者のカルテが確認できないと，病歴が不明なまま治療を行わなければならなくなる。もしも，プライバシーの保護を前提に，患者の基本情報を地域の病院で共有できれば，無駄な検査を省き診断の迅速化にもなる。さらには，遠隔地の病院と連携をして患者の診断や処置をバックアップできる可能性もある。

医薬品や医療材料の在庫情報の連携 (③) とは，病院や企業などとの間で，医薬品などの在庫情報を共有し，地域の製薬会社や医療材料会社と災害協定を締結することや，診療所や介護施設との間で在庫情報を共有することである。もしも，平時は在庫削減が病院経営に有効だったとしても，有事には在庫がなければ，確実で十分な医療をすることはできない。病院が，このような在庫払底に備えるためには，備蓄の努力をするとともに，複数の病院や製薬会社や医療材料の提供会社などと情報を共有する必要がある。これは，VMI (Vender Managed Inventory) のような供給者による在庫管理の考え方も参考になる。

7.2.4 課題2：通院患者・救急患者の移動支援

(1) 通院弱者・救急患者の移動支援の必要性

通院患者・救急患者の移動支援対策 (課題2) とは，「通院時の交通手段の確保や，救急時の患者搬送などを円滑に行うための対策」である。

通院患者とは，「診療所や病院などに出かけて治療や診療を受けている人」

である。また，高齢者は，加齢にともない身体的な機能や体力が低下し，医療施設までの通院，医薬品の購入に出かけるだけでも負担が大きい場合がある。今後は少子高齢社会がより進み，通院患者や要介護者のさらなる増加が見込まれるため，通院できない通院弱者も増えることになる。

　このため，通院弱者・救急患者の移動支援対策には，公共交通機関による通院患者の移動支援対策（対策1）と，救急患者の搬送対策（対策2）と，往診・遠隔診療と服薬指導対策（対策3）がある。

(2) 公共交通機関による通院患者の移動支援（対策1）

　公共交通機関による患者の移動支援対策（対策1）とは，居住地から医療施設への患者の移動を，バスやタクシーなどの公共交通機関で支援することである。これには，①公共交通事業者への運行費の補助，②地方公共団体によるバスの運行，③タクシー料金の補助，④医療施設・介護施設などによる送迎バスなどがある。

　公共交通事業者（バス，鉄道など）への運行費の補助（①）とは，地方公共団体が公共交通を運行する公共交通事業者に対して，路線ごとに運行費の補助をすることである。

　地方公共団体によるバスの運行（②）とは，地方公共団体が乗合形態の自動車を運行することである。利用者を確保するために，居住地や施設などへの近接性を考慮したバス停の配置，運行ルートなどの工夫，特定区間で自由に乗降できるフリー乗降の導入などのきめ細かなサービスの改善が求められる。

　タクシー料金の補助（③）とは，地方公共団体が高齢者や住民に対してタクシー料金を補助することである。訪問介護サービスの中に，通院などのための乗車または降車の介助がある。介護の資格を持つ運転手が運転し，このようなサービスを行うタクシーを「介護タクシー」と呼ぶことがある。運転手は，出発時に患者に対して，着替えなどの外出準備の介助，タクシーまでの移動と乗車の介助をする。目的地まで送迎したあと，患者に対して，降車と目的の施設までの移動，施設内の移動の介助をする。帰宅時には，降車や室内までの移動の介助，必要に応じて着替えの介助をする。

　医療施設・介護施設などによる送迎バス（④）とは，医療施設，介護施設，社会福祉法人，NPOが通院者を居住地から医療施設や介護施設まで送迎するサービスである。通院弱者の利便性を高めるためには，通院行動に合わせた運行時間や運行ルートの工夫が重要である。

福祉施設などが要介護者を送迎する場合には，介護報酬の対象となるため，利用者の居宅と通所介護事業所の間の送迎を基本としている。

(3) 救急患者の救急搬送（対策2）

救急患者の救急搬送（対策2）とは，「救急患者を，自宅などから医療施設まで救急車やドクターヘリなどで病院に搬送すること」である。この救急搬送は，患者の生命維持のためには，極めて重要な活動である。救急患者の搬送は，地方公共団体や一部事務組合（複数の地方公共団体が行政サービスの一部を共同で行うことを目的として設置する組織）が，消防の一環として実施することが一般的である。

これには，①救急車による救急搬送，②離島や中山間地域でのドクターヘリによる救急搬送がある。

救急車による救急搬送（①）とは，緊急を要する患者の病院への搬送である。このとき，症状にもとづく緊急性の有無や受診の必要性を判断する救急相談センターを設けて，緊急を要しない患者の搬送と区別することも必要である。そして緊急を要しない患者の搬送の方法として，民間の事業者の寝台を備えた搬送用自動車を活用した患者の搬送がある。また，中山間地域などでは救急車の運転手の担い手が少ないため，地域住民を臨時職員や契約職員として雇用したり，消防団員を活用したり，地元企業に委託したりすることにより，救急車の運転手を確保している。

ドクターヘリによる救急搬送（②）とは，ドクターヘリ特別措置法（救急医療用ヘリコプターを用いた救急医療の確保に関する特別措置法）にもとづき，救急専用の医療機器を装備したヘリコプターを救命救急センターに常駐させ，消防機関・医療機関などからの出動要請にもとづき救急医療の専門医・看護師が同乗し，救急現場などに向かい，現場から救命救急センターに搬送するまでの間，患者に救命医療を行うことである。都道府県は，医療計画において，ドクターヘリを用いた救急医療の確保について定めることとされている。

ドクターヘリに搭乗している医師が患者に対する処置を行うとともに，必要に応じてドクターヘリで医療機関に患者を搬送する。これにより，中山間地域や離島の救急患者の搬送には必須の搬送手段である。

（4）往診・オンライン診療と服薬指導（対策3）

往診・遠隔診療と服薬指導対策（対策3）とは，「居住地にいる患者を医師が訪問して診療すること（①往診）と，居住地から離れて遠隔での診療（②オンライン診療）と，服薬指導（③）」である。

医師の往診（①）とは，自ら移動して医療施設での受診が難しい人に対して，患者のもとに医師が出かけ診療することである。これにより，患者は居住地に居ながら，診療を受けることができる。

遠隔（オンライン）診療（②）とは，日本医療学会によると，通信技術を活用して離れた2地点間で行われる医療活動である。これにより，患者は，居住地のベッドにいたまま，遠隔地にある病院の医師の診察を受けることができる。

平成27年（2015）に情報通信機器を用いた診療について明確化され，医師の判断により遠隔診療が可能となった。このとき，オンライン診療を推進するためには，医療機関と患者がテレビ電話を活用して診療を行えるためのインターネット網が必要である。

平成30年（2018）には，厚生労働省は，オンライン診療を，「医師−患者間において，情報通信機器を通して，患者の診察及び診断を行い，診断結果を伝達する等の診療行為を，リアルタイムで行う行為」と定義し，その指針を策定した。情報通信機器を用いた診療の診療形態として，医師が情報通信機器を用いて患者と離れた場所から診察を行う「情報通信機器を用いた診察」，情報通信機能を備えた機器を用いて患者情報の遠隔モニタリングを行う「情報通信機器を用いた遠隔モニタリング」がある。

遠隔（オンライン）服薬指導（③）とは，診療による処方箋にもとづき，薬剤師が服薬指導することである。平成28年に国家戦略特別区域法が改正され，医薬品医療機器等法の特例として，離島・へき地に居住する者に対し，遠隔診療が行われ，かつ対面による服薬指導ができない場合に限り，テレビ電話による遠隔服薬指導が可能とされた。この改正における遠隔服薬指導は，国家戦略特別区域のみに適用され，遠隔診療が行われた上で処方箋が交付された場合に行われることから，対面診療の原則のもとで，継続して診療を受けている患者が対象になる。このとき，患者に対面で薬剤服用歴の聴取や服薬指導を行った薬局が引き続き遠隔服薬指導を行うものとしている。

さらに，平成30年（2018）12月の厚生科学審議会医薬品医療機器制度部会において，オンラインによる服薬指導の活用，患者が服薬指導を受ける場所

の見直しについて答申された。これを受け，厚生労働省は，薬剤の適正な使用を確保することが可能であると認められる場合に，テレビ電話などによる服薬指導を行うことができるよう，医薬品，医療機器などの品質，有効性及び安全性の確保等に関する法律（薬機法，旧薬事法）を改正することとした。また，オンラインによる服薬指導は対面の補完であることを明確化するとともに，オンラインによる服薬指導の条件として，緊急時の対応や服薬計画を策定することを求めることとしている。

　オンラインによる服薬指導を推進するためには，調剤薬局と患者がテレビ電話を活用して服薬指導を行えるためのインターネットが必要である。

7.2.5　課題3：患者サービス向上のためのロジスティクス

(1)　患者サービス向上のためのロジスティクスの必要性

　患者サービス向上のためのロジスティクス（課題3）とは，「入院時・入院中・退院時において，患者の負担を軽減するようなロジスティクスでのサービス」である。

　人々は健康を害したからこそ通院や入院するので，健常者と同じように生活することは難しい場合が多い。

　このため，患者サービス向上のためのロジスティクスの対策には，入院時の患者サービス（対策1），入院中の患者サービス（対策2），退院後の患者サービス（対策3）がある。[15]

(2)　入院時の患者サービス（対策1）

　入院時の患者サービス（対策1）とは，「入院時の患者に対して，自らの移動や生活用品の購入などでサービスを提供すること」である。これには，①入退院時の荷物の宅配サービス，②入院・介護用品のセットがある。

　入退院時の荷物の宅配サービス（①）とは，入退院時の荷物を宅配便業者に依頼することである。病院への入退院は，パジャマや下着などの衣料品と，タオルや歯ブラシなどの日用品を持参する。特に入院時は，病人が自宅から病院に「小さなお引越し」をすると考えれば，重労働であることは理解できる。そこで，東大病院が実施した「手ぶら入退院パック」のように，宅配便業者に荷物を配送してもらえば，患者の負担が小さくなる。ただし，配送時間帯や配送経路の設定，配送担当者の健康チェックなどを行う必要がある。

　入院・介護用品のセット（②）とは，入院時に必要な日用品をセットにし

て販売することである。たとえば入院時に必要な日用品として，パジャマと下着のセットや，歯ブラシや歯磨きクリーム，タオルなどのセットを，病院の売店で購入できれば，持参したり買い物に出かけたりすることなく身軽に入院できる。

(3) 入院中の患者サービス（対策2）

入院中の患者サービス（対策2）とは，「入院中の患者に対して，生活用品や生活サービスを提供すること」である。これには，①物品調達サービスと，②生活サービスの2つがある。

物品調達サービス（①）とは，入院患者の日用品・嗜好品などの販売と配送である。入院患者は，健康を害した買い物弱者や生活弱者でもあるから，物品を注文できベッドまで届けてもらえる仕組みが必要である。

生活サービス（②）とは，入院患者の衣料品などの洗濯などを行うものである。たとえば，入院患者の洗濯物は家族が持ち帰ることが多いが，単身世帯では洗濯の機会も限られる。このため洗濯をはじめとして，各種生活関連サービスを用意できれば，患者も快適な入院生活を送ることができる。

(4) 退院後の患者サービス（対策3）

退院後の患者サービス（対策3）とは，「退院後の患者に対して，自らの移動や生活用品の購入などでサービスを提供すること」である。先に手ぶら入退院パックを紹介したが，これ以外には，①医薬品の宅配サービス，②療養食の宅配サービスがある。

医薬品の宅配サービス（①）とは，退院時や外来時に処方薬を，薬局で受け取ってから宅配便に託す方法である。また，薬剤師が処方薬を，患者宅に配達している例もある。一方で先進的な事例としては，東日本大震災前の福島県葛尾村において，遠隔診療により医師が処方箋を出し，これをもとに薬局から薬を受け取った郵便局員が，患者の自宅に配送していた例がある。

平成30年度（2018）の診療報酬改定では遠隔診療の適用が広げられることから，将来的に医薬品や医療材料の宅配サービスが拡大する可能性が高い。

療養食の宅配サービス（②）とは，病院と提携した外食産業が，患者の病状に合わせた療養食を作り宅配するものである。たとえば，高血圧症患者などは，塩分などを控えた食事がふさわしいが，これを専門の療養食のスタッフが調理して宅配すれば，患者や家族の負担も軽くなる。

7.3 災害に備えるロジスティクス

7.3.1 災害における緊急支援物資供給の実態と将来

(1) 災害時の緊急支援物資供給の実態

東日本大震災（平成23年（2011）3月11日）では，一部の地域で生活物資が不足した。その理由は，①津波による食料品や生活物資の在庫流失，②物資の保管や仕分けでの混乱，③流通業者のデータの破損，④工場や倉庫での製造機械や搬送機器の破損，⑤車両・燃料・ドライバー不足などである。

熊本地震（平成28年（2016）4月16日）では，①避難所への仕分け，②指定外避難所の把握，③配送時の交通渋滞，④個人や企業による大量な義援物資などにより，混乱が起きた。

このように災害時に緊急支援物資を被災地に送るとしても，そこにはさまざまな障害が起きることは，過去の事例が示している。

災害対策は，カタストロフィーの図面で示すことができる。このとき平面の2つの軸は，「災害対策の強靱度」と「災害の規模」であり，縦軸は「回避と被災」である。この図面において，3つの災害対策（①予防対策，②応急対策，③復旧対策）を示すことができる（**図7-3-1，図7-3-2**）。

このうち，①予防対策では，1）壊れない（ヒト・モノ・カネ），2）失わない（情報・技術），3）途切れない（体制・組織）対策を行う。②応急対策では，「逃げる（避難）」，「助ける（救援）」，「届ける（補給）」対策を行う。③復旧対策では，1）ヒト・モノ・カネと，2）情報・技術，3）体制・組織の復旧を行う。

災害対策の目的は，3つある（**図7-3-3**）。

「A.減災」は，被害を少なくするための事前対策である。たとえば，建物の倒壊を防止するための耐震化や，食料や飲料水の払底を防ぐ備蓄，原材料や完成品の在庫増，データの遺失を防ぐバックアップなどである。

「B.応急措置の早期完了」は，応急措置の期間を短縮することである。たとえば，避難や救助のための緊急連絡網の整備，被災を想定した要員の配置計画，停電に備えた非常用電源の使用計画などである。

「C.復旧期間の短縮」は，復旧復興の期間を短くすることである。たとえば，被災地外からの応援を受け入れるための人員や施設の計画（受援計画とも言う），官民協同による復旧計画などを立てておくことで，速やかで円滑な復旧が可能になる。[16) 17) 18)]

図7-3-1　災害のカタストロフィーと3つの災害対策

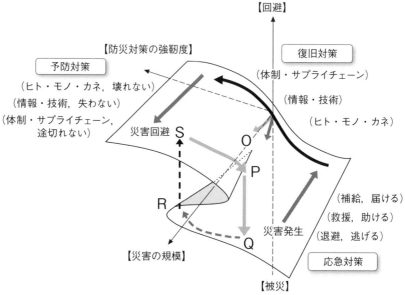

出所：著者作成。

図 7-3-2　時間軸で示す 3 つの災害対策（予防，応急，復旧対策）

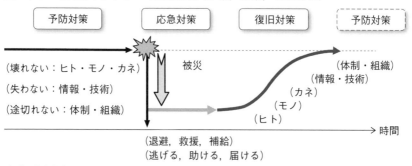

出所：著者作成。

(2) 災害時の緊急支援物資の供給の将来（4つの課題）

　災害時の緊急支援物資のロジスティクスに限定して考えてみると，応急対策時の緊急支援物資の補給と，予防対策の生活物資の備蓄ということになる。このために，両者の特徴を比較するとともに，施設整備や制度の導入も必要になる。

図 7-3-3　災害対策の 3 つの目的
　　　　　（A. 災害の減少，B. 応急措置の早期完了，C. 復旧期間の短縮）

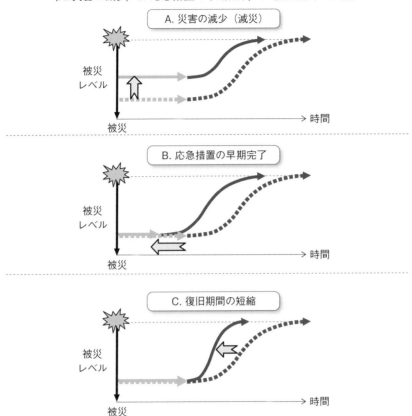

出所：著者作成。

　以上のことから，災害時の緊急支援物資の供給の課題としては，備蓄と補給のバランス（課題1），補給対策（課題2），備蓄対策（課題3），災害時のロジスティクスと都市防災計画（課題4）などがある。

7.3.2　政府や自治体の推奨する代表的な物流対策

（1）首相官邸と消防庁による被災時の持ち出し品

　首相官邸は，発災直後の火災や津波からの避難では，すぐ持ち出せる非常バッグの内容として，以下の持ち出し品を提示している。[19]

　つまり，①飲料水，②食料品（カップ麺，缶詰，ビスケット，チョコレー

表7-3-1　災害対策と補給・備蓄に関する代表的な法制度

災害対策
　①災害対策基本法（通行規制と緊急車両）
　　指定区間における緊急通行車両以外の車両
　②内閣府による応急対策・生活支援策の在り方
　　警戒レベル4や警戒レベル3で，避難行動の要請

補給対策
　①災害対策基本法（指定公共機関）
　　公共的機関および電気・ガス・輸送・通信・輸送などの法人
　②国土交通省による支援物資物流システム
　　全国のブロックごとに国，地方自治体，物流事業者などの協議会設置と，緊急支援物資の円滑な補給方法検討

備蓄対策
　①首相官邸と消防庁による被災時の持ち出し品
　　すぐ持ち出せる非常バッグの内容を提示（飲料水，食料品，貴重品，救急用品，防災用品，衣類など）
　②農林水産省による家庭用食料品備蓄ガイド
　　緊急時に備えた家庭用食料品備蓄を提示（主食：精米または無洗米，レトルトご飯・アルファ米，小麦粉，パン，もち，乾麺，乾パン・パンの缶詰，即席麺・カップ麺，主菜：肉・魚・豆などの缶詰，レトルト食品，豆腐，乾物，ロングライフ牛乳など）
　③東京都による帰宅困難者対策条例
　　従業員向けの備蓄例を提示（3日分の備蓄（水は9ℓ主食9食分，毛布1人1枚）を目安。備蓄品：ペットボトル，アルファ化米，クラッカー，乾パンなど）

都市防災対策
　①国土交通省による備蓄倉庫の容積率算定除外
　　備蓄倉庫と非常用電源装置の床面積を容積率の算定対象から除外
　②都市再生特別措置法による「安全なまちづくり」
　　浸水ハザードエリアの見える化，立地抑制，移転促進，安全確保

出所：著者作成。

トなど），③貴重品（預金通帳，印鑑，現金，健康保険証など），④救急用品（ばんそうこう，包帯，消毒液，常備薬など），⑤防災用品（ヘルメット，防災ずきん，マスク，軍手，懐中電灯），⑥衣類など（衣類，下着，毛布，タオル），⑦日用品（携帯ラジオ，予備電池），⑧衛生用品（使い捨てカイロ，ウェットティッシュ，洗面用具など）である。（表7-3-1）
　総務省消防庁で推奨している非常持ち出し袋も，ほぼ同じ品目（印かん，

現金，救急箱，貯金通帳，懐中電灯，ライター，缶切り，ロウソク，ナイフ，衣類，手袋，ほ乳びん，インスタントラーメン，毛布，ラジオ，食品，ヘルメット，防災ずきん，電池，水）である。[20]

（2）農林水産省による家庭用食料品備蓄ガイド

　農林水産省は，家庭での備蓄について「緊急時に備えた家庭用食料品備蓄ガイド」（平成26年（2014）2月5日）で以下の品目を示している。[21]

　主食21食分として，①精米または無洗米，②レトルトご飯・アルファ米，③小麦粉，④パン（食パン），⑤もち，⑥乾麺（うどん，そば，パスタ），⑦乾パン・パンの缶詰，即席麺・カップ麺，などがあげられている。主菜には，①肉・魚・豆などの缶詰，②レトルト食品，③豆腐（充填），④乾物（かつお節，桜エビ，煮干しなど），⑤ロングライフ牛乳などである。

　これ以外に，副菜として，①野菜・山菜・海草類，②汁物（インスタントみそ汁など），③果物，④その他（調味料，嗜好品，菓子類など）もある。

　その後，災害時に備えた食品ストックガイド（平成31年3月）として，大人2名一週間分として，①必需品（水2リットル×6本×4箱，カセットコンロ・ボンベ12本），②主食（米2kg×2袋，乾麺4袋，カップ麺6個，パックご飯6個など），③主菜（レトルト食品，缶詰），④副菜その他（野菜類，梅干し，海苔，ジュース，調味料，インスタントスープなど）を例示している。

（3）東京都による帰宅困難者対策条例

　東京都は，職場での備蓄について，平成24年（2012）3月に「東京都帰宅困難者対策条例」を制定し，平成25年（2013）4月から施工している。ここでは，「東京都帰宅困難者対策ハンドブック（令和2年（2020）7月）東京都」を公開している。[22]

　ここでは，従業員向けの備蓄例として，3日分の備蓄（水は1人3ℓで9ℓ，主食1日3食で9食分，毛布1人1枚）を目安とし，備蓄品には，ペットボトル，アルファ化米，クラッカー，乾パンなどをあげている。このとき，従業員だけでなく，来訪者や避難してくる帰宅困難者を含めて，被災後の3日間程度の生活を維持できるように備蓄をしておく必要がある。

（4）国土交通省による備蓄倉庫の容積率算定除外

　国土交通省は，平成24年（2012）9月14日に建築基準法の施行令を改正し，

図7-3-4　都市再生特別措置法における防災対策

頻発・激甚化する自然災害に対応した「安全なまちづくり」

①浸水ハザードエリアの見える化の促進

○中小河川でも浸水想定区域を設定し，ハザードマップで周知

〈災害レッドゾーン〉
- 災害危険区域
- 土砂災害特別警戒区域
- 地すべり防止区域
- 急傾斜地崩壊危険区域

②災害ハザードエリアにおける新規立地の抑制

○開発許可制度の見直し
- 災害レッドゾーンにおける自己業務用施設の開発を原則禁止（住宅等の開発は既に禁止の対象）
- 市街化調整区域の浸水ハザードエリアにおける住宅等の開発を抑制
【政令事項】

○住宅等の開発に対する勧告・公表
- 災害レッドゾーン内での住宅等の開発について勧告を行い，従わない場合は公表できることとする

③災害ハザードエリアからの移転の促進

○市町村による移転計画制度の創設
- 災害レッドゾーン及び浸水ハザードエリアからの円滑な移転を支援するための計画を市町村が作成

○防災集団移転促進事業の推進
- 事業採択に係る最低戸数要件緩和（10戸→5戸）
【政令事項】

④災害ハザードエリアを踏まえた防災まちづくり

○立地適正化計画の居住誘導区域から災害レッドゾーンを原則除外
【政令事項】

○立地適正化計画の居住誘導区域内における防災対策・安全確保策を定める「防災指針」の作成
- 避難路，防災公園等の避難地，避難施設等の整備や警戒避難体勢の確保等

出所：https://www.mlit.go.jp/report/press/toshi05_hh_000271.html より。

高層ビルにおいて備蓄倉庫と非常用電源装置を設けやすいように，その分の床面積を容積率の算定対象から外した。[23]

　従来は，備蓄倉庫を設けることで利用できる床面積が減るために，オフィスやマンションでは，採算性が悪化する可能性があった。しかし，容積率の

算定から除外されることで，備蓄倉庫や非常用電源装置を設けることに抵抗が少なくなっている。

(5) 都市再生特別措置法

　国土交通省は，令和2年（2020）2月17日に，頻発・激甚化する自然災害に対応するとともに，まちなかにおけるにぎわいを創出するため，安全で魅力的なまちづくりの推進を図る「都市再生特別措置法等の一部を改正する法律案」を提出し，閣議決定された。[24) 25)]

　ここでは，頻発・激甚化する自然災害に対応するため，①浸水ハザードエリアの見える化，②災害ハザードエリアにおける新規立地の抑制（災害レッドゾーンにおける自己業務用施設の開発を原則禁止，市街化調整区域の浸水ハザードエリア等における住宅等の開発許可の厳格化，居住誘導区域外における災害レッドゾーン内での住宅等の開発に対する勧告・公表），③災害ハザードエリアからの移転の促進（市町村による災害ハザードエリアからの円滑な移転を支援するための計画作成），④居住エリアの安全確保（居住誘導区域から災害レッドゾーンを原則除外，市町村による居住誘導区域内の防災対策を盛り込んだ「防災指針」の作成）としている（図7-3-4）。

7.3.3　課題1：緊急支援物資の補給と備蓄のバランス

(1) 緊急支援物資の補給と備蓄のバランスの必要性

　緊急支援物資の補給と備蓄のバランス（課題1）とは，「被災地において必要な物資の補給対策と備蓄対策を比較してバランスをとること」である。というのは，大規模災害になるほど緊急支援物資を補給できる量も限られてしまうため，大規模災害に備えるためには，補給だけでなく備蓄対策も不可欠になるからである。

　このため，緊急支援物資の供給のバランスをとる対策には，緊急支援物資の補給と備蓄の相互関係を解明しておくこと（対策1），そして被災地への補給のための統制システムの整備（対策2）がある（表7-3-2）。[26) 27) 28) 29)]

(2) 緊急支援物資の補給と備蓄のバランスの調整（対策1）

　補給と備蓄のバランスの調整（対策1）とは，「被災地に緊急支援物資を供給するとき，補給と備蓄の相互関係を解明し調整すること」である。

　災害時の物資供給の方法は，商品や物資の内容によって異なる。

表7-3-2　災害に備えるロジスティクスの課題

課題1：緊急支援物資の補給と備蓄のバランス（7.3.3）
　　対策1：緊急支援物資の備蓄と補給のバランスの調整
　　対策2：サプライチェーンと物資供給システム

課題2：緊急支援物資の補給対策（発生後の応急対策）（7.3.4）
　　対策1：緊急支援物資の供給システムの高度化
　　　①プッシュ型とプル型供給のバランス（物資を送り込む）
　　　②セット化（必要な物資をセット化して供給）
　　　③被災地周辺と被災地内の物流拠点の設定（一次と二次の集積所）
　　対策2：補給のための統制システムの整備
　　　①トリアージ（優先割り当て）
　　　②シグナル（合図，段階別の行動指針の設定）
　　対策3：補給のための官民協力体制の整備
　　　①荷主事業者の協力
　　　②物流事業者の協力
　　　③官民協力による供給量の調整と最適配分

課題3：緊急支援物資の備蓄対策（発生前の予防対策）（7.3.5）
　　対策1：家庭における「防災グッズの備蓄」
　　対策2：家庭における「食料品と生活物資の備蓄」
　　　①家庭における食料品と生活用品の備蓄
　　　②ローリングストック（買い置きと消費分の買い足し）
　　　③ネットワークの破断に備える備蓄（飲料水，電池，灯油など）
　　対策3：職場における「食料品と生活物資の備蓄」
　　　①帰宅困難者対策（従業員，来訪者，来街者）

課題4：災害時のロジスティクスと都市防災計画　　　（7.3.6）
　対策1：都市施設の整備
　　　①オフィス・学校のシェルター化
　　　②公共施設の物流拠点化
　　　③備蓄設備整備のための自治体の補助
　　対策2：災害リスクの調査分析制度の導入
　　　①被害レベルの想定
　　　②緊急支援物資の供給対策の想定
　　対策3：総合的な都市防災計画の導入
　　　①防災建築計画（耐震・耐火）
　　　②避難計画（避難路・避難場所）
　　　③物資供給計画（補給・備蓄）
　　　④総合的な都市防災計画
　　対策4：災害初動期の指揮（国土交通省東北地方整備局）
　　　①発災後の時間経過にともなう活動整理
　　　②ロジスティクスの幅広い位置づけ

出所：著者作成。

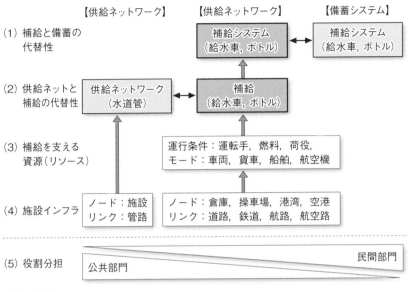

図7-3-5　災害時の供給・補給・備蓄の相互関係

	【供給ネットワーク】	【供給ネットワーク】	【備蓄システム】
(1) 補給と備蓄の 代替性		補給システム （給水車, ボトル） ⟷	補給システム （給水車, ボトル）
(2) 供給ネットと 補給の代替性	供給ネットワーク （水道管） ⟷	補給 （給水車, ボトル）	
(3) 補給を支える 資源（リソース）		運行条件：運転手, 燃料, 荷役, モード：車両, 貨車, 船舶, 航空機	
(4) 施設インフラ	ノード：施設 リンク：管路	ノード：倉庫, 操車場, 港湾, 空港 リンク：道路, 鉄道, 航路, 航空路	
(5) 役割分担	公共部門		民間部門

出所：著者作成。

　食料品のように消費場所まで輸送しなければならない物資には，「補給」と，「備蓄」の2つしかない。つまり平時に，食料品を買い物（補給）するか，冷蔵庫の食材（備蓄）を使用するか，と同じことである。

　上水，ガス，電気など管路や電線のネットワークについては，「供給ネットワーク」と「補給」と「備蓄」の3つになる。つまり被災しても，供給ネットワークが破断していなければ，補給も備蓄も必要はない。しかし被災時にネットワーク（例，水道）が破断する恐れがあるために，備蓄（例，飲料水の備蓄）することになる（図7-3-5）。

　このとき，補給する場合には，いくつかの条件がそろわなければならない。たとえば，断水により給水をしようとすれば，給水車の手配を行い，運行条件の整備（運転手，燃料，荷役）やモード（車両や船舶など）の手配を行い，ノード（倉庫，操車場など）やリンク（道路，航路など）の使用を確認しなければならない。このように考えてみると，「補給」を成立させるための要件が多いことがわかる。

　以上のことから，食料品などでは，補給体制の強化と備蓄の増強が重要であり，水道のような管路などではネットワークそのものの強靭化と備蓄の増

図7-3-6　災害時のサプライチェーンにおける物資の供給・補給の条件

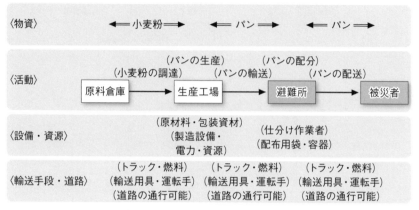

出所：著者作成。

強が重要となる。

　なお，過去の地震被害の復旧過程をみると，ライフラインの破断を前提に
して，非常用電源の確保とともに上水の確保が極めて重要なことを示唆して
いる。たとえば，東日本大震災では，電気の停止戸数は190万戸だったが約
一週間で90％が復旧した。水道の停止戸数は5日目がもっとも多くて約90万
戸だったが，復旧に手間取り4日目以降は電気の停止戸数を上回った。ガス
は3日目の約40万戸が最大で復旧も遅かった。これは，地上の電線と地下埋
設物の違いと考えられる。

(3) サプライチェーンと物資供給システム（対策2）

　災害が起きると，緊急支援物資を補給することが多い。しかし，補給には，
リスクも多い（図7-3-6，図7-3-7）。

　たとえば，原材料の不足による工場での生産中止，卸売会社の倉庫の被災
などにより，調達・生産・流通・消費をつなぐサプライチェーンの断絶が予
想される。また製品が確保できたとしても，道路の未啓開，トラックや運転
手や燃料の不足，作業の人や場所の不足，荷役作業のノウハウ不足，作業員
の不足，上水や電力などのライフラインの破断，なども起きる。つまり，補
給が可能か否かは，補給システムのさまざまな要件のなかで，もっとも脆弱
な部分で決まってしまう。

　このように，「補給」は多くの条件を満たす必要があるため，多少コストア

ップになるとしても，ある程度の量は「備蓄」しておくことが望ましい。備蓄の対象は，メーカーであれば原材料や半製品や製品，卸小売業であれば商品や製品，家庭であれば食料品や飲料など，病院であれば医薬品や医療材料や自家発電用燃料などである。

7.3.4 課題2：緊急支援物資の補給対策（発生後の応急対策）

(1) 緊急支援物資の補給対策の必要性

　緊急支援物資の補給対策（発生後の応急対策）（課題2）とは，「人間の生命の維持に欠かせない食料品と生活物資を，被災地に補給すること」である。

　国土交通省は，「東日本大震災からの復興の基本方針（平成23年（2011）7月29日東日本大震災復興本部決定）」を踏まえて，平成23年（2011）12月2日に「支援物資物流システムの基本的な考え方」に関する報告書を公表した。これに従って，平成23年度（2011）以降，全国のブロックごとに国，地方自治体，物流事業者などの関係者による協議会を設置して，緊急支援物資の円滑な補給方法について検討している。

　内閣府は，熊本地震を踏まえた応急対策・生活支援策検討ワーキンググループによる「熊本地震を踏まえた応急対策・生活支援策の在り方について（報告）」を，平成28年（2016）12月20日に公表した。ここでは物資輸送について，①官民連携による輸送システムの全体最適化（民間物流事業者との連携，物流事業者の物資拠点の活用，被災地外での拠点設置），②個人や企業によるプッシュ型物資支援の抑制，③物資輸送情報の共有（輸送管理システムの活用，タブレットの活用），④個人ニーズを踏まえた物資支援（時間経過にともなうプッシュ型からプル型・現地調達型への移行）などを示している。

　このため，緊急支援物資の補給対策（発生後の応急対策）には，緊急支援物資の供給システムの高度化（対策1），補給のための統制システムの整備（対策2），補給のための官民協力体制（対策3）がある。

(2) 緊急支援物資の供給システムの高度化（対策1）

　緊急支援物資の供給システムの高度化（対策1）とは，「政府や自治体による供給システムを，より早くより確実にして実効性を高めること」である。これには，①プッシュ型とプル型供給のバランス，②セット化，③被災地周辺と被災地内の物流拠点の設定の3つがある。

　プッシュ型とプル型供給のバランス（①）とは，プッシュとプルの2つの

図7-3-7　緊急支援物資輸送の3段階

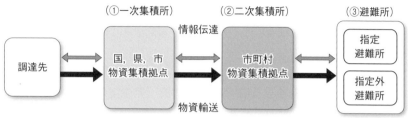

出所：著者作成。

供給システムのバランスである。すなわち，大災害の被災直後は，情報伝達手段の断絶や，被災者自身が必要な物資を把握できないことがあるため，「プッシュ型の供給（被災者に必要な物資を想定して送り込む）」が必要となる。しかし時間経過とともに被災者のニーズも多様化するため，「プル型の供給（被災者の需要に応じて物資を送り込む）」が必要となる。このとき，被災後の時間経過にともなう，プッシュ型からプル型への，速やかで円滑な移行方法が必要である。

　セット化（②）とは，プッシュ型供給の場合に，被災者の必要物資を想定して，まとめることである。被災地で被災者自身が物資の仕分け作業を行うことは，大変な負担になる。このため被災地外で必要な物資をセット化しておくことが望まれる。たとえば冬の被災直後であれば，「冬山3泊4日」を想定し，食料品セット（飲み物，非常用ごはん，おかず缶詰，はし・スプーンなど）や生活用品セット（毛布，使い捨てカイロ，タオル，歯磨き粉，歯ブラシ，ティッシュペーパー，石鹸，バケツ，ヒシャクなど）を用意する。「乳児用セット」，「高齢者用セット」，「高血圧患者用セット」なども考えられる。

　被災地周辺と被災地内の物流拠点（③）とは，緊急支援物資の仕分けや配分の作業を行う物流拠点である。緊急支援物資の仕分けや配分の作業は重労働なので，被災地の負担を少なくするために，被災地外におく物流拠点のことである。このとき，一次集積所（被災していない被災地周辺において都道府県が運営する集積所）と，二次集積所（被災地内の集積所）を設け，最終的に避難所に配送する。

　この「一次集積所・二次集積所・避難所」という3段階の体制は，東日本大震災と熊本地震の供給体制や，内閣府が想定する体制と同じである（**図7-3-7**）。

(3) 補給のための統制システムの整備（対策2）

補給のための統制システムの整備（対策2）とは，「あらかじめ補給における優先順意や行動手順を定めておくこと」である。災害時は通常時とは異なって意思決定を短時間で的確に行うことは難しいので，開始の意思決定のルールをあらかじめ決めておく必要がある。この統制システムの整備には，①トリアージ（優先割り当て），②シグナル（合図）がある。

トリアージ（優先割り当て）（①）とは，もとは医療分野の用語であり，多数の患者を重傷度と緊急性から選別して，最も多くの人を救うように治療の順序を設ける危機対処方法である。救急医療においては，黒（回復の見込みのない者，もしくは治療できない者），赤（生命にかかわる重傷者でいち早く治療すべき者），黄（ただちに治療が必要ではないが，赤になる可能性のある者），緑（至急の治療が不要な者）に分けられている。

このトリアージの考え方を参考に，緊急支援物資の種類と内容，支援物資の配分対象者，被災地内に進入する緊急車両，ガソリン配給などの優先順位などを，あらかじめ決めておく必要がある。

シグナル（合図）（②）とは，一斉に行動を起こすための合図である。気象警報や避難勧告などのさまざまな行動喚起の基準や段階を統一して，これらに対応させて救援や物資補給の合図（シグナル）を設定する必要がある。

たとえば大震災が起きたときに「シグナル3」と政府が宣言すると，メーカーや卸売業者は決められた緊急支援物資を展示場や体育館などに運び，そこで食料品セットや日用品セットなどを作り，集まってきた輸送会社のトラックに積み込み被災地に向かうのである。

最近では，各種の警報や注意報をまとめて5段階で表示し，これに合わせて人々の行動も示すようになっている。

(4) 補給のための官民協力体制の整備（対策3）

補給のための官民協力体制（対策3）とは，「災害時に，政府や自治体の要請にもとづき，民間企業が緊急支援物資の提供や輸送の支援を行う体制」である。これには，①荷主事業者（メーカー，卸小売業者）の協力，②物流事業者（輸送業者，保管業者）の協力，③官民協力による供給量の調整と最適配分がある。

荷主事業者の協力（①）とは，在庫情報の提供と在庫物資の提供である。メーカーと卸小売業者にとって，「実際の在庫量」は秘匿しておきたいが，「被

災時に提供できる品目と量」であれば、企業も公表しやすい。この「災害時に緊急支援物資として提供できる品目と量」を、あらかじめ行政に届けておくことで、災害が起きたときにただちに緊急支援物資の適切な調達が可能となり、速やかな被災地への配分も可能となる。

　物流事業者の協力（②）とは、輸送保管のための人材・資機材の提供と、施設やエネルギーの提供である。緊急支援物資の輸送や仕分け作業において、物流事業者が「提供可能な人材・資機材の量」を、あらかじめ行政に届けておくことで、災害が起きたときにただちに人材と資機材の適切な調達が可能となり、円滑な救援活動が可能となる。

　官民協力による供給量の調整と最適配分（③）とは、緊急支援物資の供給可能量が需要量を下回り十分に供給できない場合に、被災地の供給先に優先順位をつけて、不十分な物資でも適切に配分することである。平常時や小さな災害であれば、必要な量の物資を供給しても在庫が払底することはないが、大規模災害になると被災者数が多くなるため物資の需要量も多くなり、在庫や生産が追いつかずに供給できないことが予想できる。

7.3.5　課題3：緊急支援物資の備蓄対策（発生前の予防対策）

(1) 緊急支援物資の備蓄対策の必要性

　食料品と生活用品の備蓄対策（発生前の予防対策）（課題3）とは、「被災地に食料品と生活物資を補給できないことを想定し、これらの物資を備蓄すること」である。

　東日本大震災や熊本地震では、緊急支援物資供給において一部に問題はあったものの、餓死者が出るほどではなかった。しかし発生が危惧されている首都直下型地震などは、東日本大震災（被災者900万人）よりも格段に被害が大きく、被災者は約3,000万人と予想されている。

　一般に、被災規模が大きいほど、緊急支援物資の需要量は多くなるが、同時に工場や従業員も被災し原材料の供給も滞るため、生産量が小さくなり供給可能量も小さくなり、物資を供給できる被災者の数も限られてしまう。またライフライン（水道網や電力ネットワーク）が破断したり、生産設備が壊れたり、原材料を保管する倉庫が被災すれば、工場（例、食品工場）での生産そのものが不可能になる（図7-3-8）。

　さらに輸送するには、運転手・燃料・トラックが必要になるが、1つでも欠ければ輸送できない。道路もただちに修復できずに、通行できないことも

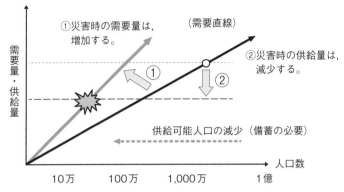

図7-3-8　被災による供給量の減少と需要量の増加

出所：著者作成。

考えられる。

　この結果，被災規模が大きくなるほど，外部から緊急支援物資を「補給」できない可能性が高くなるため，被災地内での「備蓄」が不可欠になる。このとき「備蓄」というと，政府と自治体の備蓄や企業の在庫を当てにする風潮があるが，大規模な災害では備蓄場所から被災地への輸送さえ不可能なことも想定できる。

　このため，生産も輸送もできない事態に備えた緊急支援物資の備蓄対策（発生前の予防対策）には，家庭における防災グッズの備蓄（対策1），家庭における食料品と生活物資の備蓄（対策2），職場における食料品と生活物資の備蓄（対策3）がある。

(2) 家庭における「防災グッズの備蓄」（対策1）

　家庭における「防災グッズの備蓄」（対策1）とは，「発災直後の火災や津波からの避難では，すぐ持ち出せる非常バッグを用意すること」である。

　先述したように（7.3.2（1）），首相官邸は，非常バッグの準備として，持ち出し品を提示している。総務省消防庁で推奨している非常持ち出し袋も，ほぼ同じ品目である。

(3) 家庭における「食料品と生活物資の備蓄」（対策2）

　家庭における「食料品と生活物資の備蓄」（対策2）とは，「家庭内で，物資の補給がなくても生命を維持できるように備蓄すること」である。被災後

72時間が生存の限界とされていることから，この72時間は救命が最優先になる。

　このため，災害時の物資供給計画では，「72時間内は，可能な限り被災地内の備蓄物資や，店舗などの在庫物資でまかなうこと」が原則である。このため，日常生活の起点である家庭では，①家庭における食料品と生活用品の備蓄，②ローリングストック（回転備蓄：買い置きと消費分の買い足し），③ネットワークの破断に備える備蓄（飲料水，電池，灯油など）が必要となる。

　家庭における食料品と生活用品の備蓄（①）とは，外部からの支援物資がただちに供給されないことがあるため，家庭内での，最低限1週間分の生活物資（食料品，生活用品）を備蓄することである。

　家庭での備蓄については，先述したように（7.3.2（2）），農林水産省の「緊急時に備えた家庭用食料品備蓄ガイド」（平成26年（2014）2月5日）に示されている。

　ローリングストック（②）とは，日常食べているインスタント食品や缶詰は賞味期限が長いので，買い置きをして古い品物から消費することである。このように「無くなってから購入」ではなく，「備蓄量を下回りそうだから購入」という考え方に転換して，常に一定量を備蓄しておく方法である。

　ネットワークの破断に備える備蓄（飲料水，電池，灯油など）（③）とは，インフラの災害に備えるための備蓄である。電気は比較的早く復旧する可能性が高いものの，災害の規模によってはガスや水道の復旧作業に1週間から数週間を要することもある。このため，飲料水については保存水の備蓄とポリタンクの準備，電池や灯油の備蓄などが不可欠である。

(4) 職場における「食料品と生活物資の備蓄」（対策3）

　職場における「食料品と生活物資の備蓄」（対策3）とは，「職場にそのまま滞在して避難するときのために，生命を維持する最小限必要な物資の備蓄しておくこと」である。

　災害時における職場での帰宅困難者対策（①）は，帰宅する方法を考える前に，帰宅できない場合や職場に滞在して避難することを考えるべきである。このとき，帰宅困難者には，職場の従業員，職場への来訪者，来街者などがいるので，これらの人数も想定しながら備蓄を用意しておく必要がある。

　東日本大震災では，帰宅困難者が問題となった。津波や火災からはただちに避難しなければならないが，緊急避難の必要がない場合には，「動けば被災者，留まれば救援者」となる可能性が高い。そこで，帰宅困難者として被災

することを避けるためには，帰宅せずに職場にとどまる必要がある。これにより，被災者を減らすとともに，自ら救援者になることができる。だからこそ，発災時にいた場所（家庭，職場，学校など）で安全を確保し，移動による危険を回避しながら，何日間か生活（籠城）する方法を考える必要がある。

職場での備蓄については，東京都が平成24年（2012）3月に「東京都帰宅困難者対策条例」を制定している。ここでは，従業員向けの備蓄例として，3日分の備蓄（水は1人3ℓで9ℓ，主食1日3食で9食分，毛布1人1枚）を目安とし，備蓄品には，ペットボトル，アルファ化米，クラッカー，乾パンなどをあげている。

7.3.6　課題4：災害時のロジスティクスと都市防災計画

(1) ロジスティクスからみた都市防災計画の必要性

災害時のロジスティクスを維持するための都市防災計画（課題4）とは，「被災者への食料品や生活物資を緊急支援物資として届けるための都市防災計画」である。従来の都市防災計画で検討されてきた耐震防火や避難も重要であるが，避難後には被災者の生命維持するための物資供給が不可欠になる。

このため，災害時のロジスティクスからみた都市防災計画には，都市施設の整備（シェルター化，物流拠点化，自治体補助）（対策1），総合的な都市防災計画（対策2），災害リスク簿調査分析制度の導入（対策3），災害初動期の指揮（対策4）などがある。

(2) 都市施設の整備（対策1）

都市施設の整備（対策1）とは，「防災のためのハードな対策として施設を整備すること」である。これには，①オフィス・学校のシェルター化，②公共施設の物流拠点化対策，③自治体の補助がある。

オフィス・学校のシェルター化（籠城拠点化）（①）とは，コミュニティの核となる小中学校や公民館などを耐震化し，避難所と備蓄倉庫を兼ねた「シェルター化（籠城拠点化）しておくことである，こうすれば，備蓄があるために，補給は不要となる。また，マンションやオフィスなどの大規模建築物も，食料品や日用品を備蓄することでシェルター化が実現できれば，補給が断たれても生命を維持できる。

平成24年（2012）9月14日に建築基準法の施行令が改正され，高層ビルにおいて備蓄倉庫と非常用電源装置を設けやすいように，その分の床面積が容積

率の算定対象から外された。このような対策をさらに進め，周辺住民用の避難場所の確保を条件に，ビルの容積率を割り増す方法もある。さらには，高層マンションなどでの，数階おきの備蓄倉庫の設置や，非常用電源装置・非常用給水設備などの附置を義務づける制度も有効だろう。

　公共施設の物流拠点化（②）とは，小中学校や展示場や体育館や運動場などの公共施設を，避難拠点と物資集積拠点を兼ねた施設として設計することである。つまり，「たまたま災害がないから展示場だが，本来は避難所ないし防災拠点」と考えれば良いのである。過去の災害においても，多くの公共施設が物資集積拠点として利用されてきた。

　そこで，公共施設を計画・設計するときには，災害時の物資集積拠点としての利用を前提として，フォークリフトの走行可能な床やトラック用の出入口を確保し，物資の保管方法や配置場所も設定し，物資の取り扱い方法をマニュアル化しておく必要がある。

　この整備の考え方は，平時と有事（防災）の利用を兼ねるという意味で多重性を確保するものでもある。洪水に備えて調整池を設け，普段は運動場として使用していることと同じである。つまり，1つの公共施設に複数の用途を与えるものであり，小中学校を避難所も兼ねる施設として設計することや，公共の体育施設を物資集積拠点や備蓄基地として使用できるようにすることである。

　備蓄設備整備のための自治体の補助（③）とは，防災用の備蓄設備の設置費用の自治体負担である。たとえば，離島では台風などの自然災害による欠航で石油などの燃料が不足することに備えて，あらかじめ離島内での石油の備蓄費用を行政が負担している。このような官民連携を進めて，さまざまな生活物資の備蓄を考える必要がある。

(3) 災害リスクの調査分析制度の導入（対策2）

　災害リスクの調査分析制度の導入（対策2）とは，現時点で確立している概念ではないが，「都市計画や地区計画を立てるとき，もしくは都市施設の整備するときに，防災の観点からより良い計画を立てるために，災害による被災状況を調査・分析し，予測すること」である。これには，①被害レベルの想定，②緊急支援物資の供給対策の想定がある。

　被害レベルの想定（①）とは，地震や洪水などの被害レベルをハザードマップなどにより想定しておくことである。この想定があってこそ，具体的な

避難場所や避難方法の妥当性が検討できる。また，災害時の公共施設の避難場所や物資集積拠点としての利用可能性，生活物資・エネルギーの供給方法などをチェックできる。

緊急支援物資の供給対策の想定（②）とは，被害レベルの想定にもとづく緊急支援物資の供給内容の想定である。被災地での物資の需要量が把握できれば，プッシュ型の際の供給必要量が把握できるとともに，需給バランスでの過不足も把握することができる。

(4) 総合的な都市防災計画の導入（対策3）

総合的な都市防災計画（対策3）とは，「自治体が総合的な防災対策に取り組むための計画」である。たとえば，都市計画事業の計画段階で，災害リスク評価し，想定される被害レベルを前提に，耐震・耐火の確認，避難方法の設定，災害時のための公共施設の計画設計，生活物資・エネルギーの供給方法などをチェックできることになる。これには，①防災建築計画（耐震・耐火），②避難計画（避難路・避難場所），③物資供給計画（補給・備蓄），④総合的な都市防災計画の導入がある。

防災建築計画（耐震・耐火）（①）とは，建築物の構造強化（建物の耐震・耐火・耐水設計や免震設計）である。建物の耐震設計や免震設計を含めて，建築物自体の強化と強靭化が実現できれば，被害は圧倒的に削減できるからこそ重要な課題である。

避難計画（避難路・避難場所）（②）とは，避難所の強化や避難経路の確保・複数化などのハードな計画と，避難計画の立案・策定や避難方法・マニュアルの事前準備や避難勧告などのソフトな計画である。居住ないし滞在している場所や建物が被災するのであれば，避難が不可欠である。このために，避難路や避難場所の整備が必要になる。

物資供給計画（補給・備蓄）（③）とは，備蓄倉庫の設置と物資の備蓄，物資集積場所としての利用を前提とした公共施設（公園，学校など）の施設設計基準などである。被災を避けて避難したあとには，生命の維持という意味で生活物資（食料品，日用品）の供給が不可欠になる。このとき，備蓄の強化や緊急支援物資の供給のための民間企業との提携，町会や自治会などの防災活動ネットワーク，物資補給のシグナルとトリアージなども重要になる。

このとき，物資補給のシグナル（合図）とは，緊急支援物資供給の方針や行動指針（通行規制，緊急支援物資の提供，物資輸送体制など）を決めてお

くもので，シグナルにもとづき一斉に行動を開始するものである。トリアージとは，先述（7.3.4 (3)）したように，医療の世界で多数の患者を重症度と緊急性から選別する危機対処法であり，このトリアージを物資供給にあてはめて，物資の配分時の被災者の優先順位や，物資輸送車両の優先順位（トラック・給水車など）をあらかじめ定めておくものである。

　総合的な都市防災計画（④）とは，建築計画，避難計画，物資供給計画を含めて，総合的に立てる防災計画である。先に示した①〜③に加えて，密集市街地の解消，延焼遮断帯の整備などのハードな計画と，都市防災計画を実現する都市計画関連法制度の運用などのソフトの計画も含むことになる。特に，メーカーや卸小売業者や物流業者との連携，都市施設（公園，学校，体育施設など）の災害時の利用マニュアル，町会や自治会などの防災活動ネットワーク化などもある。

(5) 災害初動期の指揮（国土交通省東北地方整備局）（対策4）

　東日本大震災の体験をもとに，国土交通省東北整備局は『東日本大震災の実体験に基づく，災害初動期指揮心得』を，平成25年（2013）3月にまとめている。ここでは，「地方整備局の初動の遅れはそのまま全体の救援の遅れにつながりかねないことを肝に銘じて，我々は迅速に活動を展開し，その責任を果たさねばならない」（p.7，地方整備局の使命）と記している。[30]

　著者の独断で，この本の概要を紹介するとすれば，①発災後の時間経過にともなう活動の整理，②ロジスティクスの幅広い位置づけ，を特筆すべきと考えている。

　発災後の時間経過にともなう活動の整理（①）については，発災後一時間，発災後一日間，発災後一週間（作戦行動編），発災後一週間（後方支援編）の4つに区分して記している。つまり，被災後の時間経過とともに，とるべき作戦を明確にかき分けていることが重要である。

　ロジスティクスの幅広い位置づけ（②）については，従来では，災害を戦争と置き換えた状態として兵站を考えることが多いが，『災害初動期指揮心得』では，その領域を超えている。特に，「第5章第2節ロジスティクス」において，「通信確保，職員・家族の安全確保，資材・人員の輸送，食糧確保，燃料確保」に分けて記している。この内容は，国土交通省として被災地を応援する場合のロジスティクスと考えて良いが，具体的な救援活動に入る前段としての必須条件を示していると理解してよい。

災害時のロジスティクスといえば，つい救援のための資機材や人員の準備と，食料品など被災者へ緊急支援物資の供給に結びつけたくなるが，国土交通省の初動指揮は，インフラを担当する機関として極めて実践的なものである。この点を高く評価しなければならないし，政府や自治体における防災計画も，このように，より実践的なものへと進化させていくべきと考えている。

参考文献

1）苫瀬博仁・鈴木奏到監修：『物流と都市地域計画』，pp.94-97，大成出版社，2020
2）苫瀬博仁：「物流における環境負荷削減対策」，生活と環境「特集，交通と環境」，第63巻第6号，pp.13-18，（一財）日本環境衛生センター，2018
3）苫瀬博仁：「低炭素化実現のための都市物流政策」，BIOCITY 第73，pp.100-105，ブックエンド，2018
4）前掲1），pp.189-200
5）苫瀬博仁編著：『病院のロジスティクス』，白桃書房，pp.25-44，2009，院内物流の図
6）エム・シー・ヘルスケア編著：『地域ヘルスケア基盤の構築』，「第2部第4章，地域をカバーするロジスティクス（担当，苫瀬博仁）」，pp.170-195，日本医療企画，2018
7）苫瀬博仁：「物流の効率化と患者サービス向上のための病院のロジスティクス改革」，病院，第74巻第12号，医学書院，2015年12月
8）前掲1），pp.281-294
9）厚生労働省：「地域包括ケアシステム」，https://www.mhlw.go.jp/stf/seisakunitsuite/bunya/hukushi_kaigo/kaigo_koureisha/chiiki-houkatsu/
10）厚生労働省：「介護保険制度の概要」，https://www.mhlw.go.jp/stf/seisakunitsuite/bunya/hukushi_kaigo/kaigo_koureisha/gaiyo/index.html
11）厚生労働省：「オンライン診療の適切な実施に関する指針」，2018年3月，https://www.mhlw.go.jp/file/05-Shingikai-10801000-Iseikyoku-Soumuka/0000201789.pdf
12）厚生労働省医薬・生活衛生局長：「医薬品，医療機器等の品質，有効性及び安全性の確保等に関する法律等の一部を改正する法律の一部の施行について（オンライン服薬指導関係）」，https://www.mhlw.go.jp/content/000650601.pdf
13）内閣官房・厚生労働省・国土交通省：「ドローンによる医薬品配送に関するガイドライン」，2021年6月，https://www.mlit.go.jp/common/001411070.pdf
14）前掲5），pp.116-132
15）前掲5），pp.147-184
16）前掲1），pp.295-324
17）梶秀樹・和泉潤・山本佳世子編著：『自然災害―減災・防災と復旧・復興への提言―』，「第11章，災害のロジスティクス計画－生活物資の補給・備蓄と都市防災計画－（担当，苫瀬博仁）」，pp.195-210，技報堂出版，2017
18）日本都市計画学会　防災・復興問題研究特別委員会社会システム再編部会（第3部会）：『社会システム再編部会（第3部会）報告書』，2012年11月

19) 首相官邸:「災害に対するご家庭での備え〜これだけは準備しておこう！〜」, https://www.kantei.go.jp/jp/headline/bousai/sonae.html

20) 総務省消防庁:地震などの災害に備えて, 防災グッズの紹介, https://www.fdma.go.jp/publication/database/activity001.html

21) 農林水産省:「災害時に備えた食品ストックガイド」, 2019年3月, https://www.maff.go.jp/j/zyukyu/foodstock/guidebook.html
「緊急時に備えた家庭用食料品備蓄ガイド」, 2014年2月5日, https://www.maff.go.jp/j/zyukyu/foodstock/index.html

22) 東京都防災ホームページ:「東京都帰宅困難者対策条例」, https://www.bousai.metro.tokyo.lg.jp/kitaku_portal/1000050/1000536.html

23) 国土交通省:「建築基準法施行令の一部を改正する政令について」, https://www.mlit.go.jp/report/press/house06_hh_000101.html

24) 都市再生特別措置法等の一部を改正する法律案〜安全で魅力的なまちづくりを推進します〜, https://www.mlit.go.jp/report/press/toshi07_hh_000166.html
https://www.mlit.go.jp/report/press/toshi05_hh_000271.html

25) 国土交通省:「防災・減災等のための都市計画法・都市再生特別措置法等の改正内容（案）について」, https://www.mlit.go.jp/policy/shingikai/content/001326007.pdf

26) 苦瀬博仁・渡部幹:「大規模災害に備えた緊急支援物資の供給システムの構築」, 都市計画第318号, pp.68-71, 日本都市計画学会, 2015

27) 苦瀬博仁:「災害時の物資供給のための都市防災計画」, 都市問題, 第107巻第9号, pp.36-39, 後藤・安田記念東京都市研究所, 2016

28) 石川友保, 他:「病院において震災時の救急初療に必要な医薬品の量の推計方法に関する基礎的研究」, 日本物流学会誌第15号, pp.129-136, 2007

29) 石川友保, 他:「地震発生後の時間経過に伴う病院で必要な医療用物資の種類の違いに関する研究」, 日本医療・病院管理学会誌, Vol.46, No.3, pp.25-34, 2009

30) 国土交通省東北整備局:『東日本大震災の実体験に基づく, 災害初動期指揮心得』, pp.16-199, 146-174, 2013

おわりに

　本書の冒頭でも書いたが，物流の勉強を始めたのは大学院生のときだった。
　修士課程の指導教員の松井達夫先生は，勉強したいことを勉強すべきとのことで，都市計画とは縁遠いとされていた物流の勉強を認めていただいた。
　博士課程の指導教員の大塚全一先生は，漢詩をたしなむ教養人で，歴史学，地理学，生態学などさまざまな分野の本を読むように指導を受けた。深夜の小料理屋で分厚いＳＦ小説を渡され，翌朝感想を聞かれて困惑したこともあった。
　学部時代から地域経済のデータの読み方を丁寧に教えてくださった佐貫利雄先生に勧められ，大学院生のとき商学研究科の中西睦先生のもとに物流を学びに行くことになった。これを機に文系分野の授業を多くとるようになり，交通では角本良平先生や新谷洋二先生，流通では林周二先生，経済立地論では奥田義雄先生などの，謦咳に接する幸運に恵まれた。
　当時の文系の大学院は，多くても学生は数人で，少ないと二人ということもあったから，学部時代とは違って相当に真面目に授業を受けた憶えがある。

　修士論文も博士論文も都市計画のテーマだったが，著者が初めて単著で書いた原稿は，「高速道路と自動車（昭和50年（1975）11月号）」という雑誌の物流特集で『物流問題と都市商業機能』というタイトルだった。ちなみに，この特集号の巻頭言は中西睦先生だったが，当時はお会いしていない中田信哉先生と高橋洋二先生が論文を書いておられた。その後，中田先生とは日本物流学会でお会いし，学会の会長も中田先生から引継いだ。高橋先生は，その後東京商船大学教授として赴任され，同じ講座の助教授として大変お世話になった。
　物流が取り持つ縁には，ただただ感謝しかない。

　物流を本格的に勉強するようになったのは，昭和61年（1986）に東京商船大学に転職してからである。「海や船に縁のない者が，なぜ商船大学なのだろうか」と思ったが，お誘いいただいた西山安武先生によれば，「港と港を結ぶ物流の専門家はいる。これからは海陸一貫輸送の時代だから，陸上の物流の

研究者も必要」とのことだった。「論文は少し先でも良いから，じっくりと幅広く勉強してほしい」とのお言葉に，とても気が休まった憶えがある。

平成6年（1994）にフィリピン大学に赴任するとき，「マニラでは，都市の原点の広場と，物流の原点の市場をよく見てくるように」という大塚全一先生の示唆は，研究の迷いを振り切る機会にもなった。

令和になった今でも，地域経済学の佐貫利雄先生（帝京大学名誉教授），都市計画の広瀬盛行先生（明星大学名誉教授）と黒川洸先生（筑波大学名誉教授，東京工業大学名誉教授）と高橋洋二先生（東京海洋大学名誉教授），物流とマーケティングの中田信哉先生（神奈川大学名誉教授），交通経済学の杉山雅洋先生（早稲田大学名誉教授），交通計画の高田邦道先生（日本大学名誉教授），物流評論家の富樫道廣先生には，変わらぬご指導をいただいている。

同年輩の研究仲間では，原田昇先生（東京大学名誉教授，現中央大学教授）は，研究に行き詰まる頃になると現れて励ましてくれた。外尾一則先生（佐賀大学名誉教授）と川上洋司先生（福井大学名誉教授）は，「都市と物流の研究」の背中を押してくれた。渡部幹氏（元日通総研取締役，現㈱建設技術研究所技術顧問）には，物流研究について相談してきた。

東京海洋大学時代の学生諸君や研究室出身の皆様には，学生時代の研究もさることながら，その後もさまざまな場面で大変にお世話になってきた。また，日本交通政策研究会の研究プロジェクトのメンバーや，（一財）計量計画研究所および㈱建設技術研究所の研究会の皆様とともに，多様な学会の場においても，多くの方に大変なご協力とご示唆をいただいてきた。これらの活動成果として上梓した書籍の一部も，本書では使わせていただいている。

さて上記のように，本書は純粋な書き下ろしではない。いままで編んできた書籍や執筆した論文を，再構成した部分が多い。この意味では，代表的な著作と本書の関係を記すとともに，併せて共著者の皆様に感謝しておきたい。

第一部（ロジスティクスの変遷）において，第1章（ロジスティクスの歴史的変遷）は，『ロジスティクスの歴史物語』（現在，『新・ロジスティクス歴史物語』）を短縮し加筆している。東京海洋大学時代の研究室の学生諸君と一緒に研究した成果が，多く含まれている。

第2章（現代のビジネス・ロジスティクス）は，大学の教科書として研究仲間と一緒に上梓した『増補改訂版，ロジスティクス概論』と『サプライチ

ェーン・マネジメント概論』がもとになっている。

第二部（ロジスティクスの再考）において，第3章（ロジスティクスの本質の再考）も，第2章と同様に著書に従って内容を整理している。

第4章（ロジスティクスの改善方法の再考）は，少し冷めた目で物流を考え直してみた『教授の呟き』というエッセイをもとにまとめている。このエッセイは，「月刊誌，流通設計21」で平成15年（2003）1月から始まり，秘かに10年120回を目指していたが，残念ながら平成21年（2009）7月の79回で休刊になってしまった。

第三部（新しいロジスティクスの誕生）において，第5章（パラダイムシフトとソーシャル・ロジスティクス）は，いくつかの雑誌に掲載した原稿をもとに，書き下ろしたものである。

第6章（地域の生活を支えるソーシャル・ロジスティクス）と，第7章（人々の安全安心を支えるソーシャル・ロジスティクス）は，『物流からみた道路交通計画』，『物流と都市地域計画』，『病院のロジスティクス』などをもとにしている。これらの書籍は，㈱建設技術研究所，（一財）計量計画研究所，東大ホスピタル・ロジスティクス講座（当時）の皆さんと一緒に書いたものである。

これら以外にも，『みんなの知らないロジスティクスの仕組み』，資格試験制度のテキストである『ロジスティクス管理論』，『ロジスティクス・オペレーション』など，学会誌や雑誌に掲載された論文も利用している。

最後に思い出話になるが，大塚全一先生は，「教師には，易者・医者・学者・役者・芸者の5種類がある。どれも一流になる道は険しいが，できれば『学をそなえた易者』を目指せ」とのことだった。中西睦先生は，「物流は可哀そうなヤツだから，本質を見つめ，救ってやってくれ」とのことだった。会社員時代の上司森國夫氏からは，「研究では，30代は30年後，40代は20年後，50代は10年後を目指し努力すること。60歳になってから明日を考えれば良い」と，研究の心構えを諭された。

明日を考えるべき60代を本書に費やし70代に入ってしまったが，物流の将来を占うという意味で，本書には著者の長年の思いを込めたつもりである。

多くの人たちにお世話になった本書が，少しでも恩師や皆様方への恩返しになっていることを，実は密かに期待している。

索　引

用語索引

[あ行]

阿武隈川······················22
アマゾン······················30
奄美群島振興開発特別措置法··········214
奄美群島振興交付金··············220
奄美群島農林水産物輸送コスト支援事業　214
委託在庫の改善·················242
位置管理情報··················51
一時保管····················50
一時保管庫···················187
一般物流····················166
移動販売····················210
医薬品·····················234
医薬品などの補助···············217
医薬品の在庫情報···············243
医薬品の宅配サービス·············248
入口閉鎖····················166
医療・看護···················236
医療材料····················234
医療施設による送迎··············244
院内配送····················242
院内物流の改善·················241
インパール作戦·················13
インフラ管理··················159
迂回······················165
受け取り場所··················200
受け取り方法···············200, 209
運河······················5
運行費の補助··················205
運送約款の遵守·················233
営業用貨物車··················98
エッセンシャルワーク·············173
江戸······················5
江戸城·····················5
江戸幕府····················20
江戸湾·····················6
エネルギー革命·················24

エネルギー使用の合理化に関する法律（省エ
　ネ法）···················229
エレベータ···················186
遠隔診療····················238
遠隔（オンライン）診療············246
遠隔（オンライン）服薬指導··········246
オイルショック·················132
応急措置の早期完了··············249
応急対策····················259
往診······················246
大手町・丸の内・有楽町駐車協議会······29
沖縄振興一括交付金··············214
置き配··················200, 209
温度······················114
オンライン診療·················238

[か行]

海運······················20
海軍······················7
介護施設による送迎··············244
介護保険サービス···············238
介護保険法···················238
介護・リハビリテーション···········236
ガイドライン··················183
買い廻り品···················218
買い物弱者················129, 210
買い物・出前代行···············211
街路空間····················201
街路計画····················201
価格低減····················215
価格補助····················215
貨客混載····················209
加工作業····················50
加工センター（PC）··············53
河川舟運····················20
家庭用食料品備蓄ガイド············253
可変性·····················75
貨物······················65
貨物車交通···················64

貨物車台数	110, 195
貨物車台数の削減	231, 232
貨物情報	88
貨物特性	114
貨物用エレベータ	185
仮置きスペース	187
環境負荷削減	227
環境保全	130
関係者（ステークホルダー）	115
患者情報	243
患者の移動支援	244
患者の相互受け入れ	243
慣習・慣行	151
幹線輸送手段	53
幹線輸送路	53
幹線路	53
艦隊決戦	14
館内共同配送	187, 188
館内動線	185
館内配送	188
カンバン方式	29
官民協力	262
官民協力体制	261
管理	150
管理情報	85
技術インフラ	150, 159
規制対策	228
犠牲的サービス	73
鬼胎	10
北上川	22
帰宅困難者対策	264
帰宅困難者対策条例	253
帰宅困難者対策ハンドブック	253
救急患者	245
救急車	245
救急搬送	245
供給ネットワーク	189, 257
共同化	79, 106, 223
共同仕入れ	223
共同生産	106
共同調達	106
共同配送	28, 108
共同配送センター	27, 29, 110
共同販売	107
共同物流	106
共同利用	223
業務的サービス	73
居住系サービス	238
緊急支援物資	136, 249, 255
緊急支援物資の供給対策	267
緊急支援物資の供給システム	259
近隣型店舗	210
空間的な分離	186
空間分離	201
熊本地震	249, 262
グローバル・サプライチェーン	131
クロスチャネル	41
軍事研究	16
ケアマネジメント	236
経営情報	85
経済的価値	136
ゲインシェアリング	115
減災	249
建築設計	183
広域物流	56
広域物流施設	53
公共交通機関	205
公共交通	244
工業包装	51
高層ビル	177
交通システム管理（TSM）	164
交通手段の提供	207
交通需要管理（TDM）	163
交通費・宿泊費の補助	217
交通費の補助	215
交通輸送技術検討会	163
交通輸送対策	162
高付加価値化	76, 77, 222, 223
小売業の宅配	208
効率化	79, 89
高齢者医療	238
顧客サービス	97
国土交通省	190, 253, 255
木曳堀	22
個別最適	116
コンテナ	102

コンパクト化 ……………………… 189, 195
コンパクトシティ ……………………… 190
コンビニ ……………………… 27, 30

[さ行]
サービス ……………………… 61, 71
サービスの限定 ……………………… 153, 154
サービスの差別化 ……………………… 202
サービスの抑制 ……………………… 154
サービス・料金の是正 ……………………… 197, 201
サービスレベル ……………………… 198
財 ……………………… 73
災害派遣 ……………………… 17
災害初動期指揮心得 ……………………… 268
災害リスク ……………………… 266
在庫管理の改善 ……………………… 241
在庫計画の見直し ……………………… 233
在庫調整 ……………………… 155
生産・在庫システムの改善 ……………………… 233
最小養分律 ……………………… 118
最適化 ……………………… 79, 116
作業情報 ……………………… 86
作業スペース ……………………… 187
作業調整 ……………………… 156
作戦要務令 ……………………… 12
鎖国 ……………………… 20
サステナブル・ロジスティクス ……… 130, 144, 145
サプライチェーン ……………………… 35, 258
サプライチェーン・マネジメント ……… 35
差別化戦略 ……………………… 101
産業指向 ……………………… 135
参勤交代 ……………………… 20
シームレス・ロジスティクス ……………………… 85
シームレス化 ……………………… 85
自営転換 ……………………… 98
シェルター化（籠城拠点化） ……………………… 265
支援制度 ……………………… 228
市街地 ……………………… 201
自家用貨物車 ……………………… 98
時間的な分離 ……………………… 186
時間分離 ……………………… 201
資機材調達 ……………………… 220
事業継続計画（BCP） ……………………… 137

シグナル（合図） ……………………… 261, 267
資源 ……………………… 150
資源確保 ……………………… 132
時刻指定 ……………………… 95
時差ビズ ……………………… 168
システム管理 ……………………… 151
施設インフラ ……………………… 149, 159
施設内作業 ……………………… 48
持続可能な開発目標（SDGs） ……………………… 136
輻重 ……………………… 13
自動化 ……………………… 128
自動車Nox・PM法 ……………………… 228
自動走行台車（AGV） ……………………… 200
資本主義 ……………………… 144
社会資本 ……………………… 145
社会主義 ……………………… 144
社会的価値 ……………………… 136
社会福祉 ……………………… 145
ジャストインタイム ……………………… 29, 89, 90
車線規制 ……………………… 166
車両 ……………………… 95
車両情報 ……………………… 88
集荷 ……………………… 48
柔軟性 ……………………… 69
重要業績評価指標（KPI） ……………………… 89, 98,
商流（商取引流通） ……………………… 44
重量積載率 ……………………… 94
首相官邸 ……………………… 251
手段の変更 ……………………… 163
受注者 ……………………… 117
受注調整 ……………………… 154
出荷形態 ……………………… 221
首都高速環状線 ……………………… 26
首都直下地震 ……………………… 18
受発注 ……………………… 44
受発注の管理 ……………………… 152
受発注関係 ……………………… 117
受発注システム ……………………… 147
受発注システムの改善 ……………………… 234
受発注情報 ……………………… 87
省エネ法 ……………………… 228
商慣行 ……………………… 72
商業包装 ……………………… 51

少子高齢化……………………… 129
商船保護…………………………… 15
商物一致…………………………… 38
商物分離…………………………… 38
情報……………………………… 150
情報化………………… 79, 81, 127
情報技術………………………… 127
情報機能………………………… 48, 51
情報共有………………………… 85
商流システム…………………… 197
商流（商取引流通）ネットワーク…… 36
商流ネットワーク……………… 40
殖産興業………………………… 24
食料品…………………………… 263
女性の社会進出………………… 129
所有権…………………………… 73
白石川…………………………… 22
シルクロード…………………… 25
新型コロナウィルス感染症……… 32, 131
シングルチャネル……………… 41
人材……………………………… 150
新商品…………………………… 224
進入禁止………………………… 164
進入路…………………………… 185
人流……………………………… 63
推進追走………………………… 17
水路……………………………… 5
スーパーシティ構想…………… 193
数量管理情報…………………… 51
数量の削減……………………… 163
スマート化…………… 189, 195, 199
スマートシティ………………… 190
スムーズビズ…………………… 168
生活環境………………………… 129
生活サービス…………………… 248
生活指向………………………… 135
生活弱者………………… 129, 204
生活用品………………………… 263
請求追走………………………… 17
生協の宅配……………………… 208
生産加工………………………… 50
生産計画の見直し……………… 233
生産系ロジスティクス………… 47

生産・在庫システム…………… 232
生産・在庫の減少……………… 155, 156
生産・在庫の需要管理………… 152
生産・在庫の転換……………… 155, 156
生産・在庫の分散化…………… 155, 156
生産調整………………………… 156
出荷調整………………………… 157
生産販売体制…………………… 223
精神的サービス………………… 73
制度インフラ…………………… 150, 160
積載率………………… 90, 94, 110
石炭輸送………………………… 24
設計基準………………………… 184
セット化………………………… 260
戦国時代………………………… 4, 19
戦術……………………………… 3
全体最適………………………… 116
仙台藩…………………………… 6, 21
先端サービス…………………… 193
全日本トラック協会…………… 171
船舶自動識別システム（AIS）… 86
戦務…………………………… 3, 5
専用・優先レーン……………… 165
戦略……………………………… 3
相関性…………………………… 70
送迎サービス…………………… 208
倉庫（SC）……………………… 53
倉庫管理システム（WMS）…… 148
相乗効果………………………… 84
総走行距離……………………… 111
造兵司…………………………… 7
総務省消防庁…………………… 252
ソーシャル・マーケティング… 144
ソーシャル・ロジスティクス
………………… 137, 138, 142, 144, 173
即時性…………………………… 74
即地性…………………………… 74
ソサイエタル・マーケティング… 144
組織委員会……………………… 162

[た行]
退院後の患者サービス………… 248
大会物流………………………… 165

待機時間‥‥‥‥‥‥‥‥‥‥‥ 92
代替効果‥‥‥‥‥‥‥‥‥‥‥ 84
態度的サービス‥‥‥‥‥‥‥ 73
太平洋戦争‥‥‥‥‥‥‥‥‥‥3
大丸有‥‥‥‥‥‥‥‥‥‥‥ 179
大規模建築物‥‥‥‥‥‥‥‥ 183
タクシー料金の補助‥‥ 206, 244
宅配事業‥‥‥‥‥‥‥‥‥‥ 208
宅配便‥‥‥‥‥‥‥‥‥‥‥ 30
宅配ボックス‥‥‥‥‥ 200, 209
タテ持ち‥‥‥‥‥‥‥‥ 57, 65
束ね状態‥‥‥‥‥‥‥‥‥‥ 112
多頻度小口配送‥‥‥‥‥‥‥ 27
多頻度配送‥‥‥‥‥‥‥‥‥ 72
短期滞在系サービス‥‥‥‥‥ 238
端末物流‥‥‥‥‥‥‥‥‥‥ 57
地域間物流‥‥‥‥‥‥‥‥‥ 56
地域包括ケアシステム‥‥‥‥ 236
地域ルール‥‥‥‥‥‥‥‥‥ 179
小さな拠点‥‥‥‥‥‥‥‥‥ 204
地区物流‥‥‥‥‥‥‥‥‥‥ 57
地政学‥‥‥‥‥‥‥‥‥‥‥ 16
地方公共団体‥‥‥‥‥‥‥‥ 206
地方公共団体の補助‥‥‥‥‥ 244
着荷主‥‥‥‥‥‥‥‥‥ 65, 66
チャネルキャプテン‥‥‥‥‥ 93
チャネルメンバー‥‥‥‥‥‥ 93
中間一段階型‥‥‥‥‥‥‥‥ 40
中間多段階型‥‥‥‥‥‥‥‥ 40
中間無段階型‥‥‥‥‥‥‥‥ 40
中継‥‥‥‥‥‥‥‥‥‥‥‥ 108
中山間地域‥‥‥‥‥‥‥‥‥ 203
駐車場‥‥‥‥‥‥‥‥‥‥‥ 177
駐車スペース数‥‥‥‥ 179, 183
駐車・荷さばき施設‥‥‥‥‥ 184
駐停車場所‥‥‥‥‥‥ 186, 199
調達系ロジスティクス‥‥‥‥ 45
直送‥‥‥‥‥‥‥‥‥‥‥‥ 108
貯蔵・保管‥‥‥‥‥‥‥‥‥ 50
追加料金‥‥‥‥‥‥‥‥‥‥ 203
通院‥‥‥‥‥‥‥‥‥‥‥‥ 217
通院弱者‥‥‥‥‥‥‥‥‥‥ 129
通行規制‥‥‥‥‥‥‥‥‥‥ 164

通行路‥‥‥‥‥‥‥‥‥‥‥ 186
通所系サービス‥‥‥‥‥‥‥ 238
積み替えセンター（TC）‥‥ 53
積み込み‥‥‥‥‥‥‥‥‥‥ 48
T11 型‥‥‥‥‥‥‥‥‥‥‥ 104
デジタル化‥‥‥‥‥‥‥‥‥ 127
出前‥‥‥‥‥‥‥‥‥‥‥‥ 32
デリバリーサービス‥‥ 30, 211
テレワーク‥‥‥‥‥‥‥‥‥ 168
転換性‥‥‥‥‥‥‥‥‥‥‥ 70
電子データ交換（EDI）‥‥ 87
電子発注システム（EOS）‥ 148
店着価格制‥‥‥‥‥‥‥ 71, 120
電動カート‥‥‥‥‥‥‥‥‥ 200
東京商工会議所‥‥‥‥‥‥‥ 171
東京都‥‥‥‥‥‥‥‥‥ 178, 253
東京 2020 大会‥‥‥‥‥‥‥ 162
道路交通‥‥‥‥‥‥‥‥‥‥ 161
道三堀‥‥‥‥‥‥‥‥‥‥‥‥5
統制システム‥‥‥‥‥‥‥‥ 261
動線‥‥‥‥‥‥‥‥‥‥‥‥ 178
動線の分離‥‥‥‥‥‥‥‥‥ 185
東大病院‥‥‥‥‥‥‥‥‥‥ 242
到着台数‥‥‥‥‥‥‥‥‥‥ 111
島内産品‥‥‥‥‥‥‥‥‥‥ 220
東名高速道路‥‥‥‥‥‥‥‥ 27
道路交通情報‥‥‥‥‥‥‥‥ 88
道路情報システム（ITS）‥ 86
道路ネットワーク‥‥‥‥‥‥ 27
特殊性‥‥‥‥‥‥‥‥‥‥‥ 68
ドクターヘリ‥‥‥‥‥‥‥‥ 245
特定有人国境離島地域社会維持推進交付金‥
‥‥‥‥‥‥‥‥‥‥‥ 214, 220
都市計画‥‥‥‥‥‥‥‥‥‥ 183
都市再生特別措置法等の一部を改正する法
　律‥‥‥‥‥‥‥‥‥‥‥‥ 255
都市内物流‥‥‥‥‥‥‥‥‥ 56
都市防災計画‥‥‥‥ 265, 267, 268
利根川‥‥‥‥‥‥‥‥‥‥‥‥6
利根川東遷‥‥‥‥‥‥‥‥‥‥6
富岡製糸場‥‥‥‥‥‥‥‥‥ 24
トラック（貨物自動車）輸送‥ 25
トリアージ（優先割り当て）‥ 261, 267

取引先 ……………………………………… 103
トレードオフ ……………………………… 90, 98
ドローン ………………………… 128, 200, 239

[な行]

中抜き ……………………………………… 108
2020TDM推進プロジェクト ………… 163, 168
2020物流TDM実行協議会 ……………… 169
荷受けの改善 ……………………………… 241
荷おろし …………………………………… 48
荷さばき …………………………………… 178
荷さばき施設 ……………………… 179, 185, 199
西廻り航路 ………………………………… 20
荷姿 ………………………………………… 95
日露戦争 …………………………………… 9
荷主事業者 ………………………………… 261
日本海海戦 ………………………………… 9
日本工業規格 ……………………………… 101
荷物 ………………………………………… 65
荷役 ………………………………………… 76
荷役機能 …………………………………… 48
荷役時間 …………………………………… 98
入院・介護用品セット …………………… 247
入院時の患者サービス …………………… 247
入院時の宅配サービス …………………… 247
入院中の患者サービス …………………… 248
入荷調整 …………………………………… 158
入所系サービス …………………………… 238
ネットスーパー …………………………… 129
ネット通販 ………………………… 27, 30, 129
納品時間 …………………………………… 186
納品方法の見直し ………………………… 234
農林水産省 ………………………………… 253
農林水産物流通条件不利性解消事業 …… 214
ノード ……………………………… 51, 149

[は行]

配送 ………………………………… 48, 65
配送経路の変更 …………………………… 163
配送システム ……………………… 187, 197
配送手段 …………………………… 55, 200
配送順序 …………………………………… 97
配送の改善 ………………………………… 241

配送の時間変更 …………………………… 163
配送の追加料金 …………………………… 203
配送頻度 …………………………… 119, 202
配送方法 …………………………………… 209
配送料無料 ………………………………… 71
配送ルート ………………………… 95, 112
配送路 ……………………………………… 53
配送ロボット ……………………… 128, 200
配送論 ……………………………………… 108
排他的経済水域 …………………………… 212
バスの運行 ………………………………… 206
派生需要 …………………………………… 45
発生源対策 ………………………… 227, 229
発生源の転換 ……………………………… 230
発生量の削減 ……………………………… 230
発注管理システム（OMS）……………… 148
発注者 ……………………………… 66, 117
発注単位の見直し ………………………… 234
発注調整 …………………………………… 153
発注・調達の改善 ………………………… 241
発注日時の見直し ………………………… 234
発注の改善 ………………………………… 241
発荷主 ……………………………………… 65
パラダイム ………………………………… 133
パラダイムシフト ………………………… 133
パレット …………………………………… 102
搬送 ………………………………………… 65
搬送手段 …………………………………… 55
搬送路 ……………………………………… 55
販促加工（販売促進加工）……………… 50
販売計画の見直し ………………………… 233
販売系ロジスティクス …………………… 47
販売重視 …………………………………… 133
販売品目 …………………………………… 202
販路拡大 …………………………………… 225
被害レベル ………………………………… 266
東日本大震災 ……………… 130, 249, 262
東廻り航路 ………………………………… 20
非均一性 …………………………………… 75
被災地 ……………………………………… 260
ビジネス・ロジスティクス ……… 16, 19, 43
非常持ち出し袋 …………………………… 252
備蓄 ………………………………… 132, 257

備蓄施設整備 ……………… 266
備蓄倉庫 ……………… 254
非貯蓄性 ……………… 74
避難計画（避難路・避難場所）… 267
日比谷入江 ……………… 5
非不可分性 ……………… 74
非有形性 ……………… 74
ヒューマニタリアン・ロジスティクス ……
……………… 144, 146
ヒューマニタリアン・ロジスティクス協会 …
……………… 147
病院のロジスティクス ……………… 234
標準化 ……………… 79, 100
標準化戦略 ……………… 101
標準駐車場条例 ……………… 178
費用の負担 ……………… 154
兵糧攻め ……………… 4
品質管理情報 ……………… 51
フェリー ……………… 222
富国強兵 ……………… 7
復旧期間の短縮 ……………… 249
物資供給システム ……………… 258
物資供給計画（補給・備蓄）… 267
物資補給 ……………… 15
プッシュ型支援 ……………… 17
プッシュ型供給 ……………… 259
物資流動 ……………… 63
物性 ……………… 114
物的流通 ……………… 63
物品調達サービス ……………… 248
物品物流管理システム ……………… 242
物流（物的流通） ……………… 4, 44, 61, 62
物流機能 ……………… 48
物流供給量 ……………… 134
物流拠点 ……………… 260
物流経路 ……………… 108, 110
物流事業者 ……………… 262
物流システム ……………… 197
物流システム対策 ……………… 227, 230
物流施設 ……………… 53, 121
物流施設整備 ……………… 221
物流重視 ……………… 133
物流需要量 ……………… 134

物流総合効率化法 ……………… 229
物流動線 ……………… 242
物流（物的流通）ネットワーク … 38
物流ネットワーク ……………… 42, 51
物流論 ……………… 108
物流活動 ……………… 45
物流拠点化対策 ……………… 266
プラザ合意 ……………… 132
プル型供給 ……………… 259
兵站 ……………… 3
兵站演習 ……………… 18
兵站軽視 ……………… 9
兵站重視 ……………… 9
兵站線 ……………… 14
弁当・食材などの宅配 ……………… 208
防災グッズ ……………… 263
防災建築計画（耐震・耐火）… 267
法制度の遵守 ……………… 233
包装 ……………… 76
包装機能 ……………… 48, 50
砲兵工廠 ……………… 7
訪問介護 ……………… 219
訪問系サービス ……………… 238
訪問診療 ……………… 219
法律 ……………… 150
法令 ……………… 150
保管 ……………… 75
保管機能 ……………… 48
保管費 ……………… 119
補給対策 ……………… 259
補給と備蓄 ……………… 255
補給 ……………… 257
保険・予防 ……………… 236
幌内鉄道 ……………… 24
本源的需要 ……………… 44

[ま行]

マーケティング戦略 ……………… 224
マルチチャネル ……………… 41
港 ……………… 21
未来につながる物流 ……………… 170
ミリタリー・ロジスティクス … 3
無形財 ……………… 73

無形性 ……………………… 74
名神高速道路 ……………… 27
モータリゼーション ……… 27
モーダルシフト …………… 26
モーダルシフト推進事業 … 229
モード …………………… 53, 149
持ち出し品 ………………… 251

[や行]

有形財 ……………………… 73
優先レーン ………………… 165
輸送容器 …………………… 221
輸送 …………………… 48, 63, 65, 75
輸送影響度マップ ………… 174
輸送管理システム ………… 148
輸送管理システム（WMS）… 149
輸送機能 …………………… 48
輸送距離 …………………… 195
輸送距離の短縮 …………… 232
輸送時間 …………………… 114
輸送手段 …………………… 195
輸送手段の転換 …………… 232
輸送条件 …………………… 115
輸送船 ……………………… 15
輸送ネットワーク ………… 51
輸送費 ……………………… 119
輸送費の補助 …… 215, 217, 219, 221
輸送用具 …………………… 100, 102
輸送量の削減 ……………… 232
輸送連絡調整会議 ………… 163
輸送路 ……………………… 53
輸卒 ………………………… 13
輸配送 ……………………… 197
輸配送システムの改善 …… 231, 233
輸配送システム …………… 230
輸配送情報 ………………… 88
輸配送の減少 ……………… 157, 158
輸配送の需要管理 ………… 153
輸配送の調整 ……………… 157
輸配送の転換 ……… 157, 158,
輸配送の分散化 …………… 157
容器 ………………………… 100
容積積載率 ………………… 94

ヨコ持ち ………………… 57, 65
予防対策 …………………… 249

[ら行]

リードタイム ……………… 83
陸軍 ………………………… 7
陸上自衛隊 ………………… 16
リスク ……………………… 130
リスク管理 ………………… 137
立地場所 …………………… 121
離島ガソリン流通コスト支援事業 … 212
離島活性化交付金 ……… 214, 220
離島振興対策 ……………… 214
離島流通効率化事業 ……… 220
流通加工 …………………… 76
流通加工機能 …………… 48, 50
流通加工の改善 …………… 241
流通経路 …………………… 108
流通効率化関連施設整備等事業 … 214
流通センター ……………… 161
流通センター（DC）……… 53
流通の補助 ………………… 215
流通論 ……………………… 108
料金施策 …………………… 164
料金負担 …………………… 202
利用時間 …………………… 186
糧秣廠 ……………………… 7
療養食の宅配サービス …… 248
リンク …………………… 53, 149
冷凍冷蔵施設 ……………… 223
籠城 ……………………… 4, 265
ローリングストック ……… 264
ロジスティクス …………… 3
ロジスティクス・インフラ … 139
ロジスティクス・サイクル … 35
ロジスティクス・システム … 139
ロジスティクス・システム管理（LSM）… 151
ロジスティクス対策 ……… 227
ロジスティクスのインフラ管理 … 159
路上駐車 …………………… 177
路線トラックネットワーク … 26
ロボット …………………… 128

人名索引

秋山真之 ⋯⋯⋯⋯⋯⋯⋯⋯⋯⋯⋯ 9
岡野友彦 ⋯⋯⋯⋯⋯⋯⋯⋯⋯⋯ 5
織田信長 ⋯⋯⋯⋯⋯⋯⋯⋯⋯⋯ 4
加藤友三郎 ⋯⋯⋯⋯⋯⋯⋯⋯⋯ 9
河村瑞賢 ⋯⋯⋯⋯⋯⋯⋯⋯⋯⋯ 20
メッケル（クレメンス・メッケル）⋯⋯⋯ 7
ジョミニ（アントワーヌ・アンリ・ジョミニ）
⋯⋯⋯⋯⋯⋯⋯⋯⋯⋯⋯⋯⋯⋯⋯⋯⋯ 3
司馬遼太郎 ⋯⋯⋯⋯⋯⋯ 10, 11, 23
清水宗治 ⋯⋯⋯⋯⋯⋯⋯⋯⋯⋯⋯ 4
高田富夫 ⋯⋯⋯⋯⋯⋯⋯⋯⋯⋯ 143
高橋輝男 ⋯⋯⋯⋯⋯⋯⋯⋯⋯⋯ 143
竹内正浩 ⋯⋯⋯⋯⋯⋯⋯⋯⋯⋯⋯ 7
伊達政宗 ⋯⋯⋯⋯⋯⋯⋯⋯⋯ 6, 21
竹村公太郎 ⋯⋯⋯⋯⋯⋯⋯⋯ 5, 6
東郷平八郎 ⋯⋯⋯⋯⋯⋯⋯⋯⋯⋯ 9
徳川家康 ⋯⋯⋯⋯⋯⋯⋯⋯⋯⋯⋯ 5
ナポレオン(ナポレオン・ボナパルト) ⋯⋯ 3
羽柴秀吉 ⋯⋯⋯⋯⋯⋯⋯⋯⋯⋯⋯ 4
林譲治 ⋯⋯⋯⋯⋯⋯⋯⋯⋯⋯⋯⋯ 3
火坂雅志 ⋯⋯⋯⋯⋯⋯⋯⋯⋯⋯ 19
船曳建夫 ⋯⋯⋯⋯⋯⋯⋯⋯⋯ 10, 11
別所長治 ⋯⋯⋯⋯⋯⋯⋯⋯⋯⋯⋯ 4
マハン（アルフレッド・マハン）⋯⋯⋯ 4
宮本三夫 ⋯⋯⋯⋯⋯⋯⋯⋯⋯⋯ 14
リービッヒ（ユストゥス・フォン・リービッ
ヒ）⋯⋯⋯⋯⋯⋯⋯⋯⋯⋯⋯⋯⋯ 118

欧文索引

3PL（Third Party Logistics）⋯⋯⋯⋯ 39
AGV（Automatic Guided Vehicle）⋯⋯ 200
AIS（Automatic Identification System）⋯ 86
BCP（Business Continuity Plan）⋯⋯ 137
Business Logistics ⋯⋯⋯⋯⋯⋯⋯ 19
CAN（Controller Area Network）⋯⋯ 88
Capitalism ⋯⋯⋯⋯⋯⋯⋯⋯⋯ 144
CLO（Chief Logistics Officer）⋯⋯⋯ 15
CSR（Corporate Social Responsibility）⋯ 115
DC（Distribution Center）⋯⋯⋯⋯ 53
EDI（Electronic Data Interchange）⋯⋯ 87

EOS（Electronic Ordering System）⋯⋯ 148
ESG（Environment Social Governance）⋯
⋯⋯⋯⋯⋯⋯⋯⋯⋯ 130, 136, 145
FMS（Freight Management System）⋯ 148
Green Logistics ⋯⋯⋯⋯⋯⋯⋯ 146
Humanitarian Logistics ⋯⋯⋯⋯ 146
Humanitarian Logistics Association ⋯⋯ 147
IOT（Internet of Things）⋯⋯⋯⋯ 88
ITS（Intelligent Transport System）⋯ 86, 88
JIS（Japanese Industrial Standards）⋯ 101
JIT（Just In Time）⋯⋯⋯ 29, 78, 89, 90
KPI（Key Performance Indicator）⋯ 89, 98
LIM（Logistics Infrastructure Management）
⋯⋯⋯⋯⋯⋯⋯⋯⋯⋯⋯⋯⋯ 159
LSM（Logistics System Management）⋯
⋯⋯⋯⋯⋯⋯⋯⋯⋯⋯⋯⋯⋯ 151
Military Logistics ⋯⋯⋯⋯⋯⋯⋯ 3
OEM（Original Equipment Manufacturer）
⋯⋯⋯⋯⋯⋯⋯⋯⋯⋯⋯⋯⋯ 107
OMS（Order Management System）⋯ 148
PC（Process Center）⋯⋯⋯⋯⋯ 53
Reverse Logistics ⋯⋯⋯⋯⋯⋯ 146
SC（Stock Center）⋯⋯⋯⋯⋯⋯ 53
SDGs（Sustainable Development Goals）⋯
⋯⋯⋯⋯⋯⋯⋯⋯⋯ 130, 136, 145
SNS（Social Networking Service）⋯⋯ 145
Social Logistics ⋯⋯⋯⋯⋯⋯⋯ 137
Social Marketing ⋯⋯⋯⋯⋯⋯ 144
Socialism ⋯⋯⋯⋯⋯⋯⋯⋯⋯ 144
Strategy ⋯⋯⋯⋯⋯⋯⋯⋯⋯⋯ 3
Sustainable Logistics ⋯⋯⋯⋯⋯ 145
Tactics ⋯⋯⋯⋯⋯⋯⋯⋯⋯⋯ 3
TC（Transfer Center）⋯⋯⋯⋯⋯ 53
TDM（Transportation Demand
Management）⋯⋯⋯⋯⋯⋯⋯ 163
TMS（Transportation Management
System）⋯⋯⋯⋯⋯⋯⋯⋯⋯ 149
TSM（Transportation System
Management）⋯⋯⋯⋯⋯⋯ 88, 164
VMI（Vender Management Inventory）⋯
⋯⋯⋯⋯⋯⋯⋯⋯⋯⋯⋯⋯⋯ 78
WMS（Warehouse Management System）⋯
⋯⋯⋯⋯⋯⋯⋯⋯⋯⋯⋯⋯⋯ 148

■著者略歴

苦瀬 博仁（くせ ひろひと）

東京海洋大学名誉教授，
（一財）計量計画研究所理事，（一財）山縣記念財団理事，
乾汽船（株）取締役，（株）建設技術研究所国土文化研究所研究顧問

略歴：1973年早稲田大学理工学部土木工学科卒業，1981年早稲田大学大学院理工学研究科博士課程修了，工学博士。1981年日本国土開発（株），1986年東京商船大学助教授，1994年東京商船大学教授，2003年大学統合により東京海洋大学教授，2009年東京海洋大学理事副学長，2012年東京海洋大学大学院教授，2014年東京海洋大学名誉教授，流通経済大学流通情報学部教授，2021年流通経済大学退職，現在に至る。この間，東京大学医学系研究科併任教授，フィリピン大学客員教授，韓国仁荷大学客員教授，日本物流学会会長など。

専門分野：ロジスティクス，都市計画，物流計画，交通計画。

主要著書：『新・ロジスティクスの歴史物語』（白桃書房，2022），『増補改訂版，ロジスティクス概論』（白桃書房，2021），『物流と都市地域計画』（大成出版社，2020），『サプライチェーン・マネジメント概論』（白桃書房，2017），『みんなの知らないロジスティクスの仕組み』（白桃書房，2015），『物流からみた道路交通計画』（大成出版社，2014），『都市と産業』（成文堂，2014），『病院のロジスティクス』（白桃書房，2009），『都市の物流マネジメント』（勁草書房，2006），『明日の都市交通政策』（2003），『付加価値創造のロジスティクス』（税務経理協会，1999），『ロジスティクス管理2級・3級』（社会保険研究所，2007），『ロジスティクス・オペレーション2級・3級』（社会保険研究所，2007）など。

■ ソーシャル・ロジスティクス
　　－ 社会を，創り・育み・支える物流 －

■ 発行日──2022年3月30日　初版発行　　　　　　　　〈検印省略〉

■ 著　者──苦瀬 博仁

■ 発行者──大矢栄一郎

■ 発行所──株式会社　白桃書房

　　　　〒101-0021　東京都千代田区外神田5-1-15
　　　　☎03-3836-4781　📠03-3836-9370　振替00100-4-20192
　　　　https://www.hakutou.co.jp/

■ 印刷・製本──藤原印刷

©KUSE, Hirohito 2022 Printed in Japan　ISBN 978-4-561-76227-0 C3063